FACULTÉ DE DROIT DE POITIERS

DROIT ROMAIN

INTERDITS POSSESSOIRES

DROIT FRANÇAIS

ACTIONS POSSESSOIRES

THÈSE

POUR LE DOCTORAT

PRÉSENTÉE ET SOUTENUE LE SAMEDI 21 JUIN 1890

PAR

M. Gustave GAUDONNET

JUGE DE PAIX

POITIERS

TYPOGRAPHIE OUDIN ET Cie

4, RUE DE L'ÉPERON, 4

1890

FACULTÉ DE DROIT DE POITIERS

DROIT ROMAIN

INTERDITS POSSESSOIRES

DROIT FRANÇAIS

ACTIONS POSSESSOIRES

THÈSE

POUR LE DOCTORAT

PRÉSENTÉE ET SOUTENUE LE SAMEDI 21 JUIN 1890

PAR

M. Gustave GAUDONNET

JUGE DE PAIX

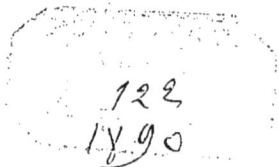

122
1890

POITIERS

TYPOGRAPHIE OUDIN ET Cie

4, RUE DE L'ÉPERON, 4

1890

FACULTÉ DE DROIT DE POITIERS

MM. THEZARD (I ✿), *Doyen, professeur de Code civil.*

DUCROCQ (✳ I ✿), *Doyen honoraire, professeur honoraire, professeur à la Faculté de Droit de Paris, correspondant de l'Institut.*

ARNAULT DE LA MÉNARDIÈRE (I ✿), *professeur de Code civil.*

LE COURTOIS (I ✿), *professeur de Code civil.*

NORMAND (I ✿), *professeur de Droit criminel.*

PARENTEAU-DUBEUGNON (I ✿), *professeur de Procédure civile.*

ARTHUYS (I ✿), *professeur de Droit commercial.*

BONNET (A ✿), *professeur de Droit romain.*

PETIT (A ✿), *professeur de Droit romain, assesseur du Doyen.*

BARRILLEAU (A ✿), *professeur de Droit administratif.*

BRISSONNET (A ✿), *professeur adjoint, chargé du cours d'Économie politique.*

SURVILLE, *agrégé, chargé du cours de Droit international privé.*

DIDIER, *agrégé, chargé du cours d'Histoire générale du Droit français public et privé.*

M. COULON (I ✿), *secrétaire.*

COMMISSION

PRÉSIDENT : M. NORMAND,

SUFFRAGANTS :
M. PARENTEAU-DUBEUGNON,	PROFESSEURS.
M. PETIT,	
M. BRISSONNET,	PROFESSEUR ADJOINT

DROIT ROMAIN

DES INTERDITS *RETINENDÆ ET RECUPERANDÆ POSSESSIONIS*

INTRODUCTION.

DE LA POSSESSION EN DROIT ROMAIN.

Parmi les interdits *possessoires* les interdits *retinendœ et recuperandœ possessionis,* sont les seuls qui présentent quelque analogie avec nos actions possessoires françaises, la complainte et la réintégrande. Aussi, bornerons-nous notre étude sur les interdits, à l'exposition des principes qui régissaient, à Rome, les deux classes d'interdits dont nous venons de parler. Mais, avant d'entrer en matière, nous croyons utile, pour éclairer notre sujet, de rechercher ce qu'on entendait par possession et spécialement par possession *ad interdicta ;* puisque ces interdits avaient justement pour but et pour résultat de protéger et de recouvrer la possession.

La possession est la détention physique d'une chose, avec la volonté d'en jouir pour soi, et pour soi seul, à l'exclusion d'autrui : c'est à peu près ainsi que la définit le jurisconsulte

Paul : « *Possessio appellata est* (*ut et Labeo ait*) *a sedibus quasi positio, quia naturaliter tenetur ab eo qui ei insistit quam Græci* Κατοχην *vocant.* » (Loi 1, *pr.* D. 41, 2).

Quelle est l'étymologie du mot *possessio* ? Dérive-t-il de *sedium* ou *pedium positio,* d'après l'opinion de Labéon rapportée par Paul dans la définition ci-dessus transcrite ?

Vient-il au contraire du terme *posse* ? Les commentateurs sont divisés : les uns adoptent la première étymologie comme étant plus vraisemblable, et prétendent que rien aux yeux des races primitives ne peut donner une idée plus tangible de la prise de possession d'une chose, que ce fait tout matériel d'y poser le pied, de s'y implanter pour ainsi dire, ou de la saisir avec la main. C'est bien là, disent-ils, le propre d'un maître absolu de la chose qui, la tenant sous ses pieds ou sous sa main, indique par là que la chose lui est soumise. Nous préférons cependant, avec les autres interprètes, la seconde étymologie comme plus acceptable et plus rationnelle, en ce sens qu'elle indique, aussi bien que la première, le pouvoir absolu du maître par la faculté qu'il a d'exercer sur la chose des actes privatifs, et aussi parce que nous croyons que même chez des hommes primitifs, on peut, sans être taxé d'exagération, les croire capables d'une certaine abstraction dans les idées. Pour nous donc, posséder, c'est avoir une chose sous sa dépendance, et la faculté d'y exercer à son gré des actes de maître à l'exclusion de tout-autre.

Nous ne nous arrêterons pas à rappeler les interminables discussions qui ont été soulevées et qui durent encore sur le point de savoir si la possession constitue un simple fait ou un droit. Ces discussions plutôt philosophiques que juridiques nous semblent tout-à-fait inutiles et dénuées de tout intérêt pratique. A notre avis, la possession commence par être un fait, et, sous certaines conditions variant avec les diverses législations, elle devient un droit. Comment en effet qualifier autrement une situation qui de tout temps a été l'objet de la sollicitude du législateur et pour laquelle il a pris soin d'établir une sanction ?

Reprenons notre définition. Elle nous indique de suite que la possession comprend deux éléments essentiels : l'un, le pouvoir physique sur la chose, que les jurisconsultes nomment le *corpus*, c'est en quelque sorte l'élément matériel de la possession ; l'autre, l'*animus, animus rem sibi habendi, animus domini* ; c'est l'élément intentionnel.

Avant de nous livrer à l'analyse de ces deux conditions dont la réunion constitue la possession, il convient de nous expliquer sur les différents qualificatifs que dans les textes nous trouvons continuellement liés au mot *possessio*. Un savant romaniste, M. de Savigny (Traité de la Possession, page 40 et suivantes, traduction de Staedtler), a, le premier, porté la lumière dans les dissertations confuses que nous avaient données jusqu'ici tous les commentateurs. M. de Savigny oppose la *civilis possessio* à la *naturalis possessio* ; pour lui, la *civilis possessio*, c'était la *possessio ad usucapionem*, c'est-à-dire la possession qui, prolongée pendant un certain temps et fondée sur une juste cause et la bonne foi, conduisait le possesseur à l'acquisition de la propriété. La *possessio naturalis* au contraire comprenait dans l'opinion des jurisconsultes romains la *possessio ad interdicta* et la *possessio corporalis*, *l'esse in possessione.* (Loi 3, § 15, D. X. 4). (Loi 1, §§ 9 et 10, D. XLIII. 16).

Maintenant, que doit-on entendre par *possessio ad interdicta* et par le terme *esse in possessione* ? La première, c'est la possession prétorienne basée sur la réunion du *corpus* et de l'*animus* chez le possesseur ; en d'autres termes, c'est la détention de la chose *cum animo rem sibi habendi* ; quant au second, il indique la situation de celui qui, *est in possessione tantum*, de celui qui détient la chose pour le compte d'autrui, comme par exemple le fermier, l'usufruitier, le commodataire, etc., en un mot, de la personne qui détient *cum animo alii possidendi.*

Remarquons que souvent la possession *ad interdicta* n'est

indiquée dans les textes que par le simple mot de *possessio*. (*Si vir uxori cedat possessionem, donationis causa, plerique putant possidere eam*........ (Loi 1, § 4, D. XLI, 2).

En outre, lorsque la *possessio* est opposée à la *naturalis possessio*, il faut entendre par ces derniers mots la possession de celui qui détient pour autrui, de celui qui est *tantum in possessione*. Quelquefois enfin, on trouve dans les textes les expressions « *civiliter possidere* », employées comme indiquant que le droit civil accorde à une personne la faculté de posséder pour soi.

Nous avons dit que la possession n'existait qu'à la condition de trouver chez le possesseur la réunion de ses deux éléments constitutifs, le *corpus* et l'*animus* ; et si l'on voulait encore une autre définition de la possession, on pourrait dire qu'elle consiste dans le rapport intime qui s'établit entre une chose susceptible d'être possédée et une personne capable de posséder, quand chez cette personne la volonté d'agir sur la chose se joint à la possibilité physique de le faire à l'exclusion de tout autre individu.

Ces deux conditions, le *corpus* et l'*animus*, sont donc nécessaires, indispensables, pour nous faire attribuer la qualité de possesseur : « *adipiscimur possessionem corpore et animo, neque per se animo, aut per se corpore* » (Loi 3, § 1, *de adq. poss. s.*) ; mais elles suffisent, et l'on ne peut rien exiger de plus. Il n'importe que· le possesseur ait en réalité le droit d'agir comme il le fait, ou qu'il ne l'ait pas. Il n'importe qu'il soit dans l'erreur à cet égard, et qu'il se figure avoir acquis la chose, car la mauvaise foi ne fait point obstacle à la possession. Il y a plus, les moyens employés pour acquérir cette possession, même frauduleux, même violents, ne l'empêchent pas, du moins en général, de s'établir. Si, par exemple, quelqu'un, profitant de l'absence du propriétaire, s'est emparé de son héritage, ou s'il a eu recours à la violence pour en chasser le précédent possesseur, il n'en sera pas moins protégé par la voie des interdits : « *justa aut injusta adversus cæteros possessio sit, in hoc interdicto nihil refert : qualiscumque enim possessor, hoc ipso, quod possessor est, plus juris habet quam ille qui non possidet* » (Loi. 2, *Uti possidetis*, 43, 17) ; en d'autres termes, la clandestinité, la violence constituent bien des vices de la possession, mais des vices essentiellement relatifs, opposables seulement par celui qui a été la victime des actes clandestins ou violents. C'est ce que nous aurons bientôt l'occasion de développer, en faisant l'étude des interdits *Uti possidetis* et *unde vi*.

Comme tout autre droit, la possession s'acquiert, se conserve et se perd.

Pour acquérir la possession, il faut le fait matériel, le *corpus*, et l'intention, l'*animus*. Ces deux éléments se complètent l'un par l'autre ; sans le premier, l'*animus* ne serait qu'une pure abstraction, une volonté pour ainsi dire toute nue, et dont le législateur ne peut tenir compte puisqu'elle ne se révèle par aucun acte extérieur, par aucun fait tangible ; sans le second, le *corpus* serait un pur fait dépourvu de toute valeur morale.

Qu'entend-on au juste par cette expression le *corpus*, par le *factum* ? Il est tout d'abord nécessaire de distinguer si le fait est accompli par celui qui veut devenir possesseur, ou par un tiers.

Dans le premier cas, deux hypothèses peuvent se présenter au point de vue de la chose dont on veut acquérir la possession. En effet ou la chose est *res nullius*, ou elle appartient à un tiers.

Lorsque la chose est *res nullius*, il faut de toute nécessité une appréhension, un contact physique, établissant une relation directe entre le futur possesseur et la chose à posséder ; car, sans cela, on ne peut être certain d'en disposer à l'exclusion de tout autre. Il est donc indispensable, pour que la possession puisse naître, qu'un acte d'appréhension matériel sur la chose se manifeste, et vienne révéler au tiers l'intention qui nous anime de l'avoir pour nous. Les textes nous fournissent des exemples de la nécessité de ce fait : ainsi il faut que l'on saisisse le gibier que l'on vient de blesser mortellement, ou que j'on mette à découvert le trésor qui existe sur son fonds. (Loi 5, § 1., Loi 55, D.XLI, 1). Dans le même ordre d'idées, si nous supposons une terre que l'on vienne à découvrir, il faudra, pour établir la possession, que cette terre ait été cultivée par nous, que des constructions y aient été élevées ; en un mot que l'intention d'avoir cette partie du sol pour nous seul se soit manifestée par des actes non équivoques d'appropriation.

Lorsque la chose que nous voulons acquérir est possédée par un tiers, en d'autres termes s'il s'agit de transmission, les jurisconsultes romains se montrent moins rigoureux dans la détermination du *corpus*, et le contact purement matériel n'est plus indispensable. Ainsi, par exemple, dans le cas de la vente d'un héritage, il suffira, pour que la tradition soit effective et que par suite la possession en soit acquise à l'*accipiens*, l'acheteur, que ce dernier se trouve sur le fonds au moment où le *tradens*, le vendeur déclare : *Vacuam se possessionem tradere.* Il ne sera donc pas indispensable, pour que l'acheteur entre en possession du fonds, qu'il se soit pour ainsi dire identifié avec lui et qu'il ait besoin (*omnes glebas circum ambulare*), ce qui, à vrai dire, constituerait une obligation aussi ridicule qu'impossible à accomplir. D'où la conséquence qu'il ne faut pas entendre le *corpus* d'une façon trop étroite, comme le faisaient beaucoup d'anciens auteurs interprétant littéralement cette condition de la possession.

Observons cependant que les textes exigent, pour la prise de possession, la *præsentia rei*, sans laquelle l'*accipiens* ne serait pas en état d'agir immédiatement sur la chose. C'est ce que le jurisconsulte Paul prend la peine de nous dire quand il explique que, du moment qu'une chose est placée sous nos yeux par celui qui veut nous la transférer, et que rien ne s'oppose à l'intention que nous avons de nous l'approprier, il y a dans ces circonstances tout ce qu'il faut pour opérer la prise de possession.

La livraison des clefs ou des titres opérerait-elle tradition de la chose, et par suite prise de possession ? Un grand nombre de commentateurs anciens ont cru trouver dans ces faits une sorte de tradition symbolique, une tradition fictive. Néanmoins, nous croyons que cette opinion manque de fondement, car il s'agit là d'actes juridiques relevant du droit des gens, et à Rome, on n'avait guère l'habitude d'employer de fictions dans les actes de cette espèce. La fiction, en effet, était la ressource dont se servait le préteur pour adoucir la rigueur du droit civil et le plier aux nécessités des relations sociales. De plus, on peut voir dans la loi 74, au Digeste XVIII, 1, que la possession d'une chose n'est acquise par la livraison des clefs, qu'autant qu'elles sont remises en présence des marchandises devant les bâtiments qui les renferment. (*Clavibus traditis, ita mercium in horreis conditarum possessio tradita videtur, si claves apud horrea traditæ sint.....*)

En second lieu, le *factum* est accompli par un tiers. Dans cette hypothèse la jurisprudence romaine abandonnant la rigueur des principes avait admis la représentation de l'acquéreur par une personne libre, agissant en son nom. Nous trouvons cette exception remarquable mentionnée aux Institutes, libre II, titre IV, § 5. Cette dérogation du reste s'explique facilement, car l'explication de la maxime: *Per extraneam personam nihil adquiri posse*, eût été pour ainsi dire impossible en présence des besoins journaliers de la vie civile. Dans ce cas, il faut chez le mandant l'*animus*, et chez le mandataire le *corpus* accompagné de l'intention d'acquérir pour le représenté. Du moment que ces conditions sont remplies, la possession est acquise au mandant, même *ignorans*.

Il est des cas où par exception la possession est acquise au représenté par le représentant, sans qu'il soit besoin de mandat spécial : c'est lorsque la possession est acquise *ex causâ peculiari,* par des personnes placées sous notre puissance. Tels sont les fils de famille et les esclaves auxquels le père de famille a permis d'avoir un pécule.

Pour conserver la possession, il est nécessaire que ces deux éléments constitutifs continuent de subsister concurremment. C'est ce qui résulte de la législation romaine, dont les textes nous apprennent que l'on cesse d'être possesseur, soit par la perte du *corpus,* soit par la perte de l'*animus. Quemadmodum nulla possessio adquiri nisi animo et corpore potest, ita nulla amittitur in qua utrumque in contrarium actum est* (Loi 8, D. XLI, 2). La traduction de ce passage nous démontre que, pour perdre la possession, un acte contraire doit avoir été exercé, que cet acte s'adresse au *corpus,* ou à l'*animus.* Par suite, s'il s'agit du *corpus,* il ne sera pas indispensable, pour conserver la possession de faire sur la chose qui en est l'objet des actes de maître constants ; mais il suffira de rester libre de les exercer ; s'il s'agit de l'*animus,* il ne sera pas nécessaire d'avoir la volonté expresse de posséder, il suffira de ne pas montrer l'intention non douteuse ne plus posséder. D'où nous tirons cette conséquence toute naturelle, que la possession sera perdue quand on se sera mis, par un acte contraire, dans l'impossibilité de l'exercer, ou quand volontairement on aura renoncé d'une manière formelle et non équivoque à la possession acquise.

Venons à la seconde condition exigée pour la possession, à l'*animus,* et demandons-nous quelle est la portée de cette expression. L'*animus* réside dans l'intention de celui qui, possédant personnellement la chose ou la faisant détenir pour lui par un autre, entend posséder cette chose à l'exclusion de tout autre. Mais si, au contraire, celui qui détient la chose n'aspire pas à la traiter comme sienne et reporte sur un autre la qualité de propriétaire, il n'est qu'un simple détenteur, il n'a que la *corporalis possessio.*

A la différence du *corpus,* l'*animus* ne peut exister que chez celui qui entend posséder, et sous ce rapport on ne peut être représenté, *per extraneam personam.* Nous trouvons cette distinction établie par le jurisconsulte Paul en ces termes : *Possessionem adquirimus et animo et corpore: animus utrique nostro corpore, vel nostro, vel alieno.*

La possession revêtue des caractères que nous venons d'indiquer était protégée par le droit prétorien, d'après lequel, ainsi que nous l'avons déjà dit, celui qui détenait une chose *cum animo domini,* qu'il eût juste titre ou non, qu'il fût de bonne ou de mauvaise foi, celui qui, en un mot, avait la possession *ad interdicta* pouvait faire respecter cette situation de fait ou de droit, comme on voudra, au moyen des interdits *retinendæ et recuperandæ possessionis.*

Néanmoins nous trouvons dans les textes deux cas où certains détenteurs qui ne possèdent pas *cum animo domini* jouissent par exception du bénéfice des interdits. Nous voulons parler du créancier gagiste et du précariste.

Quand une chose avait été donnée en gage, voici quelle était, à Rome, la situation respective du débiteur et du créancier gagiste quant à la *res pignerata.* Suivant la loi 16 *de usucap....* le débiteur qui avait constitué un *pignus* ne se dépouillait pas complètement de la possession, et, s'il se trouvait *in causâ usucapiendi,* il continuait à *usucaper* malgré la constitution du gage. Mais, il perdait la possession *ad interdicta,* qui de sa personne passait dans celle du créancier. C'est donc ce dernier qui possède, c'est lui qui pourra invoquer l'interdit pour faire respecter ou pour recouvrer la possession de la *res pignerata.* En outre, si, à l'échéance de la dette, il n'est pas désintéressé par le débiteur, il aura le droit de faire vendre le gage et de se payer sur le prix provenant de la vente. Quant aux fruits produits par la chose, ils appartiennent au débiteur.

Les interprètes ne sont pas d'accord sur cette particularité qui consiste à accorder les interdits au créancier gagiste.

Suivant M. de Savigny, cette possession concédée au créancier n'est que la possession même du débiteur, c'est, en quelque sorte, une délégation de la possession faite par le véritable possesseur, une possession dérivée. La preuve, ajoute le savant Romaniste, que le créancier n'exerce que la possession du débiteur, c'est qu'il lui doit compte des fruits produits par la chose engagée, et qu'il ne peut les retenir qu'à la condition de les imputer sur le montant de la dette. Nous préférons l'explication donnée par M. Machelard comme plus conforme à la réalité des choses. L'estimable auteur reconnaît bien, avec le juriconsulte romain et les commentateurs, que l'*animus domini* manque au créancier gagiste ; mais il leur reproche de n'envisager que ses devoirs quant à la chose, et de ne pas tenir compte de ses droits, ce qui évidemment constitue, de la part des contradicteurs, une analyse incomplète de la situation. On ne peut nier, dit-il, que le créancier est un détenteur de la chose d'autrui qu'il possède pour le compte du débiteur, lequel continue d'usucaper s'il y a lieu ; qu'enfin il est obligé de conserver et de restituer la chose engagée ; mais on oublie qu'avant d'accomplir cette dernière obligation, il doit être entièrement désintéressé, et que s'il n'est pas payé, il est le maître de disposer de la *res pignerata.* Donc, on peut parfaitement soutenir que c'est en vue d'assurer son paiement dans l'avenir que le créancier jouit de la faveur des interdits, soit pour maintenir sa possession troublée, soit pour la recouvrer, s'il en a été dépouillé ; et, en allant au fond des choses, il nous semble bien que le créancier gagiste détient pour lui-même et possède réellement, sans avoir besoin d'une délégation de la possession de débiteur. (Voir Machelard, pages 165 et suiv. *Interdits.)*

Sous la législation romaine, on admettait l'existence de la possession, et on accordait les interdits dans une autre hypothèse où l'*animus domini* faisait incontestablement défaut, c'est-à-dire à l'occasion du *precarium.* Le contrat de précaire était une convention par laquelle une personne, cédant aux prières d'une autre lui abandonnait la jouissance d'une chose, sous la condition que la chose lui serait restituée à première réquisition. (Loi I *de prec.* D. 43,26). Nous nous bornons, pour le moment, à donner la définition de cette convention, toute spéciale aux mœurs romaines, et nous fournirons à ce sujet de plus amples détails en traitant de l'interdit *de precario.*

Il nous reste, pour terminer cet exposé rapide de la possession, à rechercher quelles choses en sont ou non susceptibles. — En thèse générale, la possession ne s'applique qu'aux choses soumises au droit de propriété. C'est pourquoi, à Rome comme ailleurs, nulle possession n'était possible à l'encontre des choses hors du commerce : telles étaient les *res divini juris*, les *res communes*, et aussi les *res publicæ quæ in publico usu habentur.* Dans le principe, la même exception existait en faveur des biens patrimoniaux *populi aut civitatis* ; mais avec le temps cette règle disparut, et ces biens devinrent susceptibles de possession privée.

Quant aux droits incorporels, comme les servitudes réelles par exemple, il paraît que dans le principe ils étaient soumis à l'usucapion et par suite à la possession ; mais depuis une loi *Scribonia,* croyons-nous, la règle contraire avait été admise. Ce ne fut qu'à la longue qu'on s'aperçut combien cette lacune était regrettable, et des inconvénients que faisait naître, dans la pratique, le défaut d'une protection rapide et efficace appliquée à ces droits, sans lesquels il n'y a ni culture ni voisinage possibles. On songea donc à considérer les servitudes en elles-mêmes, abstraction faite des fonds ; et pour les protéger on admit une *quasi-possessio* ou *possessio juris.*

Dans ce but le préteur, usant toujours de son moyen ordinaire, de son *imperium,* accorda soit une extension des interdits possessoires, à titre utile, soit des interdits spéciaux à la matière.

CHAPITRE I.

SECTION I.

NOTIONS GÉNÉRALES.

Ainsi que nous l'avons dit plus haut, la principale garantie donnée à la possession résultait des interdits. Mais, qu'était-ce que les interdits ? quelle pouvait être leur origine ?

Les interdits étaient une des créations du droit honoraire ou prétorien, de ce droit humanitaire qui, sans abroger les textes pour ainsi dire sacrés de l'antique loi des Douze Tables, imagina d'en combler les lacunes et d'en corriger la nature sévère et inflexible, en greffant sur le vieux tronc, si l'on peut s'exprimer ainsi, des branches nouvelles, destinées à le rajeunir. Il était en effet indispensable, à mesure que Rome grandissait, de mettre sa législation étroite et formaliste en rapport avec la situation nouvelle que lui faisaient ses conquêtes, et de rapprocher du droit des gens son vieux droit quiritaire. Pour atteindre ce but, on sait que le préteur, chaque année, en entrant en charge, déterminait dans des ordonnances les principes d'après lesquels il entendait rendre la justice. On sait aussi que ces ordonnances, promulguées à l'avance et pour tous, sous forme de règlements généraux, portaient le nom générique *d'édits* (d'*edicta*).

En dehors de la publication de l'édit annuel, le pouvoir du préteur se manifestait d'une manière plus restreinte, par l'émission de règlements spéciaux, destinés à deux ou plusieurs personnes seulement. Ces règlements consistaient en une intervention particulière du magistrat qui, dans cette occasion, interposait directement son autorité pour mettre fin aux contestations ; et cela arrivait surtout, nous dit Gaius, (*quod tum maxime facit, cum de possessione aut quasi possessione inter aliquos contenditur*).

Ces ordres tout particuliers émis par le préteur portaient le nom d'interdits : soit parce que leur forme (*vim fieri veto*) était le plus ordinairement prohibitive (*interdicere*), soit parce qu'ils n'étaient, le plus souvent, qu'une décision provisoire, une décision différente, pouvant être rendue au pétitoire (*interim dictum*) ; soit enfin parce qu'ils intervenaient entre deux parties (*inter duos dictum*). — C'est en ce dernier sens que les interdits sont présentés dans les Institutes de Justinien.

L'interdit, appelé aussi décret, contenait tantôt un ordre prohibitif, tantôt un ordre impératif. Cette double application, suivant Gaius, servait à distinguer ces deux sortes de règlements : l'expression *interdicta* s'appliquait aux règlements prohibitifs, et celle de *decreta* à ceux qui étaient impératifs. (Gaius, § 140.)

On sait avec quel soin jaloux était déterminé à Rome tout ce qui concernait la propriété et les obligations ; mais on avait négligé de statuer sur différentes matières qui, au point de vue de l'ordre et de la sécurité publique, réclamaient néanmoins impérieusement la surveillance de l'autorité : nous voulons parler des matières du droit public, telles que la navigation des fleuves, la circulation sur les voies publiques et sur les places, et des matières concernant la religion, telles que la surveillance et la protection des tombeaux et des lieux sacrés. Enfin quelques matières de droit privé avaient aussi été laissées de côté, et parmi elles les contestations qui pouvaient s'élever sur la possession. Le préteur intervint donc, en cela comme en toute autre chose, et par l'émission des interdits chercha à réprimer les rixes et les voies de fait, conséquences inévitables des lacunes du droit civil que nous venons de signaler.

Sous l'empire des actions de la loi, à une époque fort reculée, le préteur ne réglait la possession que d'une manière incidente et, en quelque sorte, accessoire au débat sur la propriété. Quand les parties étaient *in jus,* avant de donner un juge ou des récupérateurs, chargés de statuer sur la propriété, le préteur attribuait à l'une d'elles la possession intérimaire, de l'objet litigieux. Cette phase de la procédure portait le nom de *vindiciarum dictio,* et celui qui obtenait cette possession devait garantir à son adversaire la restitution de la chose et des fruits au cas où ce dernier triompherait dans la cause (*prædes litis et vindiciarum*). (Gaius, Comm. liv. IV, 16). Cette décision du préteur était du reste purement arbitraire : le magistrat n'entendait pas par là désigner le possesseur, il usait seulement de son *imperium* pour remettre en quelque sorte la garde de la chose à celle des parties qui lui semblait offrir le plus de garanties, et dont le droit à première vue, lui paraissait le mieux fondé.

En somme, cette attribution de la possession intérimaire présentait peu d'avantages, puisqu'elle ne donnait aucun droit à la partie favorisée, et qu'elle supposait toujours un débat sur la propriété. Aussi, il est probable que, de bonne heure, les interdits possessoires vinrent combler cette lacune en donnant au possesseur présumé une situation moins précaire.

Quelle est l'origine des interdits ? C'est une question restée fort obscure, et dont la solution est loin d'être trouvée, encore aujourd'hui.

D'après M. de Savigny, dont le système sur ce point a été emprunté à Nieburh, on doit rattacher l'origine des interdits aux concessions faites sur l'*ager publicus.* Le savant auteur soutient que la réglementation minutieuse et précise de la possession et des actions qui la protègent en droit romain, tenait à ce que ces actions étaient destinées, à l'origine, à garantir un droit des plus importants, celui que les particuliers pouvaient acquérir sur des portions de l'*ager publicus*. Ces derniers, dit-il, étaient incapables d'acquérir sur l'*ager publicus* le droit de propriété, et, par conséquent, d'user des actions réelles qui servent à le protéger ; aussi, pour combler cette lacune, le préteur aurait créé les interdits possessoires destinés à défendre les concessionnaires contre les troubles et les dépossessions arbitraires. M. Machelard combat cette opinion en faisant observer que le droit des concessionnaires de l'*ager publicus* devait avoir une assiette plus fixe que celle qui lui aurait été ménagée, si ces concessionnaires n'avaient eu pour ressource que la voie des interdits. Il ajoute qu'en dehors de cette hypothèse assez restreinte du reste, le préteur a dû, de bonne heure songer à protéger la possession appliquée à d'autres biens que ceux de l'*ager publicus*.

Il existe d'autres systèmes présentés et soutenus par les glossateurs et suivis en général par les anciens commentateurs.

Les uns voient dans les interdits l'introduction d'une procédure plus sommaire, les autres un moyen d'intimidation pour les plaideurs par suite des *sponsiones pœnales*. Toutes ces discussions sont loin de donner la clef du mystère ; mais ne pourrait-on pas se borner à dire que les interdits furent créés par le préteur dans le but de combler uniquement les lacunes du droit civil, aussi bien dans les matières d'intérêt général que dans celles d'intérêt privé ?

Quoi qu'il en soit, il est certain que de fort bonne heure les interdits purent être invoqués par les possesseurs de l'*ager privatus*, et par les propriétaires, qui trouvaient plus commode de prouver leur possession que leur propriété. C'est avec ce caractère qu'ils nous apparaissent sous l'époque classique : Gaius (Loi 42, *de rei vind.* D.VI, 1) nous dit en effet que celui qui veut demander une chose doit chercher d'abord à en obtenir la possession par un interdit pour pouvoir jouer ensuite le rôle de défendeur dans le procès sur la revendication.

Dans le principe, ainsi que nous l'avons déjà dit, le préteur donnait un interdit dans chaque cause particulière, au fur et à mesure que naissaient les contestations et quelque fût l'intérêt en souffrance, qu'il fût d'ordre public ou d'ordre privé. Par la suite et peu à peu les interdits cessèrent d'être individuels pour devenir généraux, en ce sens que le préteur avait le soin de déterminer à l'avance et de faire inscrire sur l'album, les cas différents dans lesquels il accorderait un interdit. Enfin la procédure formulaire disparut pour faire place à la procédure extraordinaire, qui de l'exception devint la règle ; c'est alors que l'on abandonnât la procédure des interdits : au lieu de les demander au magistrat, on les supposa rendus. Aussi sous Justinien il n'existe plus d'interdits pour ainsi dire, et nous en trouvons la preuve dans le titre XV du livre IV des Institutes de ce prince.

SECTION II.

PROCÉDURE.

On peut diviser la procédure compliquée, en usage pour les interdits, en deux phases: l'une comprenant la procédure préalable à l'émission de l'interdit, l'autre relative à la procédure postérieure à cette émission.

Procédure préalable. — Celui qui voulait obtenir un interdit devait s'adresser au magistrat qui avait le droit d'émettre un ordre de cette nature. C'était, à Rome, le préteur urbain ou pérégrin; dans les provinces, le proconsul (Gaius, IV, 139) ; car, dans cette matière comme en toute autre, nous trouvons d'abord l'*in jus vocatio*.

L'émission de l'interdit avait lieu contradictoirement, sur les explications fournies au magistrat par les deux adversaires. En effet, on ne peut nier la nécessité de la présence du demandeur, puisque c'est lui qui sollicite l'interdit ; quant à celle du défendeur, il semble bien qu'elle était aussi nécessaire, car c'est à lui que l'ordre s'adresse dans les cas les plus ordinaires. Néanmoins, de deux choses, l'une : ou le défendeur ne comparaissait pas, ni personne pour lui, il était contumace ou absent, et alors il y avait lieu contre lui à une *missio in bona* ou bien au contraire il répondait à l'*in jus vocatio*, et, dans cette hypothèse, le préteur délivrait son interdit, si toutefois les faits allégués par le demandeur rentraient dans les prévisions de l'édit.

Ainsi par exemple, Aulus Agerius (pour employer les noms consacrés pour ainsi dire), prétend qu'ayant, vis-à-vis de Numerius Negidius, une possession non vicieuse, il a été expulsé violemment par ce dernier ; celui-ci nie le fait d'expulsion, dans ce cas le magistrat n'hésitera pas à délivrer l'interdit. C'est l'hypothèse de l'interdit *unde vi*. Ou bien, le demandeur prétend qu'il a été troublé par le défendeur dans un immeuble dont il est régulièrement en possession ; ce dernier soutient de son côté que la possession lui appartient ; le préteur accordera l'interdit *uti possidetis*.

Mais si nous supposons au contraire que le défendeur, au lieu d'opposer soit une dénégation au fait de violence qui lui est reproché, soit sa propre possession à celle alléguée par le demandeur, vienne à reconnaître le droit de son adversaire et à se soumettre à l'interdit ; le procès sera arrêté dès son début.

En outre, il n'y aura pas lieu à l'émission de l'interdit si les faits allégués, fussent-ils prouvés, ne se prêtent point à un interdit. Tel serait le cas d'un fermier qui se plaint d'être troublé dans sa jouissance.

Il arrivait souvent que la procédure préalable ne se terminait pas d'une manière aussi simple *in jure*, quand par exemple il y avait lieu à une *causæ cognitio* de la part du préteur.

Dans cette circonstance, la mission du magistrat se complique, et ce n'est qu'à la suite d'un examen approfondi de la cause qu'il se résoudra à accorder ou à refuser l'interdit. Les choses se passaient ainsi toutes les fois que le demandeur ne se trouvait pas dans un des cas spéciaux prévus par l'édit, et que par suite il demandait l'extension d'un interdit à titre utile. Le préalable d'une *causæ cognitio* sera encore nécessaire avant d'émettre l'interdit, si le demandeur ne se trouve pas dans des conditions régulières pour l'obtenir, mais qu'il ait perdu cette situation par un motif qui lui permet de solliciter la *restitutio in integrum*. (Voir à ce sujet Machelard, page 11.)

Enfin, il pourrait encore en être ainsi, si le défendeur venait à opposer des exceptions qui ne sont ni usuelles, ni inhérentes à la nature de l'interdit. Ces exemples nous montrent que la *causæ cognitio*, dont le résultat décidera de l'interdit, sera le plus souvent motivée par des considérations relatives au demandeur, mais qu'elle pourra aussi provenir des prétentions du défendeur ; ils nous prouvent encore que le préteur aura à examiner des questions quelquefois assez graves, ce qui ne lui permettra pas toujours de se prononcer immédiatement. Aussi, doit-on repousser l'opinion de certains auteurs suivant lesquels le *vadimonium* n'aurait pas été usité en matière d'interdits.

Procédure postérieure à l'interdit. — Par l'émission de l'interdit, le rôle du magistrat n'est pas terminé comme cela arriverait par la délivrance d'une formule, car si le défendeur prétend ne pas être dans le cas de l'interdit, il faudra revenir devant le préteur afin d'obtenir de lui un juge ou des récupérateurs et des formules d'actions. Pour arriver à ce résultat, les parties avaient deux moyens de procédure : elles agissaient ou *cum pœna*, *per sponsionem*, ou *sine pœna*, au moyen d'une formule arbitraire. Cette distinction jouait un rôle important dans la procédure des interdits, et Gaius nous apprend que la *pœna* était inévitable dans les interdits prohibitoires, comme

par exemple dans l'*uti possidetis*, tandis qu'elle était faculta-
tive dans les autres, exhibitoires ou restitutoires, comme dans
l'interdit *unde vi*. Le jurisconsulte revient sur cette distinction
dans les paragraphes 16 et suivants, au commentaire quatre,
où il nous fait connaître comment la *pœna* pouvait être écartée
par la demande d'une formule arbitraire. On sait que la formule était dite arbitraire, lorsqu'elle donnait au juge la lati-
tude de ne condamner qu'à défaut de restitution ou d'exhibi-
tion. Seulement cette formule devait être demandée par l'une
ou l'autre des parties, alors qu'elles étaient encore devant le
préteur (Gaius, *com.* IV, § 164).

Mais si les plaideurs avaient recours à la procédure *cum
pœna per sponsionem*, les choses se compliquaient. Dans les
interdits simples, c'est-à-dire dans les interdits où les positions
de demandeur et de défendeur étaient nettement dessinées,
comme dans l'interdit *unde vi* par exemple, le demandeur inter-
pellait son adversaire dans ces termes ou à peu près : Promets-tu de donner tant, si, contrairement à l'édit du préteur,
tu n'as pas restitué ? Le défendeur répondait : *Spondeo*, je promets. Puis, à son tour, il reprenait : Promets-tu de donner
tant, si je n'ai pas contrevenu à l'édit du préteur ? Je promets,
répondait le demandeur : c'était la *restipulatio*.

Dans les interdits doubles, comme l'interdit *uti possidetis*,
où chacun des plaideurs était à la fois demandeur et défendeur, la *sponsio* du demandeur dans l'interdit simple était faite
également par le défendeur, et la *restipulatio* du défendeur,
par le demandeur. On voit que cette procédure n'était rien
moins que simple. En outre, à toutes ces *sponsiones* et *restipulationes*, chaque plaideur était obligé de répondre, sans quoi
il eût été condamné ou privé de l'action.

Les *sponsiones* une fois conclues, le préteur donne aux parties des récupérateurs ou un juge chargés d'examiner laquelle
des deux est débitrice envers l'autre des sommes promises con-
ditionnellement par chacune, ce qui fait l'objet de deux con-

dictio. De cette manière le magistrat sanctionnait par des actions les principes qu'il avait établis en matière de possession ou autre.

Une importante observation doit être faite au sujet de la *sponsio* et de la *restipulatio* usitées dans les interdits : c'est que cette procédure était sérieuse et pénale, contrairement à ce qui se passait dans les instances ordinaires, où le défendeur qui perdait son procès était seulement tenu de restituer l'objet litigieux, sans qu'on exigeât de lui le paiement des *sponsiones* qui n'étaient alors qu'une pure formalité. Celui donc qui succombait dans l'interdit devait payer à son adversaire le montant de sa *sponsio* à titre de dommages et intérêts, sans préjudice de la condamnation portant sur l'objet même du procès. Il serait assez difficile de justifier cette distinction : peut-être avait-on voulu, par cette sévérité, détourner les gens qui par malice ou autrement seraient tentés de troubler la possession d'autrui.

Telle était la physionomie de la procédure relative aux interdits à l'époque classique. Quant à la possession intérimaire de l'objet litigieux, à la *fructuum licitatio*, aux condamnations diverses qui pouvaient atteindre le perdant, nous y reviendrons en présentant l'hypothèse la plus compliquée, celle du possesseur intérimaire qui succombe dans l'interdit prohibitoire *uti possidetis.*

SECTION III.

DIVISION DES INTERDITS.

Les classifications des interdits étaient nombreuses. On les divisait tout d'abrd en deux grandes catégories : les interdits relatifs aux choses divines, et les interdits relatifs aux choses humaines.

Une division plus importante et plus usuelle à la fois, division que Gaius qualifie de *principalis*, et les Instituts de Justinien de *summa*, présentait les interdits comme étant, tantôt restitutoires, tantôt exhibitoires, tantôt prohibitoires.

L'intérêt de cette distinction, fondée sur la nature de l'ordre contenu dans l'interdit, consistait, comme nous l'avons déjà vu, dans les formes à suivre pour le procès qui pouvait en être la conséquence.

Dans les interdits restitutoires, la formule se terminait par cette expression : *restituas*, dont la signification était double : tantôt en effet il s'agissait de faire obtenir au demandeur un ou plusieurs objets ; tantôt il s'agissait de rétablir les choses dans leur état primitif. Dans le premier cas, l'interdit avait pour but de procurer au demandeur une possession qu'il n'avait jamais eue, tel était l'interdit *quorum bonorum;* dans le second, il tendait à lui faire recouvrer une possession perdue, tel était l'interdit *unde vi.*

Les interdits exhibitoires étaient seulement au nombre de quatre : c'étaient les interdits *de tabulis exhibendis, de homine libero exhibendo, de liberto exhibendo, de liberis exhibendis.* — La formule se terminait ainsi : *exhibeas.*

Quant aux interdits prohibitoires, ils consistaient en un ordre donné à l'adversaire de s'abstenir de faire telle ou telle chose, comme par exemple de faire violence à celui qui possède régulièrement, ou à celui qui transporte un mort là où il a le droit de le faire. Les interdits par lesquels le préteur défendait de bâtir sur un lieu sacré, ceux par lesquels il interdisait de rien faire qui puisse nuire à la libre navigation d'un fleuve ou à la circulation sur la voie publique, étaient encore prohibitoires. La formule de tous ces interdits se terminait par le mot, *veto.*

Dans la loi I, § 1, *De Interdictis*, au Digeste, Ulpien signale une quatrième classe d'interdits qu'il appelle mixtes à raison de ce qu'ils seraient à la fois exhibitoires et prohibitoires. On ne trouve aucune trace de ce genre d'interdits dans les Pandectes. Néanmoins, M. Machelard pense que l'on peut donner un sens à cette classe d'interdits admise par Ulpien, en lisant dans le texte le mot *restitutoria*, au lieu du mot *exhibitoria* qui s'y trouve. Sous cette nouvelle forme seraient alors compris les interdits prohibitoires, qui pouvaient avoir l'effet d'interdits restitutoires, tels que l'interdit *de aqua quotidiana*.

Il existait d'autres divisions des interdits, mais moins importantes ; elles sont encore énumérées par Ulpien dans la loi 1, §§ 2 et 4. (*Interdictorum quædam in præsens, quædam in præteritum referuntur.*) Et, à titre d'exemples, le jurisconsulte cite, comme interdit de la première espèce, l'interdit *uti possidetis*, comme interdit de la seconde espèce, l'interdit *de itinere actuque, de aqua æstiva*.

Pour invoquer l'interdit *in præsens*, le demandeur devait se baser sur un état de fait actuel ; pour invoquer l'interdit *in præteritum*, il pouvait s'appuyer sur un état de fait passé.

Ulpien indique encore une autre division des interdits qui comprend les interdits annaux et perpétuels. Il est inutile de dire que cette distinction reposait sur l'étendue du délai accordé pour agir, à compter du fait donnant droit à l'interdit.

Enfin nous trouvons des interdits populaires, ainsi nommés parce que tout citoyen capable de postuler pour autrui pouvait la demander ; de ce nombre étaient les interdits *de divinis rebus et de rebus publicis ;* et des interdits appelés *de rebus privatis*, parce qu'ils ne pouvaient être invoqués que par des personnes déterminées.

Terminons ici cet exposé tant soit peu fastidieux des classifications multiples des interdits, et venons aux interdits possessoires qui seuls doivent nous occuper.

Sous ce rapport, les interdits relatifs à la possession se divisaient en interdits pour acquérir, interdits pour retenir ou pour recouvrer la possession : *Quædam adipiscendæ possessionis causa comparata sunt, quædam retinendæ, quædam recuperandæ,*

(Instituts de Justinien IV, 15, § 2). Donc, trois classes d'interdits.

Le caractère des interdits de la première classe, *adipiscendæ possessionis* consiste, ainsi que nous l'apprennent Gaius et Justinien, en ce qu'ils profitent exclusivement à celui qui, n'ayant jamais eu la possession, désire l'obtenir. Par suite, celui qui, ayant déjà possédé, aurait perdu cette possession, ne pourrait, pour la ressaisir, prétendre à invoquer un interdit de cette nature. Tel est l'interdit *Quorum bonorum*, accordé au *bonorum possessor*, pour se faire mettre en possession des biens auxquels il doit succéder d'après l'édit du préteur. Tel encore l'interdit *Possessorium* donné a l'*emptor bonorum* pour se faire mettre en possession des biens qu'il avait achetés d'un débiteur insolvable. De même l'interdit *Salvianum* accordé au propriétaire d'un fonds rural, pour se faire mettre en possession des objets que le colon avait spécialement affectés au paiement des fermages.

Ces interdits sont-ils vraiment des interdits possessoires ? On s'accorde généralement à les mettre en dehors de la théorie des actions possessoires, et nous croyons que c'est avec raison. En effet, de même qu'une *rei vindicatio* suppose le droit préalable de propriété, de même l'interdit possessoire doit supposer une possession acquise. Or, nous venons de voir qu'il n'en était pas ainsi pour les interdits *Adipiscendæ possessionis*, puisqu'ils avaient pour but une possession à acquérir, et que, parmi eux, l'interdit *Quorum bonorum* pourrait à juste titre être regardé comme une sorte de pétition d'hérédité accordée par le préteur au *bonorum possessor*. — Aussi nous bornerons notre modeste étude aux interdits de la seconde et de la troisième classe, c'est-à-dire aux interdits *retinendæ et Recuperandæ possessionis*.

CHAPITRE II.

DES INTERDITS RETINENDÆ POSSESSIONIS.

Les interdits *Retinendæ possessionis* étaient destinés à défendre le possesseur contre les troubles que les tiers pouvaient apporter à sa possession, sans cependant l'en dépouiller. La législation romaine connaissait deux interdits ayant pour but le maintien de la possession, l'un, relatif aux immeubles, (Gaius, IV, 150) était appelé, à raison des premiers termes usités dans l'interdit, *uti possidetis* ; l'autre, concernant les meubles (Gaius, *ibidem*), était appelé, pour le même motif, *utrubi*. Ces deux interdits étaient prohibitoires, et leurs formules nous ont été conservées plus ou moins complètement aux Pandectes. (Liv. XLIII, tit. 17 et 31.)

INTERDIT UTI POSSIDETIS.

L'interdit *uti possidetis* était ainsi conçu : « *Uti eas œdes, quibus de agitur, nec vi, nec clam, nec precario, alter ab altero possidetis: quominus ita possideatis, vim fieri veto. De cloacis hoc interdictum non dabo, nequepluris quam quanti rès erit ; intra annum, quo primum experiundi potestas fuerit, agere permittam.* » (D. pr. de interdictis, 43, 17.) Il était double, spécial aux immeubles et prohibitoire. Il ne faudrait pas conclure des termes, *eas œdes*, insérés dans le texte que cet interdit ne s'appliquât qu'aux édifices ; ce n'est, dans la formule, qu'un exemple, et s'il s'agissait d'un fonds de terre, il n'y aurait qu'à les remplacer par l'expression *eum fundum*. Du reste, pour s'en convaincre, il suffit de lire le § 1 de la loi : « *Hoc interdictum de soli possessore scriptum est.* »

Avantages procurés par l'interdit ; son but. — D'après Gaius (*Com.* IV, 148) et Justinien (*Instituts*, liv. IV, titre 15 § 4), l'interdit *uti possidetis* servait à fixer le rôle de défendeur dans une instance projetée en revendication d'un immeuble, en déterminant quel est celui des deux prétendants à la propriété qui jouira de cette position avantageuse. Le profit le plus considérable aurait donc été pour celui qui obtenait l'émission de l'*uti possidetis*, de se faire reconnaître la qualité de possesseur. Cet avantage est fort important, et personne n'ignore combien il est préférable, dans un procès au pétitoire, d'avoir à se défendre plutôt qu'à attaquer ; car le défendeur qui a réussi à se faire attribuer ce rôle en triomphant au possessoire, est dispensé au pétitoire de toute preuve dont le fardeau retombe sur son adversaire obligé de se porter demandeur en revendication. Ce dernier sera donc forcé d'administrer la preuve de son droit, et, si cela lui est impossible, il succombera, quand bien même il se trouverait en face d'un défendeur incapable, lui aussi, de justifier de son droit de propriété. Par suite les chose resteront dans le *statu quo*, et le possesseur reconnu restera définitivement nanti de l'objet litigieux : *in pari causâ melior est causa possidentis.*

La procédure d'un interdit *retinendœ* n'aurait donc eu pour but que d'être en quelque sorte une entrée en matière, un préalable à l'action en revendication. Nous allons essayer de montrer que la portée de cette institution de droit prétorien devait avoir une plus grande étendue, surtout quand on considère le caractère pénal attaché aux *sponsiones* qui devaient nécessairement accompagner un interdit prohibitoire.

Mais, avant d'aborder cette discussion, il est utile de remarquer que le préalable d'un interdit *retin. pess.* n'était pas toujours indispensable pour organiser une instance en revendication. Supposons que les parties ne soient pas en désaccord sur l'état de la possession actuelle, qu'en d'autres termes, l'un des plaideurs reconnaisse au profit de son adversaire l'existence de la possession, il n'y aura pas lieu dans cette hypothèse de demander le règlement de ce point à la procédure d'un interdit, car les rôles sur la revendication se trouvent distribués par ce fait et en quelque sorte par un aveu. Dès lors, le plaideur, qui reconnaît la possession dans la personne de son adversaire, évitera de demander l'*uti possidetis*, dans l'obtention duquel il succombait infailliblement et abordera de suite le pétitoire en assumant sur lui toute la charge de la preuve.

Les textes, qui nous parlent du but et des résultats de l'interdit *uti possidetis*, s'attachent surtout à mettre en relief la fixation du rôle des plaideurs en vue d'une revendication future de l'immeuble litigieux. M. de Savigny, dans son Traité de la Possession, page 37, lui attribue une portée plus étendue : il soutient que non seulement l'*uti possidetis*, servait de préalable à l'action en revendication, mais encore qu'il avait pour but : 1° d'obtenir la réparation d'un trouble apporté à la possession et antérieur à l'émission de l'interdit, et comme conséquence des dommages-intérêts pour le préjudice causé ; 2° de garantir contre un trouble imminent le demandeur, et de lui fournir une mesure préventive afin d'écarter pour l'avenir ce trouble dont on le menace, sans cependant qu'aucun dommageable se soit encore produit à son égard.

Devons-nous accepter en bloc l'opinion émise par le savant Romaniste et voir dans l'interdit dont nous nous occupons une sorte de remède universel propre à guérir tous les maux dont un possesseur peut avoir à souffrir? Nous ne le croyons pas; et s'il nous paraît tout naturel de reconnaître au juge le droit de prononcer sur la réparation du préjudice antérieur à l'émission de l'interdit, il nous semble impossible de lui permettre, au moyen du même interdit, de défendre un possesseur qui n'est menacé que dans l'avenir et d'une façon toute hypothétique.

La doctrine de Savigny a trouvé des contradicteurs, même sur le premier point, et l'un d'eux, Keller, a soutenu que l'appréciation du juge ne pouvait porter sur le dommage antérieur à l'émission de l'interdit. Cet auteur, pour mettre en lumière son système, a proposé l'espèce suivante : il suppose un fonds chargé d'une récolte pendante et prête à être recueillie. Le possesseur de ce fonds est empêché de procéder à l'enlèvement de la récolte par un tiers qui prétend avoir le droit de la prendre pour lui-même. Pendant ces débats, la récolte périt par cas fortuit ou autrement, et c'est alors seulement que le possesseur actuel s'adresse au préteur et en obtient l'interdit *uti possidetis*. Si, dit Keller, depuis l'émission, le tiers s'abstient d'apporter aucun trouble à la jouissance de son adversaire, ce dernier ne pourra le faire condamner à des dommages-intérêts pour la perte de la récolte, pas plus qu'il n'obtiendra de condamnation sur les *sponsiones* ; et cela quand bien même il prouverait que la possession du fonds lui appartient.

La base de cette théorie repose d'abord sur le caractère prohibitif de l'interdit *uti possidetis*. Il n'y a, disent ses partisans, de défense possible que pour l'avenir et non pour le passé, et c'est ce qui arrive quand, depuis l'obtention de l'interdit, l'adversaire du possesseur s'est abstenu de le troubler. De plus, ils invoquent, en faveur de leur opinion, le principe d'après lequel il n'était pas permis, sur l'interdit que nous étudions, de se faire tenir compte des fruits, si ce n'est depuis son émission.

Quelques auteurs cependant ne refusent pas d'une façon aussi absolue, au demandeur qui a obtenu l'interdit, le droit de se faire payer la perte éprouvée par le fait de trouble, et ils concèdent qu'une fois le droit à la possession établi, une instance particulière pourra lui être ouverte dans le but d'arriver à obtenir la réparation qui lui est due. Mais alors, dirons-nous, pourquoi cette procédure nouvelle ? pourquoi éterniser en quelque sorte le procès entre les parties? N'est-il pas plus simple, plus logique de permettre au juge de statuer à la fois sur le droit de possession et sur la réparation à fournir par le vaincu pour le préjudice qu'il a causé ?

Au surplus, la doctrine que nous combattons n'est pas en harmonie avec les termes de l'interdit, qui, entendu dans le sens que lui donnent nos adversaires, n'aurait plus sa raison d'être. L'interdit, en effet, fixait une limite au dommage qu'il fallait prendre en considération, et ce dommage ne devait pas remonter à plus d'une année antérieurement à l'époque où il avait été possible d'agir : *intra annum quo primum experiund potestas fuerit.* Donc, le juge avait tout au moins le droit de condamner le vaincu à payer une réparation égale à ce dommage.

. Pour se tirer d'affaire, Keller et une partie de l'école allemande ont imaginé d'appliquer l'annalité au temps durant lequel celui qui avait obtenu l'interdit pouvait s'en servir. Au bout d'une année, disent-ils, l'interdit était pour ainsi dire périmé, et si le possesseur venait de nouveau à être troublé, il lui faudrait obtenir un nouvel interdit, lequel serait impuissant à réprimer le trouble récent, faute d'effet rétroactif. Telles sont les conséquences inadmissibles auxquelles conduit un pareil système, dont l'exposition nous semble en même temps la condamnation.

Le principe admis quant aux fruits qui ne pouvaient être exigés qu'à partir de l'émission de l'interdit, ne nous semble pas devoir être en désaccord avec la théorie de M. de Savigny. Si l'on veut bien entendre ce principe dans son véritable sens, il signifie que celui qui a occupé irrégulièrement un fonds et qui ne se trouve qu'en face d'un possesseur, gardera pour lui les fruits perçus jusqu'à l'époque où l'ayant droit à la possession se sera fait connaître. C'est le contraire de ce qui arriverait en matière de revendication, et la mauvaise foi du défendeur à l'interdit ne l'empêche pas de faire siens les fruits perçus pendant son indue possession.

Nous avons dit que Savigny attribue à l'interdit *uti possidetis* une troisième fonction, celle de permettre à celui qui aurait sujet de craindre que sa possession ne fût inquiétée dans l'avenir par un tiers, de provoquer, à l'encontre de ce rival éventuel, un débat sur la possession afin de la mettre désormais à l'abri de toute contestation. Dans ce but, le demandeur aurait le droit d'exiger du tiers qu'il suppose ou soupçonne avoir le dessein de le troubler, une *cautio* qualifiée de *cautio de non amplius turbando*. Néanmoins l'auteur de cette théorie tant soit peu étrange avoue n'avoir pas trouver de texte positif à l'appui de ce qu'il avance, et il se borne à dire que la faculté d'exiger une semblable satisfaction découle du droit général de faire exécuter une sentence et n'a pas besoin d'être écrite formellement dans la loi. Il nous est impossible d'admettre une semblable doctrine, et nous regardons comme inadmissible l'idée d'imposer une *cautio* à celui qui, appelé *in jus*, ne résiste pas à son adversaire et n'élève aucune prétention à la possession. A quel titre le punir de simples menaces souvent sans portée, et qui, n'ayant causé aucun préjudice au demandeur, ne nous semblent pas devoir rentrer dans les conditions d'un interdit *retinendæ possessionis* ?

Procédure de l'interdit uti possidetis. — Nous avons déjà exposé d'une manière générale la procédure usitée en matière d'interdits. Il nous faut maintenant compléter nos explications sur ce point, en parlant de la procédure spéciale à notre interdit. Pour bien comprendre les diverses phases de cette procédure, d'ailleurs fort compliquée, faisons une espèce : Paul, qui se prétend possesseur d'un immeuble et qui agit comme tel, est troublé dans sa jouissance par Pierre qui lui aussi se prétend possesseur du même immeuble. Paul appelle *in jus*, devant le magistrat, son adversaire, et là les deux parties persistent l'une et l'autre dans leur prétention. Le préteur délivre l'interdit *uti possidetis*. Cet interdit, nous le savons, est prohibitoire et double, en ce sens qu'il s'adresse aux deux parties litigantes ;

dès lors, que va-t-il se passer ? y a-t-il lieu de conclure les *sponsiones* et de nommer immédiatement un juge chargé de vérifier le fait de la possession ? S'il s'agîssait d'un interdit exhibitoire ou restitutoire, le juge pourrait être désigné de suite si l'une ou l'autre des parties optait pour la formule arbitraire ; mais ici, l'option n'existe pas, l'interdit est prohibitoire et par conséquent, les *sponsiones pœnales* inévitables.

C'est ce qui a poussé certains auteurs à penser qu'un délai devait être accordé pour revenir devant le magistrat procéder aux *sponsiones* et demander un juge ; en s'appuyant sur ce motif qu'il n'était pas de la nature d'un interdit prohibitoire de permettre aux adversaires l'emploi d'une procédure aussi rapide que celle que nous indiquons plus haut, puisqu'un ordre de s'abstenir ne peut être enfreint que dans l'avenir.

Nous ne nions pas que l'une des parties puisse solliciter un délai pour réfléchir, et savoir si elle devra persister ou non dans sa prétention ; mais nous ne voyons pas pourquoi, si chacun des adversaires postérieurement à l'émission de l'interdit continue à se prétendre possesseur et désire en finir, on ne procéderait pas sur-le-champ aux *sponsiones*, ni pourquoi le préteur ne nommerait pas un juge.

Néanmoins, nous le concédons, un délai pourra être accordé, il y aura lieu à un *vadimonium*, dans le cas où ce délai aurait été sollicité ; mais il devra être de courte durée, car, on le comprend, la possession est un état de fait qui demande un prompt règlement. Si, à l'expiration du délai, l'un des adversaires renonce à la lutte en reconnaissant que la possession ne lui appartient pas, les choses en resteront là, l'interdit et sa procédure ne recevront pas leur développement, et en conséquence le préteur consacrera la possession de l'objet litigieux en faveur de celui dont le droit a été reconnu. Quant au préjudice éprouvé par le possesseur à raison du trouble antérieur à l'émission de l'interdit, il pourra être réparé (du moins dans notre opinion) au moyen d'une action *in factum*. Mais, remarquons-le bien, il n'y a plus de débat sur la possession, le possesseur est reconnu, avoué, et, dès lors, point n'est besoin de désigner un juge.

Si, au contraire, au bout du délai accordé, les deux parties persistent dans leur prétention, ou si, prêtes à en finir, elles n'ont point demandé de délai ; alors va se dérouler une procédure dont les détails sont vraiment curieux par leur complication.

A qui d'abord appartiendra la possession de l'objet litigieux pendant l'instance ? quel sera le possesseur intérimaire ? Rappelons-nous ce qui se passait à l'époque des *legis actiones*, dans une instance en revendication. Le préteur, nous dit Gaius, IV, 16, après les formalités de la *vindicatio* et de la *contravindicatio*, et après la provocation réciproque au *sacramentum*, réglait lui-même la possession intérimaire : *Postea prœter secundum alterum corum vindicias dicebat, id est, interim aliquem possessorem constituebat*. Nous ne mettons pas en doute que la décision du préteur sur ce point n'était pas rendue arbitrairement, et il est probable qu'après un examen approfondi des circonstances de la cause, il se décidait à accorder la possession intérimaire à celle des parties dont le droit lui semblait le plus sérieux.

Dans notre hypothèse, au lieu d'abandonner la décision sur la possession intérimaire à la discrétion du magistrat, on avait imaginé de faire décider la question par les parties intéressées elles-mêmes, on offrait la possession intérimaire à celui des plaideurs qui la priserait le plus haut prix. En conséquence, nous dit encore Gaius, IV, 166, le préteur commençait par ouvrir des enchères, et c'était celui qui promettait la *summa licitationis*, qui restait adjudicataire de la possession intérimaire. De plus, l'adjudicataire devait en même temps, au moyen d'une stipulation appelée *fructuaria*, s'engager à remettre la possession pour le cas où il succomberait dans l'instance *in judicio*. Nous verrons, en parlant des condamnations possibles sur l'interdit *uti possidetis*, que cette *summa licitationis* avait un caractère pénal, car si l'adjudicataire venait à perdre son procès, le paiement de cette *summa* ne le dispensait nullement de rembourser au vainqueur les fruits perçus pendant l'instance.

Nous arrivons à la seconde phase de la procédure, à la provocation réciproque aux *sponsiones penales : Postea alter alterum provocat* (Gaius, IV, 166). — Nous trouvons là quelque chose d'analogue à ce qui se passait sous l'empire des *legis actiones*, quand, en matière de revendication, les parties se provoquaient mutuellement au *sacramentum*. Ici chacun des plaideurs se prétend possesseur, il est à la fois demandeur et défendeur ; en conséquence, il fait promettre à son adversaire telle somme dans l'hypothèse où celui-ci aurait troublé la possession du stipulant ; mais il y a cette différence entre le *sacramentum* et les *sponsiones*, que le premier tombait dans le trésor public, tandis que les secondes seront payées entre les mains du vainqueur.

En résumé, il interviendra quatre stipulations dont nous ne pouvons bien comprendre le jeu et la portée qu'en reprenant notre exemple. Paul soutient qu'il possédait régulièrement un immeuble et que sa jouissance a été troublée par Pierre. Il interroge alors son adversaire en ces termes : « Promets-tu de donner dix, si, contrairement à l'édit du préteur, il a été fait par toi violence à ma possession ? Pierre, exposé à perdre dix, s'il est prouvé que Paul possède, a le droit de lui faire promettre la même somme pour le cas où la possession n'appartiendrait pas à son adversaire. A son tour, après avoir répondu : Je promets, *spondeo*, il fera une *restipulatio*, dans ces termes : S'il n'a pas été fait par moi violence à ta possession, contre l'édit du préteur, promets-tu dix ? A cette *restipulatio*, Paul répondra, je promets. Voilà pour ce qui concerne la première prétention, celle de Paul ; mais, de son côté, Pierre est dans une situation absolument semblable, il est demandeur en même temps qu'il nie les allégations de son adversaire ; en d'autres termes, il se prétend, lui aussi, possesseur de l'objet litigieux. La même opération devra donc recommencer, mais en son inverse, c'est-à-dire qu'à la *sponsio* proposée par Pierre, Paul devra opposer une *restipulatio*.

Nous avons, comme on le voit, raison de dire que toute cette procédure était loin d'être simple : aussi il paraît que du temps de Gaius ces complications répugnaient à beaucoup de plaideurs, et qu'ils refusaient de s'y soumettre : *sed quia nonnulli interdicto reddito, cætera ex interdicto facere nolebant.* Quant à savoir comment le préteur en face de cette résistance des parties à conclure les *sponsiones pœnales,* s'y prenait pour dénouer la difficulté, on avait été pendant longtemps réduit sur ce point à des conjectures plus ou moins vraisemblables, vu les lacunes existant dans le manuscrit de Gaius. Quelques auteurs, entre autres M. Machelard, pensaient que dans cette hypothèse le magistrat se bornait à délivrer une action *in factum,* autorisant le juge à examiner qui possédait. Mais les travaux récents d'un savant allemand M. Studemund, travaux dont le résultat a été de combler en partie les lacunes que nous venons de signaler, sont venus apporter la lumière sur le sujet qui nous occupe et mettre fin aux incertitudes. En effet, la révision de Studemund a donné, pour la première moitié de la page 246, un texte fort différent de celui qu'on avait lu auparavant. D'après ce texte, quand le préteur avait à vaincre la résistance des parties à conclure les *sponsiones,* il trouvait le moyen de les y contraindre par l'emploi des interdits appelés *interdicta secundaria, pretor in eam rem prospexit et comparavit interdicta quæ secundaria appellamus, quod secundo loco redduntur.* (Studemund. Instituts de Gaius, page 519.

Les *sponsiones* et les *restipulationes* sont conclues, un juge ou des récupérateurs sont nommés ; en quoi va consister leur mission et quelles condamnations pourront être comprises dans la sentence à intervenir ?

Mission du juge ; résultats de la sentence. — Quels sont les points sur lesquels devra porter l'examen du juge ? A quelles conditions le demandeur pourra-t-il faire condamner son adversaire dans l'interdit *uti possidetis* ? Nous savons que par ces mots, *vim fieri veto*, terminant la formule de l'interdit, le préteur défendait d'apporter aucun trouble à la possession, exempte de vices, qui pouvait exister en faveur de l'une ou de l'autre des parties. Par suite, les indemnités fixées par les stipulations dont nous venons de parler étaient dues au possesseur reconnu, par celui qui avait porté atteinte à sa possession. Mais en quoi consistait cette atteinte ? Il n'était pas nécessaire qu'il y eût eu des voies de fait et des violences, et le trouble existait par cela seul qu'une contestation judiciaire était soulevée sur l'existence de la possession. C'est ce qui se passe de nos jours en matière de complainte, où nous verrons que la simple prétention à la possession suffit pour donner ouverture à l'action possessoire. La mission du juge consistait donc à rechercher lequel des deux adversaires possédait réellement. On se plaçait pour résoudre cette question au moment de la délivrance de l'interdit, *interdicti tempore* (Instituts. IV, X 5. § 4), *per id tempus quo interdictum redditur* (Gaius. IV, 1666). — Peu importait le plus ou moins de durée que pouvait avoir eue la possession dans le passé ; par où l'on voit que la condition d'annalité exigée dans notre droit français pour la recevabilité de la complainte, était étrangère au droit romain. Quant au délai dans lequel l'action devait être intentée, il était d'une année : *intra annum quo primum experiundi potestas fuerit agere permittam.* (Ce qui signifie, du moins suivant certains auteurs, que le juge n'avait pas à s'occuper de troubles remontant à plus d'une année avant l'émission de l'interdit).

Supposons toutes ces conditions remplies : la possession est vérifiée et reconnue en faveur de l'une des parties litigantes. Quel sera l'effet de la sentence rendue ? A quoi sera con-

damné le vaincu ? Deux hypothèses peuvent se présenter :
1° c'est le possesseur intérimaire qui a triomphé ; 2° c'est au
contraire le non-adjudicataire. Le vainqueur est-il celui qui
est resté adjudicataire : il obtiendra une condamnation sur sa
sponsio et une sur la *restipulatio* qu'il a faite après la *sponsio*
de son adversaire ; et cela à titre de peine. Il semble que tout
est fini et que l'on doive s'arrêter là. En effet la sentence qui
lui fait obtenir le profit d'une double peine est basée sur ce
que la possession existe en sa faveur ; il est donc judiciairement
reconnu possesseur, l'immeuble litigieux est en son pouvoir.
Il n'a point à payer le montant de la *fructuum licitatio*, puisqu'on ne peut lui reprocher d'avoir privé son adversaire de la
possession de l'immeuble. Enfin il a gagné les fruits inté-
rimaires, car il est resté en possession pendant l'instance. Le
vaincu, nous dit encore Gaius, sera quitte, en payant le montant de la *sponsio* et de la *restipulatio* faites par le vainqueur
adjudicataire (Gaius. IV, 168). Cependant, d'après l'opinion
que nous avons émise plus haut, nous croyons que si le possesseur reconnu avait encore éprouvé quelque préjudice à
raison de trouble apporté à sa possession, le juge serait autorisé
à régler la réparation de ce préjudice en prononçant une condamnation à cet égard.

Est-ce, au contraire, le plaideur non-adjudicataire de la
possession qui triomphe ; ce qui constitue l'hypothèse la plus
compliquée : alors les condamnations vont se multiplier. Le
vaincu, ne sera pas quitte en payant le montant de la *sponsio*
et de la *restipulatio* qui ne sont dues qu'à titre de peine. Le
vainqueur a en effet le droit de se faire restituer le fonds
litigieux, et il obtiendra cette restitution au moyen d'une instance particulière appelée *cascellianum*, à cause probablement
du préteur qui l'avait introduite. Gaius désigne cette instance
en ces termes : *cascellianum sive secutorium judicium*. — Ce
n'est pas tout : une condamnation accessoire à la précédente
sera prononcée contre la partie perdante ; cette condamnation

comprend la valeur des fruits perçus pendant l'instance intérimaire par l'adjudicataire qui a succombé. Elle nous est
indiquée par Gaius, 176, IV : *Et hoc amplius fructus quos
interea percepit reddit.*

Enfin une cinquième condamnation sera prononcée contre
l'adjudicataire vaincu. Celle-ci comprend la somme promise
sur la *fructuum licitatio* à titre de peine.

On voit combien dans ce dernier cas étaient nombreuses
et écrasantes les peines portées et les indemnités fournies par
la partie perdante ; la raison en est peut-être que l'on voulait
punir par cette excessive sévérité celui qui en portant la plus
haute enchère avait dépouillé quelque temps de sa chose le
véritable possesseur.

Avant de terminer ce qui a rapport aux condamnations
possibles dans notre interdit, disons quelques mots à l'égard
de celle qui consiste à restituer l'objet litigieux. Quand le
vainqueur était le non-adjudicataire, il pouvait faire condamner son adversaire au principal. Le moyen le plus naturel
était certainement de se faire réintégrer *manu militari.* La
voie d'une condamnation pécuniaire est cependant ici, comme
en général, indiquée par les textes ; mais la manière de calculer
le montant de l'indemnité avait divisé les jurisconsultes.
D'après Ulpien, ce qui doit être estimé, ce n'est pas la
valeur de la chose, c'est l'intérêt que le gagnant avait à
conserver la possession : *quanti uniuscujusque interest possessionem retinere.* Quoi qu'il en soit, le montant de la condamnation à obtenir par le *judicium cascellianum* devait offrir
dans son estimation de grandes difficultés pour le juge chargé
de cette mission, et le calcul du *quanti res est* nous apparait
comme une œuvre fort délicate.

Il était donc nécessaire que la possession fût reconnue par le
juge appartenir à l'une des parties au moment de l'émission
de l'interdit, pour que cette partie pût obtenir gain de cause.
Mais que devait être cette possession ? Devait-elle comme de

nos jours réunir les qualités et conditions exigées par l'article 2229 du Code civil et 23 du Code de procédure ? Non, le droit romain était moins exigeant : la possession pour être valable devait être seulement exempte de certains vices, et encore vis-à-vis de l'adversaire. Ces vices étaient au nombre de trois : la violence, la clandestinité, le précaire, et, comme nous venons de le dire ils étaient simplement relatifs et ne nuisaient au possesseur qu'à la condition d'exister à l'encontre de son contradicteur. C'est ce qu'exprime le § 4 aux Instituts *de interdictis : si modo, nec vi, nec clam, nec precario ab adversario.* En outre, dans la loi 1, § 9, au Digeste, 43,17, Ulpien nous apprend que la possession doit être protégée, quand bien même elle aurait été acquise par la violence, enlevée clandestinement ou obtenue à titre précaire, mais à la condition que la violence n'ait pas été exercée contre l'adveraire lui-même, que ce dernier n'ait pas ignoré les actes de possession, et enfin qu'il ne soit pas l'auteur de la concession à précaire.

Champ d'application de l'interdit uti possidetis ; son extension à la quasi-possession des droits de servitudes personnelles et réelles. — Pour qu'il y ait lieu à l'interdit *uti possidetis,* il est nécessaire que l'une et l'autre partie prétendent à la possession de l'objet litigieux, il faut qu'il y ait *controversia de possessione.* Nous allons voir, bientôt, que par extension le champ d'action de l'interdit pourra néanmoins s'élargir et servir à un règlement sur la possession, quand bien même les prétentions des parties ne sont pas égales, en d'autres termes quand elles ne prétendent pas l'une et l'autre à la possession exclusive de l'immeuble. En dehors de ces cas, il faudrait avoir recours aux actions *in factum,* à l'interdit *Quod vi aut clam,* à l'action de la loi *Aquilia* ou enfin aux actions confessoires et négatoires.

La prétention à la possession peut se manifester de différentes manières : ou par un trouble exercé illégalement, c'est-à-dire par des actes réalisés en dehors des termes du droit contre

la volonté d'autrui, et avec l'intention de diminuer ou d'anéantir la jouissance de la chose possédée ; ou bien par une simple
dénégation du droit de possession portée devant la justice.
Nous tirons de là cette conséquence que la chose essentielle à
l'attention de notre interdit consiste, ainsi que nous venons de
le dire, dans la *controversia de possessione*, dont l'examen aura
pour but principal de déterminer quel est le véritable possesseur, de lui assurer le rôle de défendeur dans une instance probable au pétitoire, et pour but accessoire et quelquefois unique, de faire accorder à ce possesseur des dommages-intérêts
pour le préjudice éprouvé.

C'est ici le lieu de faire justice d'une théorie tant soit peu
hasardée, émise par certains auteurs qui, prenant trop à la
lettre quelques textes où il est parlé des atteintes à la possession qui autorisent l'emploi de l'interdit *uti possidetis*, par
exemple la loi 11 *de vi*, enseignent qu'il pouvait être employé
par cela seul que la jouissance d'un immeuble n'était point
respectée, sans exiger que le trouble fût l'expression d'un droit
invoqué sur la chose. Cet interdit accordait, disent-ils, protection *adversus quemcumque turbantem*, à raison uniquement de
ce qu'il y avait eu en fait un état de possession gêné sous
quelque rapport : *Vim facit, qui non sinit possidentem eo, quod
possidebit, uti arbitrio suo; sive in serendo, sive fodiendo, sive
arando, sive quid œdificando, sive quid omnino faciendo, per
quod liberam possessionem adversarii non relinquit.* (Digeste,
liv. 11, 43, 19.) L'un d'eux même, renchérissant sur cette
doctrine dont l'exagération est manifeste, est allé jusqu'à dire
que l'interdit *uti possidetis* pouvait être invoqué pour faire
cesser des tapages nocturnes, et pour assurer la tranquillité de
son sommeil, la sécurité de sa demeure. Nous croyons inutile
de réfuter un semblable système, et nous nous contenterons de
dire, avec M. Machelard, qu'une portée si large donnée à notre
interdit rendrait inutiles bien des actions que l'on pourrait alors
supprimer. Ainsi, par exemple, du bétail vous a été volé,

votre immeuble a été dégradé, votre récolte endommagée par malice ou autrement : au lieu d'avoir recours à la *condictio furtiva*, ou à la loi *Aquilia*, vous pourriez, dans le système que nous combattons, prendre la voie de l'interdit *uti possidetis*, si vous pouvez regarder ces actes comme des troubles apportés à votre possession.

Jusqu'ici, nous avons vu l'interdit *uti possidetis* et sa procédure se développer entre deux plaideurs qui soutenaient, l'un et l'autre, avoir la possession exclusive d'un immeuble. Il y avait identité dans les prétentions des parties, prétentions incompatibles, puisque la possession pour le tout ne peut appartenir qu'à un seul, et que chacun des adversaires s'attribuait d'une manière absolue l'avantage de la possession. Il pourrait cependant se présenter des hypothèses où cette égalité dans les prétentions n'existe pas, et il en serait notamment ainsi, dans le cas où le défendeur ne prétend qu'à un droit de co-possession, à une possession *pro indiviso*. Paul soutient que la possession de l'objet litigieux est à lui sans partage, tandis que Pierre ne prétend qu'au tiers, par exemple, de la chose. L'interdit sera-t-il accordé ? Le cas est prévu par Ulpien (L. 1, § 7, *uti possidetis*), qui déclare que l'interdit pourra être employé pour vider ce différend. Mais le préteur, pour accommoder l'interdit à la circonstance, en modifiera sans doute la formule de la manière suivante : *uti possidetis pro tertia parte de qua agitur*. Enfin dans notre hypothèse la *fructuum licitatio* devra porter sur la totalité de l'immeuble, et non pas sur le tiers litigieux, car il y aurait certainement danger à laisser la possession commune entre les deux parties pendant l'instance.

Il pouvait se faire que le défendeur, au lieu de contester la possession du demandeur, se contentât de demander la jouissance, l'usufruit de l'immeuble, dont son adversaire au contraire soutenait avoir la possession pleine et entière. Nous ne sommes plus alors dans le cas spécialement prévu ; mais l'in-

terdit ne sera-t-il pas accordé à titre utile ? n'y aura-t-il pas
lieu à son extension ? Tant qu'une *juris possessio*, une *quasi possessio* ne fut pas admise à l'égard des servitudes, il est hors de
doute qu'il ne pouvait être question, dans cette hypothèse, de
l'*uti possidetis*; il y avait seulement lieu d'employer les actions
confessoires ou négatoires ; mais il en fut autrement à partir
du moment où l'on reconnût que les servitudes étaient susceptibles d'une quasi-possession, et dès lors l'interdit put être
employé à titre utile. C'est ce que nous apprend Ulpien :
*in summa puto dicendum, et inter fructuarios hoc interdictum
reddendum : etsi alter usumfructum, alter sibi possessionem
defendat.* (D. 43, 19. Loi 4). — La formule devait naturellement être modifiée, et le préteur s'adressait sans doute aux
plaideurs en ces termes : *uti tu Petrus.... possides, et tu Paulus.... uteris, frueris,* etc..... Enfin la contestation pouvait s'élever entre deux personnes prétendant seulement l'une et l'autre
à l'usufruit d'une chose. Dans cette dernière hypothèse l'*uti
possidetis* pouvait encore être employé par extension, et sa
formule modifiée commençait sans doute en ces termes : *uti
eum fundum, de quo agitur utimini, fruimini,* etc....

Remarquons que, dans ces différents cas, l'interdit était
double, de même que l'interdit accordé en vue de la possession intégrale, que les *sponsiones* réciproques devaient aussi
être conclues, et qu'enfin il y avait lieu à une *fructuum
licitatio.*

Nous savons que les jurisconsultes romains admettaient une
quasi-possession des servitudes réelles ; à cet égard, le préteur accordait-il pour les protéger l'interdit *uti possidetis?* —
Pour répondre à cette question, il nous faut établir une division des servitudes prédiales. A Rome, on divisait les servitudes
en servitudes d'héritages ruraux et en servitudes d'héritages
urbains : les premières étaient celles dues à un fonds de terre
rural, à un champ ; les secondes, celles qui avaient pour fonds
dominant un fonds bâti, qu'il fût situé à la ville ou à la cam-

pagne. Nous ne pouvons suivre cette classification dans le sujet qui nous occupe, car elle serait la source d'un véritable embarras. La division française en servitudes continues et discontinues, toute logique qu'elle soit, nous offre également des difficultés : c'est pourquoi, afin de faciliter notre travail, nous allons adopter la division en servitudes positives et négatives, c'est-à-dire en servitudes *quæ in faciendo consistunt* et en servitudes *quæ in prohibendo consistunt*. Toutefois, avant d'entamer cette question fort délicate d'ailleurs, observons qu'il nous faut l'envisager sous une double face et nous demander si l'interdit sera accordé aussi bien au propriétaire du fonds prétendu servant pour réparation du préjudice que lui cause la prétention de son adversaire, qu'au propriétaire du fonds prétendu dominant pour le trouble apporté à la quasi-possession de sa servitude.

Servitudes *quæ in faciendo consistunt*. — Pour protéger la quasi-possession de quelques-unes de ces servitudes, le préteur avait crée des interdits spéciaux ; tel était l'interdit *de itinere actuque privato*, destiné à défendre les différents genres de passage qui existaient en droit romain. Nous ne voulons pas entrer dans l'exposé des conditions auxquelles était soumise l'obtention de cet interdit, nous voulons seulement étudier la situation faite au propriétaire ou possesseur de fonds servant, dans le cas où le quasi-possesseur de cette servitude menacerait d'invoquer l'interdit qui lui compète, et voir si de son côté le premier ne pouvait pas prendre l'initiative au moyen de l'interdit *uti possidetis*.

En effet, la paisible possession d'un immeuble peut être troublée non seulement, lorsqu'un tiers prétend, lui aussi, à cette possession, mais encore, si ce tiers se borne à réclamer la jouissance d'une servitude prédiale sur ce fonds, d'une servitude de passage par exemple. Paul est en possession d'un fonds. Pierre, son voisin, prétend y passer en vertu d'un droit de servitude. Dans une certaine mesure, le premier se trouve gêné dans sa possession dont on menace l'intégrité. Il a bien la ressource de l'action négatoire ; mais pour triompher il lui faut prouver sa propriété. Dans ces conditions, lui sera-t-il permis d'invoquer l'interdit *uti possidetis* à titre utile et de rester sur le terrain possessoire?

Nous sommes tentés de l'admettre, en nous appuyant pour cela sur la loi 11, *de vi,* au Digeste, déjà citée, d'après laquelle on est autorisé à invoquer l'interdit contre toute sorte de troubles : *sive quid omnino faciendo,* et l'on ne peut nier ici, que la prétention d'exercer une servitude positive sur un héritage constitue un trouble parfaitement caractérisé rentrant dans les prévisions de la loi. Toutefois, dans cette circonstance, l'interdit *retinendœ possessionis* devrait forcément subir une grave modification, et ne pourrait, entre autres, se présenter comme un interdit double. La formule ne serait plus conçue dans les mêmes termes, puisque les allégations des deux parties litigantes sont différentes, l'une prétendant à la possession exclusive du fonds servant, l'autre n'aspirant pas à la possession, mais seulement à la faculté de continuer à y accomplir les actes propres à la servitude qu'il réclame. De plus, la *fructuum licitatio* devrait disparaître, car elle n'a plus d'objet ; enfin l'interdit serait simple, il ne donnerait lieu qu'à une *sponsio* suivie d'une *restipulatio*, et il ne mettrait directement en question que la possession absolue revendiquée par Paul, sauf peut-être l'insertion dans la formule d'une exception en faveur de Pierre, exception destinée à établir qu'il y a de sa part quasi-possession d'une servitude de passage.

Ceci posé, nous voyons deux adversaires, dont l'un, Paul, soutient que son fonds est libre de toute servitude de passage au profit de Pierre, et que, par suite, ce dernier le trouble dans sa possession, en voulant exercer la prétendue servitude ; et dont l'autre, Pierre, soutient qu'il ne fait que continuer à pratiquer une servitude dont il a l'habitude d'user, et que, par suite, la prétention de Paul trouble sa quasi-possession. Il y a donc controverse sur la possession, et, comme il n'est pas plus permis de gêner la libre jouissance de Paul quant à son fonds par l'exercice d'une servitude de passage, qu'il n'est permis de troubler la quasi-possession de son adversaire, si la servitude existe ; nous en tirons cette conséquence que les deux situations méritent d'être protégées par un interdit : celle de Paul par l'interdit *uti possidetis*, donné à titre utile ; celle de Pierre, par l'interdit spécial *de itinere actuque privato*. — Le quasi-possesseur, en cas d'obstacle par lui éprouvé à l'exercice de son droit de passage, pourra donc provoquer un débat au possessoire, sur lequel il triomphera en prouvant qu'il a passé tout le temps voulu (30 jours au moins dans l'année qui précède l'émission de l'interdit) et cela sans violence, ni clandestinité, ni précaire. Quant à son adversaire, il pourra, à notre avis, prendre l'initiative de la lutte judiciaire et démontrer, soit que les actes de passage sont insuffisants, soit qu'ils sont le résultat de la violence ou de la clandestinité, soit enfin qu'ils sont la suite d'une convention à précaire.

En résumé, les deux parties auront à leur disposition un interdit pour faire maintenir l'état de possession prétendu par chacun d'eux. M. Machelard, auquel nous empruntons cette théorie, suppose que dans notre hypothèse le préteur s'exprimait ainsi : *uti eum fundum Paulus possidet, quominus ita possideat, a te, Petre, vim fieri veto, nisi hoc anno non minus quam triginta diebus per eum fundum itinere usus sis nec vi, nec clam, nec precario ab Paulo.*

SERVITUDES *quæ in prohibendo consistunt.* — Nous trouvons, ici encore, une hypothèse où l'interdit *uti possidetis* devra recevoir des modifications analogues aux précédentes, parce qu'il deviendra simple. Supposons que le possesseur d'un immeuble soit troublé par la prétention du propriétaire voisin à une servitude négative, par exemple la servitude *non ædificandi*. En reprenant notre espèce, Paul veut construire sur son fonds, mais il en est empêché par son voisin, Pierre, qui soutient que le fonds est grevé à son profit de la servitude *non œdificandi* ou *altius non tollendi*. Il est évident que le premier est troublé dans la jouissance de son immeuble par cette prétention : aussi il a un interdit pour faire cesser ce trouble : *hoc interdictum sufficit ei, qui œdificare in suo prohibetur : etenim videris mihi possessionem controversiam facere qui prohibes me uti mea possessione.* (Loi 3, § 2, D. *uti possidetis*). — Dans cette circonstance, Pierre ne réclame point la possession du fonds litigieux ; son adversaire seul a cette prétention ; par suite l'interdit sera simple, et la *fructuum licitatio* inapplicable. Mais si Paul vient à prouver sa possession, comment Pierre échappera-t-il à une condamnation? Pourra-t-il faire insérer dans la formule une exception tendant à établir qu'il a la quasi-possession de la servitude *non œdificandi?* Comment concevoir une controverse sur la possession? Et, si l'on n'admet pas cette quasi-possession en principe, il faudra donc aller au pétitoire, résultat parfaitement injuste dans le cas où Pierre pouvait acquir légalement la servitude.

La question revient à demander si les servitudes négatives sont susceptibles de quasi-possession : question délicate, qui divise les jurisconsultes, et a donné naissance à trois systèmes :

Certains auteurs soutiennent que les servitudes négatives ne sauraient être l'objet d'aucune possession, car, disent-ils, elles ne sont susceptibles d'aucun exercice matériel, et ne supposent des actes de jouissance d'aucune espèce. En outre les lois romaines ne font nulle part mention de cette quasi-possession. Un système diamétralement opposé déclare que la possession d'une servitude négative résulte de la simple inaction de l'adversaire, et que, par exemple, on posséderait la servitude *non œdificandi*, contre son voisin, par cela seul qu'il n'aurait pas construit sur son fonds. Cette doctrine conduit à des conséquences tellement inadmissibles, qu'elle n'a pas besoin d'être réfutée.

Un troisième système, auquel nous nous rangeons, tout en

reconnaissant que la solution de ce point de droit présente
des difficultés, n'admet pas le défaut absolu de possession en
ce qui concerne les servitudes négatives. En effet, d'après les
partisans du premier système, l'obstacle à la possession vient
de ce que le fait de construire sur son terrain constitue une
pure faculté pour le possesseur de ce terrain, et que par suite
on ne saurait conclure de son abstention, à aucun droit de
servitude en faveur du voisin. Cette objection nous paraît
devoir tomber en présence d'une convention par laquelle le
propriétaire du fonds servant se serait engagé à ne pas bâtir.
Le résultat de cette convention est d'avoir désormais changé
les rapports entre les deux fonds, dont l'un a perdu une part
de jouissance au profit de l'autre. Dès lors, n'est-il pas vrai
de dire que cette situation ne tient plus à une pure faculté,
et qu'il y a possession de la part du propriétaire du fonds
dominant ? Du reste, voyez à quelles injustes conséquences
mènerait l'adoption de la doctrine qui refuse de reconnaître
une quasi-possession en matière de servitudes négatives. Supposez que Paul ait vendu à son voisin Pierre une servitude de
cette espèce, une servitude *non œdificandi* , et soit resté quelque temps respectueux ; de la convention ; puis, supposez qu'il
vienne à commencer des constructions contraires aux termes du
traité : il pouvait donc suivant nos adversaires et grâce à l'interdit *uti possidetis* qui lui compète, faire condamner son acquéreur
qui s'opposerait à ce nouvel œuvre, alors même que ce dernier
produirait le titre de vente. Pierre aurait, il est vrai, la ressource de l'action confessoire ; mais cela n'empêcherait pas
son adversaire de se faire maintenir en possession pendant un
temps plus ou moins long : résultat parfaitement inique, on en
conviendra. (Le système qui étend la possession aux servitudes négatives a été soutenu par M. de Savigny. Traité de la
Possession, § 46. — En Droit français, par MM. Demolombe
et Bourbeau.)

Quant aux servitudes *quæ in habendo consistunt*, servitudes dont la plupart sont continues, l'interdit *uti possidetis* pouvait être employé à titre utile ; c'est ce que nous montre la loi 8, § 5, D. liv. 8, tit. 5, *si servitus vindicetur*). D'ailleurs la quasi-possession de cette sorte de servitudes se confond pour ainsi dire avec la possession du fonds dominant, dont elles ne sont que des qualités ou modifications, tant au point de vue de l'utilité que de l'agrément, à tel point que le trouble apporté à leur exercice porte également atteinte à la paisible possession du fonds lui-même. Telles sont les servitudes *tigni immitendi, oneris ferendi, stillicidii immitendi*. Le Digeste, il est vrai, garde le silence sur l'extension de l'interdit *uti possidetis*, au cas qui nous occupe ; mais, ne peut-on pas expliquer son silence par ce motif que le trouble dirigé contre la quasi-possession de la servitude atteint la possession du fonds ?

Ici encore, la formule devra être modifiée ; car de deux choses l'une : ou l'interdit sera invoqué par le quasi-possesseur de la servitude qui se prétendra troublé dans la paisible possession de son fonds, comme conséquence de la résistance apportée a l'exercice de la servitude, ou il sera invoqué par le possesseur du fonds servant, qui soutiendra être gêné dans sa libre jouissance. Dans ces deux hypothèses, l'un des adversaires élève des prétentions à la possession totale du fonds, tandis que l'autre ne conteste cette possession que sous un certain rapport. Par suite, un défendeur et un demandeur, un interdit simple, une seule *sponsio* suivie d'une *restipulatio,* et point de *fructuum licitatio.* — L'extension de l'interdit *uti possidetis* aux servitudes dont nous parlons est loin d'être reconnue par tous les commentateurs. Certains jurisconsultes s'appuyant sur la loi 3 ; §§ 5 et 6, au Digeste *uti possidetis* 43, 17, refusent au possesseur d'une servitude *quœ in habendo consistit,* le droit d'exercer l'interdit.

Pour nous, nous ne voyons dans l'hypothèse prévue par ce texte qu'une exception au principe que nous admettons, exception provenant de ce que dans l'espèce, comme l'explique le jurisconsulte Labéon, nous sommes en présence d'un premier interdit dont l'effet est paralysé par l'exercice d'un interdit en sens contraire. Expliquons-nous : De votre maison, dit le § 4, part une saillie qui couvre une partie de mon fonds ; pourrai-je, au moyen de l'interdit *uti possidetis*, faire cesser cette entreprise qui gêne ma libre possession ? D'après Cassius, l'interdit était inutile dans cette hypothèse, attendu que s'il y a d'une part possession du sol, il y a de l'autre possession de la saillie comme partie intégrante de la maison. C'est aussi l'avis de Labéon rapporté par Ulpien au § 6, en ces termes : Le possesseur du sol provoquerait en vain l'émission de l'interdit, vu que l'adversaire peut de son côté se faire délivrer un interdit *retin. poss.* », afin d'être maintenu dans sa situation présente, situation qui consiste à posséder une maison pourvue d'une saillie. Dès lors il ne restera au possesseur du sol que la ressource de l'action pétitoire pour faire vider le différend : aussi la loi 14. § 1, *si servitus vindicetur* indique-t-elle l'application de l'action négatoire pour un cas semblable

Cette solution ne saurait être admise en Droit français, où le possesseur du sol est considéré comme possesseur du dessus et du dessous, et la complainte pourrait être exercée par ce possesseur contre le constructeur d'une saillie, à l'effet de faire cesser cet état de choses ; pourvu toutefois qu'elle ne fût pas établie depuis plus d'une année.

Nous ne voulons pas terminer cette étude sur l'interdit *uti possidetis*, sans parler de la célèbre controverse soulevée sur le point de savoir si cet interdit pouvait être invoqué par celui qui ne possédait plus, contre un adversaire dont la possession était vicieuse à son égard, c'est-à-dire dont la possession était violente, clandestine ou précaire.

Nous n'hésitons pas à admettre l'affirmative et à soutenir que dans cette hypothèse le possesseur dépouillé pourra se faire restituer l'objet litigieux au moyen de l'interdit *uti possidetis* ; parce que s'il a perdu la détention matérielle de l'immeuble, il n'en a pas moins conservé la possession juridique. En effet, une nouvelle possession, une possession valable n'a pu se former chez le possesseur violent ou clandestin à l'encontre de l'ancien et véritable possesseur, et, par suite, l'ancienne possession, au moyen d'une fiction si l'on veut, est censée toujours exister entre les deux adversaires. D'ailleurs, les textes ne manquent pas pour appuyer cette opinion, surtout à l'époque classique. Citons par exemple : la loi 17, *pr. de acq. poss.* D. XLI, 2, où nous lisons ces mots : *Si quis vi de possessione dejectus sit perinde haberi debet ac si possiderit......,* et encore la loi 22, au même titre : *non videtur possessionem adeptus is qui ita nactus sit ut eam retinere non possit.*

Deux objections sont présentées par les partisans de la négative : 1° l'interdit *unde vi* devient inutile, disent-ils, puisqu'un interdit *retin. poss.* pourra en tenir lieu, et, pourtant dans la loi 1, § 4, au Digeste, XLIII, 17, l'interdit *uti possidetis* est bien nettement distingué de l'interdit *unde vi* par le jurisconsulte. Nous ne nions en aucune façon cette distinction ; mais nous répondons simplement à l'objection qui nous est faite que dans l'hypothèse où nous nous sommes placés, le *dejectus* pourra recourir à l'un ou à l'autre de ces interdits à son choix. Il est vrai que, selon toute probabilité, le *dejectus* invoquera l'interdit *unde vi,* dont les avantages, ainsi que nous le verrons au chapitre II, sont de beaucoup supérieurs à ceux de l'interdit *uti possidetis* ; mais nous n'en maintenons pas moins notre solution.

2° La seconde objection consiste à dire que l'on transforme ainsi l'interdit *uti possidetis,* interdit prohibitoire *et retinendæ possessionis* en un interdit *recuperandæ possessionis;* ce qui va à l'encontre des textes. Nous répondrons que l'argument ne porte pas, car en vertu de la fiction admise plus haut, notre interdit ne cesse pas d'être *retinendæ possessionis,* puisque le *dejectus* est censé avoir conservé la possession. (En ce sens, voyez M. Machelard, pages 192 et suivantes.)

M. de Savigny (Traité de la Possession, § 37,) tranche la question en faisant la distinction suivante : le *dejiciens* invoque-t-il l'interdit *uti possidetis*, contre le *dejectus*, le détenteur violent a-t-il l'audace d'appeler *in jus* sa propre victime : il succombera, et la possession sera adjugée au *dejectus* : ce dernier, au contraire, invoque-t-il l'interdit *uti possidetis* contre le *dejiciens*, il ne pourra réussir dans ce moyen, parce qu'il a mal procédé, et devra recourir à l'interdit *unde vi* auquel lui donnait droit indubitablement la *dejectio* qu'il a subie. Cette solution, toute gratuite et que rien n'autorise, ne peut nous satisfaire, et nous répéterons avec M. Machelard que dans ces deux cas le *dejectus* devra triompher de son adversaire et être reconnu possesseur. Ajoutons, en outre, que la distinction présentée par l'illustre romaniste a le défaut capital de méconnaître le caractère de duplicité de l'interdit *uti possidetis* ; caractère qui fait de chaque partie un demandeur aussi bien qu'un défendeur, quel que soit celui des plaideurs qui ait invoqué l'interdit :

Une dernière observation nous reste à faire ; elle consiste à remarquer que sous la législation romaine on ne reconnaissait pas le principe du non-cumul établi par l'article 26, de notre Code de procédure. Aux termes de cet article nous verrons en effet que le demandeur au pétitoire n'est plus recevable à agir au possessoire. Ici, au contraire, la partie qui après avoir entamé une instance en revendication s'aperçoit qu'elle a une possession non vicieuse vis-à-vis de l'autre partie, peut abandonner son action et revenir au possessoire au moyen d'une demande d'interdit : *Nihil commune habet proprietas cum possessione ; et ideo non denegatur ei interdictum uti possidetis qui cœpit rem vindicare : non enim videtur renunciasse qui rem vindicavit* (Loi 12, § 1, Dig. XII, 2).

INTERDIT *utrubi*.

Cet interdit remplissait pour les meubles le même rôle que

'interdit *uti possidetis* pour les immeubles ; c'est-à-dire qu'il était destiné par le préteur à protéger la possession mobilière. De même que le précédent, il était double et prohibitoire et devait sa qualification d'*utrubi* au premier mot de sa formule, formule qui a passé d'une manière incomplète dans les Pandectes (liv. XLIII, tit. 31, loi unique, pr.). Nous disons incomplètement, parce qu'on ne trouve pas dans le texte précité la mention des qualités relatives que devait présenter la possession des meubles ; possession qui, ici comme dans l'interdit *uti possidetis*, n'était efficace qu'à la condition d'être exempte de violence, clandestinité ou précaire, vis-à-vis de l'adversaire. Il était ainsi conçu : *utrubi hic homo, quo de agitur, majore parte hujusce anni fuit : quominus is eum ducat, vim fieri veto.* Il ne faut pas conclure de la formule que cet interdit n'était destiné qu'à protéger la possession des esclaves ; il est possible que dans le principe tel avait été son but ; mais la suite nous montre que le préteur en avait étendu l'application à tous les meubles : *hoc interdictum de possessione rerum mobilium locum habet.*

Nous venons de dire que pour réussir dans l'interdit *utrubi*, il faut avoir une possession exempte de violence, clandestinité ou précaire, vis-à-vis de l'adversaire : c'est ce que nous montre Ulpien, dans la courte loi insérée au Digeste. Paul, dans ses Sentences, (liv. 5, tit. 6-1) fait une comparaison entre l'interdit *utrubi* et l'interdit *uti possidetis*, et nous dit que le premier assure l'avantage à celui des plaideurs qui, pendant l'année précédant l'émission de l'interdit, a possédé le meuble plus de temps que son adversaire, tandis que le second procure le succès à celui qui était en possession au moment de l'interdit, pourvu que dans les deux cas cette possession soit exempte des vices que nous connaissons. Ulpien passe sous silence ou a l'air d'oublier cette différence essentielle entre les deux interdits, différence qui, nous le verrons bientôt, a disparu sous Justinien ; mais elle existait certainement encore au temps de l'illustre jurisconsulte, et il ne faut voir là qu'une interpolation de la part des compilateurs désireux sans doute de rendre le texte d'Ulpien conforme à la nouvelle législation sur la matière.

A l'époque classique, le triomphe sur l'interdit *utrubi* était donc assuré à celui qui avait possédé le plus longtemps pendant l'année précédant l'émission. Gaius, au commentaire IV, § 152, nous apprend de quelle façon devait se faire le calcul de la durée de la possession ; le juge n'avait ici à se préoccuper uniquement que du temps pendant lequel les plaideurs avaient possédé, et il n'avait point à prendre en considération la priorité de la possession. — Mais que fallait-il entendre par ces termes : possession pendant la plus grande partie de l'année ? La *major pars anni* ne s'entendait pas d'une façon absolue, mais était uniquement calculée au moyen d'une comparaison établie entre les deux possessions alléguées de part et d'autre. C'est ce que fait ressortir très nettement la loi 156, au Digeste, liv. 50, tit. 16, *de verb. sign. Majore parte anni possedisse quis intelligitur, etiamsi duobus mensibus possederit, si modo adversarius ejus aut paucioribus diebus, aut nullis possederit.* En résumé, dans notre interdit une possession de quelques jours seulement suffisait pour triompher, à la condition que cette possession ait été plus longue que celle de l'adversaire.

Pour arriver à se procurer une possession plus longue que celle de son rival, il était loisible d'invoquer la jonction des possessions, c'est-à-dire que l'on pouvait joindre à sa possession celle de son auteur, que l'on fût son successeur à titre universel ou à titre particulier. Nous trouvons cette *accessio possessionis* indiquée dans Gaius, au comm. IV, § 151, où le jurisconsulte nous apprend que, pour donner naissance à la jonction, l'appréhension du meuble héréditaire par l'héritier est nécessaire. Cette condition peut paraître rigoureuse ; mais elle découle des principes sévères admis en droit romain et d'après lesquels la possession, étant *res facti*, ne peut exister dans la personne de l'héritier qu'à la condition d'avoir appréhendé le meuble litigieux : *Nullam autem propriam possessionem habenti accessio temporis nec datur, nec dari potest, nam ei quod nullum est nihil accedere potest* (*Loc. cit.*).

Si maintenant l'héritier avait possédé par lui-même le meuble héréditaire, et se trouvait par suite en mesure d'invoquer l'*accessio possessionis*, il pouvait joindre à sa possession celle du défunt, quand bien même ce dernier n'aurait pas été en possession du meuble à l'époque du décès. A la vérité, il y avait discontinuité dans la possession ; mais ce vice était sans aucune influence sur le résultat de l'instance, puisque, dans l'interdit *utrubi*, celui-là devait triompher qui avait possédé le plus longtemps dans l'année. Toutefois remarquons bien que la possession du défunt devait se placer dans l'année antérieure à l'émission de l'interdit (Loi 13, § 5, D. *de adq. poss.*).

Quelle était la procédure usitée dans notre interdit? L'interdit *utrubi*, étant prohibitoire, mettait certainement en jeu la procédure au moyen des *sponsiones pœnales*. De plus, il était double, chacun des plaideurs soutenait avoir une possession plus longue que celle de son adversaire. Par suite, à l'instar de ce qui se passait pour l'interdit *uti possidetis*, se présentait la nécessité pour chaque partie d'une provocation à une *sponsio* suivie d'une *stipulatio*. Quant à la *fructuum licitatio*, la question peut paraître douteuse, par ce motif qu'en matière de meubles, l'état de possession, exclusive chez l'une des parties, au moment du procès, était ordinairement certain. Gaius du reste est muet sur ce point.

Nous voyons, par ce qui précède, qu'en matière de meubles la possession actuelle était indifférente. Supposons par exemple que Paul ait possédé une chose mobilière pendant sept mois, et que Pierre ait possédé la même chose pendant les cinq mois suivants, le tout composant l'année qui précède l'émission de l'interdit : la possession sera adjugée à Paul. Ainsi, sous une apparence prohibitoire, nous trouvons cependant dans l'interdit *utrubi*, un interdit vraiment restitutoire, destiné à jouer, par rapport aux meubles, le rôle de l'interdit *unde vi* par rapport aux immeubles.

Cet effet restitutoire explique comment il n'avait pas été nécessaire de créer un interdit *recuperandæ possessionis*, spécial aux meubles, mais, néanmoins, les jurisconsultes romains avaient rangé l'interdit *utrubi* parmi les interdits *retinendæ possessionis*; parce que, probablement, au moyen d'une fiction légale, on peut considérer comme existant encore une possession qui avait duré *majore parte anni*.

La puissance récupératoire de l'interdit *utrubi* peut être démontrée directement par une application remarquable que les jurisconsultes en avaient faite, à propos de la loi *Cincia de donationibus*. Cette loi n'avait pas eu pour but d'annuler les libéralités dépassant un certain taux, resté inconnu du reste ; mais de permettre à un donateur emporté par un mouvement de générosité irréfléchie, et regrettant peut-être les conséquences de ses libéralités, de reprendre la chose donnée au moyen d'une exception, *exceptionis ope*. Pour les immeubles la mancipation suivie de tradition, ou la simple tradition, s'il s'agissait de fonds provinciaux, consommait irrévocablement la donation ; mais pour les meubles, même après la mancipation pour les choses *mancipi*, après la tradition, pour les choses *nec mancipi*, il restait un remède, et ce remède était juste ment l'interdit *utrubi*. Au moyen de l'interdit, et dans l'année de la donation, tant que la possession du donataire était moindre que celle du donateur, celui-ci pouvait reprendre sa chose. Le donataire lui opposait bien l'exception *rei donatæ et traditæ* ; mais le donateur le réduisait au silence par la *replicatio legis Cinciæ*. Cette application de l'interdit *utrubi* nous est révélée par deux textes des fragments du Vatican, les paragraphes 293 et 311.

Indépendamment de l'intérêt *utrubi*, le possesseur privé de la possession d'une chose mobilière pouvait la recouvrer au moyen de diverses actions ; en effet, il avait encore à sa disposition les actions *furti, vi bonorum raptorum, ad exhibendum*.

Mais ces actions lui offraient des avantages moins grands que l'interdit : les deux premières, d'après Savigny, supposent un délit, et n'ont d'effet que contre l'auteur même du délit, l'interdit au contraire est accordé contre tout possesseur ; de plus, aucune des trois ne peut être invoquée par le possesseur de mauvaise foi, tandis que la bonne foi n'est pas exigée pour l'exercice de l'interdit (Loi 1, D. 47, 2).

Dans quel délai devait être intenté l'interdit ? Ce délai était d'un an ; la condition d'annalité n'était pas il est vrai indiquée dans la formule ; mais elle dérive de la nature de l'interdit. En effet, quand un an s'était écoulé depuis la dépossession, celui qui l'avait subie ne pouvant prétendre à la possession pendant aucune partie de la dernière année, ne se trouvait pas remplir les conditions nécessaires pour invoquer l'interdit, même contre celui qui possédait *vi, clam, precario* à son égard.

Mais après une année l'interdit se donnait-il encore pour ce qui avait profité à l'usurpateur ? Nous tenons pour l'affirmative : d'abord à cause du texte général, au Digeste, loi 4, *de interdictis*, et par analogie de ce qui se passait dans l'interdit *unde vi* (Loi 1, pr. *de vi*, D. 43, 16), et en second lieu par un motif tiré de la formule même de l'interdit. Quand Paul a été dépossédé par violence d'un meuble, s'il intente au bout d'un an l'interdit *utrubi* contre celui qui l'a dépossédé, contre Pierre par exemple, auquel des deux le juge devra-t-il donner gain de cause ? Aucun des adversaires ne remplit les conditions pour triompher dans l'interdit, car si Paul n'a pas eu de possession du tout pendant la dernière année, Pierre a possédé par la violence à son égard. Si Pierre n'est plus en possession et n'a tiré aucun profit de son acte, on conçoit qu'il ne soit pas

condamné ; mais s'il possède encore la chose, pourquoi ne serait-il pas tenu dans la mesure de ce qui lui a profité, comme
s'il s'agissait d'un immeuble, l'interdit *utrubi* ayant le même
effet que l'interdit *uti possidetis* (Inst. 64 *de interdictis*) ; mais
à l'époque classique le doute était permis.

Ceci nous amène à parler en terminant de l'assimilation
entre les deux interdits *retinendæ possessionis*. Sous Justinien,
les règles spéciales à l'interdit *utrubi* n'existent plus, et les
deux interdits sont confondus quant à la possession : c'est ce
prince lui-même qui nous l'apprend en ces termes (*utriusque
interdicti potestas quantum ad possessionem, exæquata est* (Inst.
liv. IV, 15, § 4). Désormais, dans l'interdit *utrubi* comme dans
l'interdit *uti possidetis*, la possession actuelle seule sera prise
en considération ; mais de quelle époque date cette innovation ? Il est impossible de le dire ; seulement les expressions
apud veteres, employés par l'empereur, permettent de penser
que la réforme fut postérieure à l'époque classique et évidemment antérieure à Justinien.

Sous l'empire de cette législation nouvelle la possession des
meubles est devenue assez précaire, puisque, dès qu'ils ne
sont plus à notre disposition, la possession en est perdue pour
nous. Mais est-ce à dire que l'interdit *utrubi* ne servira plus
absolument qu'au possesseur actuel ? Ce serait aller trop loin ;
même sous Justinien l'interdit forçait à restituer celui qui
s'était emparé, *vi, clam, vel precario*, de la possession d'un meuble, car le possesseur dépouillé dans ces conditions est censé
n'avoir jamais perdu la possession, et c'est avec raison que
nous admettons ici la même solution que dans l'interdit *uti
possidetis*.

Quoi qu'il en soit, il est certain que dans le dernier état du
droit l'interdit *utrubi* a perdu une de ses applications les plus
fréquentes, car le demandeur n'est plus, comme autrefois,
protégé contre un adversaire dont la possession est exempte

de tout vice, mais actuelle, lors même que la possession de ce demandeur aurait été plus longue. Il n'y aura d'autre ressource pour ce dernier que dans la revendication ou dans l'action publicienne.

CHAPITRE III.

DES INTERDITS *recuperandæ possessionis.*

Après avoir étudié les interdits qui servaient à protéger la possession contre les troubles que l'on pouvait y apporter, il nous reste à parler des interdits qui servaient à la faire recouvrer quand elle avait été perdue. Nous savons que ces derniers portaient le nom d'interdits *recuperandæ possessionis.*

Il y avait en droit romain plusieurs interdits destinés à faire recouvrer la possession. Cependant, nous n'en trouvons qu'un seul mentionné aux Instltutes par Justinien : c'est l'interdit *unde vi* (liv. IV, § 6, *de interdictis*). Des deux autres, le premier était l'interdit *de precario* auquel les Pandectes consacrent un titre particulier ; le second s'appelait interdit *de clandestina possessione.* Ce dernier avait disparu ; nous en dirons toutefois quelques mots dans la suite de nos explications.

Nous allons examiner séparément chacun de ces interdits, qui semblent correspondre aux trois vices de la possession : violence, clandestinité, précaire, en commençant par le plus important, par l'interdit *unde vi.*

Interdit, *unde vi.*

A l'époque classique, au temps des grands jurisconsultes, il existait deux interdits pour recouvrer la possession d'un immeuble perdue par suite de violence. Ces interdits étaient accordés suivant des conditions différentes, s'il y avait eu violence à main armée, ou simplement violence. Cette distinction, dont on retrouve la trace dans la rubrique du titre du Digeste (*de vi* et *de vi armata*), nous est aussi nettement indiquée dans le manuscrit de Gaius, malgré la lacune qui s'y trouve en cet endroit (Gaius, comm. V, 155). Son intérêt principal consistait en ce que celui qui avait eu recours à la violence armée, à une *vis armata*, tombait sous le coup de l'interdit, sans pouvoir opposer les vices de la possession du *dejectus* à son égard, tandis qu'il y avait lieu de tenir compte de ces mêmes vices dans le cas où le *dejectus* n'avait à se plaindre que d'une violence sans armes, d'une *vice quotidiana*, selon l'expression employée par les commentateurs. En d'autres termes, dans la première hypothèse, le spolié était toujours réintégré dans sa possession, quels que fussent les vices de cette possession à l'égard du spoliateur ; dans la seconde, il ne l'était qu'à la condition de présenter une possession exempte de vices par rapport à son adversaire.

Cette différence importante entre les deux interdits restitutoires n'existe plus, comme nous le verrons sous Justinien, où les règles spéciales à la *vis armata* ont été étendues sans exception à la *vis quotidiana*. Toutefois, pour plus de commodité et pour nous bien rendre compte de cette différence à l'époque classique, nous allons étudier séparément les deux interdits en commençant par l'interdit invoqué sur une *vis quotidiana*.

§ I. — *De l'interdit de vi non armata.*

L'interdit *unde vi* était simple, et dès lors comportait la séparation des rôles de demandeur et de défendeur ; il était en outre restitutoire. Par suite de son caractère simple, les parties pouvaient éviter les *sponsiones pœnales*, à la condition que l'une d'elles réclamât sur-le-champ l'octroi d'une formule arbitraire. Son but principal était de faire recouvrer la possession d'un immeuble à celui qui l'avait perdue ; de plus, il servait à lui faire obtenir des dommages-intérêts pour le préjudice causé par l'expulsion violente ; enfin la sentence pouvait être exécutée même *manu militari*. Nous reviendrons à ces conséquences de l'interdit quand nous traiterons des condamnations qu'il entraînait. Quant à la formule en usage, elle ne nous est pas parvenue en entier ; toutefois on en trouve le commencement au *principium* de la loi 1, du titre *de vi et armata* au Digeste ; et, d'après ces quelques mots, un savant allemand, M. de Nangeron, a cherché à en reconstituer le texte de la manière suivante : *Unde tu, Numeri Negidi, aut familia tua, aut procurator tuus, Aulum, Agerium, aut familiam, aut procuratorem ejus, in hoc anno, vi dejecisti, qua de re agitur, cum Aulus Agerius possideret quod nec vi, nec clam, nec precario a te possideret, eo restituas.*

Quatre conditions étaient nécessaires pour l'exercice de l'interdit *unde vi*.

1° Le demandeur devait posséder. — L'interdit ne pouvait être invoqué que par celui qui avait la possession. Cette première condition a été contestée, et l'on a soutenu que la simple détention suffisait, en s'appuyant pour cela sur la loi I, § 9. *Dig.* 43, 16, où nous lisons : *dejicitur is, qui possidet, sive civiliter, sive naturalis possideat : nam et naturalis possessio ad hoc interdictum pertinet.* Cette opinion est inacceptable ; nous avons vu en effet que l'expression *naturalis possessio* était bien loin d'avoir toujours la même portée, et qu'elle pouvait très bien s'appliquer à celui qui détenait *animo domini,* sans être pour cela à même de prétendre à l'usucapion, en un mot à celui qui avait la possession *ad interdicta.* Et cela est tellement vrai, que nous voyons Ulpien lui-même développant, aux §§ 10 et 12, la proposition qu'il vient d'énoncer au § 9, nous dire que si le *colonus* est *dejectus,* c'est le bailleur qui souffrira de la *dejectio,* et que par suite c'est à lui seul qu'il sera permis d'invoquer l'interdit *unde vi.* Quand le *colonus* subit

en fait une *dejectio*, en droit, la dépossession atteint le bailleur : *et ideo his dejicitur, ipse dejici de possessione videtur.*

Il fallait donc avoir eu la possession de l'immeuble dont on
était dépouillé pour obtenir l'interdit ; mais cet interdit était
refusé au *dejectus* dont la possession était vicieuse vis-à-vis du
dejiciens. Paul, en possession d'un immeuble, en est violemment
mais sans armes expulsé par Pierre ; il demande l'interdit, mais
son adversaire prouve que la possession était violente à son
égard ; le préteur repoussera la demande injuste de Paul, car,
on le comprend, il serait ridicule de forcer le *dejiciens* à restituer alors qu'il pourrait ensuite, par un interdit, obtenir la
restitution du même objet. Nous en tirons cette conséquence
qu'à l'époque classique, tout possesseur dépossédé pouvait
reprendre la possession de son immeuble, même par la violence,
à la seule condition que cette violence fût exercée sans armes
contre son adversaire.

2° Le demandeur devait avoir été dépossédé par violence ;
la violence devait consister en une *vis atrox.* — En second
lieu, on exige que le demandeur ait été dépouillé violemment
de la possession de l'immeuble ; peu importait que la violence
ait été exercée contre lui, s'il détient personnellement la
chose, ou au contraire contre ses représentants, son *colonus,*
ses esclaves par exemple. Il faut en outre que la possession
soit perdue, qu'il y ait *dejectio* au point de vue de cette possession. Elle sera considérée comme perdue si les représentants ont été expulsés des fonds qu'ils détenaient pour le propriétaire, quand bien même aucune violence n'aurait été
exercée contre ce dernier ; et, en sens inverse, il n'y aura pas
dejectio, si le *colonus* ou les esclaves ont continué à occuper
paisiblement les lieux, alors même que le propriétaire en
aurait été expulsé par force. En effet, dans ce dernier cas, le
colonus continue à posséder pour le bailleur ; l'auteur de l'expulsion pourra bien être soumis à l'action d'injures, à un
judicium publicum, par application de la loi *Julia, de vi* ; mais

il n'y aura pas lieu à l'interdit *unde vi*, puisque la condition essentielle à son exercice, la perte de la possession, n'est pas remplie : *si quis me vi dejecerit, meos non dejecerit, non posse me hoc interdicto experiri quia per eos retineo possessionem, qui dejecti non sunt* (*Loi* I, § 45, *in fine*. D. *de vi.*).

Quel caractère devait présenter la violence qui avait opéré la *dejectio*? La dépossession, nous dit Ulpien, devait avoir été effectuée au moyen d'une *vis atrox*: *ad solam atrocem vim pertinet hoc interdictum* (*Loi* I, § 3, D. *de vi.*). Toutefois il n'était pas indispensable qu'il y ait eu des voies de fait d'une nature grave, telles que des coups, des blessures, ou encore du sang répandu, du moment que la sécurité du possesseur était sérieusement menacée par le *dejiciens*, il y avait *vis atrox*.

Supposons que sous l'empire de menaces faites à sa personne par un tiers, le possesseur ait consenti à opérer en faveur de ce tiers la tradition de son immeuble : pourrait-il dans ces conditions invoquer l'interdit *unde vi*. Non, car il n'y a pas eu *dejectio*, dit la loi 5, *de vi*. Le possesseur privé de sa chose ne sera pas néanmoins désarmé ; il lui restera la ressource de faire résoudre la tradition qu'il a faite malgré lui au moyen de l'action prétorienne, *quod metus causa*, action qui était donnée contre tous les tiers détenteurs.

Remarquons enfin que le mode d'expulsion était indifférent pour donner naissance à l'interdit. Ainsi il pourrait être invoqué par celui dont l'immeuble a été occupé pendant son absence, si l'usurpateur avait usé de violence pour empêcher le possesseur d'y pénétrer à son retour (Loi 1, § 24, *de vi.*).

3° Le défendeur devait être l'auteur de la violence.—La troisième condition répond à cette question : contre qui pouvait être invoqué l'interdit *unde vi*? Il devait l'être contre l'auteur de la violence ; il était donc personnel et ne produisait aucun effet contre les tiers détenteurs : *Cum a te vi dejectus sim, si Titius eamdem rem possidere cœperit ; non possum cum alio quam tecum interdicto experiri* (Loi 7, *de vi.*).

Il paraît que la formule de l'interdit portait dans le principe : *unde vi dejecisti* : aussi, certains défendeurs, profitant du laconisme de cette rédaction, parvenaient-ils à se faire acquitter en prouvant qu'ils n'étaient pas les auteurs de la violence, bien qu'ils en eussent donné l'ordre. Pour remédier à cette déplorable habitude de s'attacher à la lettre de la formule, le préteur ajouta cette clause spéciale : *unde dolo malo tuo si detrusus est.* Enfin au temps des jurisconsultes classiques cette précaution fut jugée inutile, et on ne fit aucune difficulté pour assimiler au *dejicere* proprement dit le cas du *dejicere facere.* En d'autres termes, on était passible de l'interdit, soit que l'on eût soi-même procédé à l'expulsion, soit que cette expulsion eût été consommée sur notre ordre par nos esclaves ou notre mandataire. C'est pourquoi Ulpien nous apprend que celui qui *mandavit vel jussit, ut aliquis dejiceretur* (Loi I, § 12, *de vi*), est considéré comme l'auteur de la *dejectio.* La même solution était admise dans l'hypothèse où celui qui avait profité de la *dejectio* se bornait à la ratifier.

La circonstance d'une dépossession opérée par les esclaves d'un tiers est prévue dans la formule de l'édit par ces mots : *aut familia tua dejicit* ; quelles en étaient les conséquences ? Si les actes violents qui ont amené la *dejectio* ont été ordonnés par le maître, ce dernier sera tenu *proprio nomine, ipse dejicit* : si, au contraire les esclaves ont agi de leur propre mouvement, sans le *jussus* du maître, il sera bien encore passible de l'interdit, mais seulement *noxaliter*, c'est-à-dire qu'il pourra se soustraire aux condamnations prononcées en faisant l'abandon noxal. Toutefois, même dans ce dernier cas, le maître devra restituer tout ce qu'il aurait acquis par le fait de ses esclaves.

Si le spoliateur était mort, l'interdit *unde vi* pouvait-il être invoqué contre ses héritiers ou successeurs universels ? Pour résoudre cette question, on se conformait aux principes gouvernant les actions *ex delicto.* En conséquence, l'héritier ne pouvant être recherché que jusqu'à concurrence de ce dont il avait profité ou de ce dont il s'était dépouillé par son dol, on donnait alors contre lui une action *in factum, in id quid ad eum pervenit* (Loi I. § 48, *de vi*). — Quant au successeur à titre particulier, il n'était pas passible de l'interdit, malgré sa possession et cela alors même qu'en traitant avec le *dejiciens*, il eût connu l'origine vicieuse de la possession de son auteur. C'est ce que nous montre la loi 7, *de vi*, déjà citée. A ce propos, faisons remarquer la différence qui sépare l'interdit romain de notre réintégrande française. La législation romaine ne reconnaissait pas au possesseur dépouillé un droit réel, un *jus in re* sur la chose, puisqu'elle n'accordait pas l'interdit contre l'ayant cause des spoliateurs ; elle ne voyait dans le fait qu'un délit commis envers le possesseur, délit donnant naissance à une obligation de réparer le dommage ; laquelle obligation était personnelle et devait, bien entendu, rester étrangère au successeur particulier. En Droit français, au contraire, le droit de possession est considérée, du moins à notre avis, comme un droit réel qui peut être, il est vrai, de courte durée, mais qui n'en permet pas moins au possesseur de revendiquer la chose possédée contre tout tiers détenteur (ce que nous venons de dire ne s'applique évidemment qu'aux immeubles).

En outre, d'après la loi I, § 42 : *ex interdicto, unde vi, etiam is qui non possidet, restituere cogetur*, le *dejiciens* restait soumis à l'interdit, même après qu'il avait cessé de posséder, et il n'avait aucun moyen pour échapper aux conséquences de l'acte coupable qu'il avait commis.

Par exception, et à cause des liens étroits qui les unissent, l'interdit n'était pas accordé au descendant contre son ascendant, ni à l'affranchi contre son patron, à moins que, dans ces deux cas, la violence n'eût été exercée avec armes. Une action *in factum* seulement était donnée pour obtenir réparation du préjudice causé.

4° L'objet de l'interdit devait être un immeuble. — La

dernière condition exigée pour l'obtention de l'interdit *unde vi* se rapportait à la nature de la chose dont le possesseur avait été dépouillé, et cette chose ne pouvait être qu'un immeuble. C'est ce que nous voyons dans Paul. (Sentences, 5, 6, § 5) ; la même doctrine est développée par Ulpien (Loi I. §§ 33 et suivants, *de vi*). Néanmoins, il était possible, au moyen de l'interdit, de se faire restituer la possession des objets mobiliers qui se trouvaient sur le fonds ou dans la maison dont on avait été expulsé ; car ils étaient compris accessoirement au nombre des réparations à fournir par le *dejiciens* au *dejectus*.

Quant aux meubles pris individuellement, nous avons déjà montré, en traitant de l'interdit *utrubi*, comment il pouvait remplacer pour eux un interdit *recuperandæ possessionis* : c'est ce qui explique pourquoi on n'avait pas jugé à propos de créer un interdit restitutoire spécial aux meubles. Rappelons aussi que le spolié d'un meuble avait en outre à sa disposition les actions *furti, vi bonorum raptorum* et *ad exhibendum*, si toutefois il se trouvait dans les conditions exigées pour l'exercice de ces actions diverses.

Délai pour agir ; exceptions à opposer par le défendeur à l'interdit. — Le *dejiciens* qui, pour déposséder le demandeur à l'interdit, n'avait usé que d'une *vis quotidiana* ou sans armes n'était pas toujours exposé à succomber ; car si la possession du *dejectus* était vicieuse à son égard, il pouvait lui opposer ces vices sous forme d'exception, et de cette façon éviter une restitution évidemment injuste. C'est pourquoi, à l'époque classique, celui qui avait subi une *vi dejectio* était autorisé à user de représailles, alors même que ces représailles n'auraient pas été immédiates. Supposons, par exemple, que Paul vient d'être expulsé violemment de son fonds par son voisin : dans ces conditions, il lui sera permis, sans recourir à l'intervention du préteur, de choisir son temps et de se faire justice à lui-même en reprenant possession, même par la violence, du fonds dont il a été chassé, pourvu toutefois que cette violence soit exercée sans armes. De même la violence était tolérée quand il s'agissait d'expulser un possesseur qui avait occupé l'immeuble clandestinement pendant notre absence, ou de vaincre la résistance d'un précariste refusant de rendre au concédant l'immeuble donné à précaire. En somme, ce résultat n'avait rien que de juste : aussi la formule de l'interdit était-elle rédigée de façon à ne protéger la possession du *dejectus* qu'autant qu'elle n'était pas entachée des vices que nous connaissons : violence, clandestinité ou précaire. Gaius confirme cette doctrine en ces termes : *Si modo vi qui dejectus est, nec vi, nec clam, nec precario possidet ab adversario ; quod si aut vi, aut clam, aut precario possiderit, impune dejicitur ;* et Paul, dans ses Sentences, pose la même limite au droit que le *dejectus* avait de se faire remettre en possession au moyen de l'interdit *unde vi.* Nous verrons tout à l'heure que la solution était différente quand le *dejiciens* était rentré en possession au moyen d'une *vis armata.*

Une seconde exception était offerte au défendeur pour repousser l'interdit *unde vi,* celle-ci relative au temps écoulé depuis la *dejectio.* En effet, il y avait lieu en cette matière à une prescription annale, c'est-à-dire que l'interdit, sous peine de déchéance, devait être sollicité dans l'année : *tantummodo intra annum..... judicium dabo,* ainsi s'exprimait le préteur dans son édit (loi I, *pr. de vi*). Ce délai toutefois devait s'entendre d'une année utile, ce qui est clairement indiqué dans les textes : *annus, in hoc interdicto, utilis est* (loi I, § 39, *de vi*). De plus, ce n'était qu'au point de vue pénal et afin d'obtenir des dommages-intérêts que le *dejectus* était obligé, sous peine de déchéance, d'invoquer l'interdit *intra annum,* car la prescription annale ne s'appliquait pas à la restitution de ce dont s'était enrichi le *dejiciens : post annum, de eo quod ad eum qui vi, dejecit, pervenerit, judicium dabo* (Loi 1, *pr.* 43, 16, *de vi*). Du reste, il n'y avait rien d'anormal dans cette faculté accordée au *dejectus* d'obtenir *perpetuo* la restitution de ce que le spoliateur avait acquis *ex maleficio*, tous les interdits temporaires étant perpétuels à ce point de vue (Loi 4, D. 43, 1).

Condamnations possibles sur l'interdit. — Les condamnations prononcées contre le *dejiciens* qui succombait dans l'interdit *unde vi* portaient le cachet de la plus grande sévérité, car en cette matière on suivait le principe que le demandeur devait être rétabli dans la position où il serait s'il n'avait pas éprouvé de *dejectio : Pristina causa restitui debet, quam habiturus erat, si non fuisset dejectus* (Loi I, § 3, *p. de vi*). — Ces condamnations consistaient d'abord au principal dans la restitution de l'immeuble dont le défendeur s'était emparé, et pour assurer cette restitution, la formule arbitraire permettait même d'employer la *manus militaris.* Cette satisfaction en nature suppose que le défendeur est encore en possession de la chose litigieuse ; mais, dans le cas où il aurait perdu cette possession, même sans sa faute, même sans dol, il n'en restait pas moins passible de l'interdit, et le juge pour baser ses condamnations devait estimer non pas la valeur de la chose, mais l'intérêt que le demandeur avait à la conserver. Cette règle, commune à l'interdit *uti possidetis* et à l'interdit *unde vi*, est mentionnée en termes fort explicites dans la loi 6, *de vi : in interdicto unde vi tanti condemnatio facienda est, quanti intersit possidere.*

En outre et à titre de condamnation accessoire, les fruits sont dus au demandeur à partir, non du jour de l'émission de l'interdit, mais du jour de la dépossession, et cela quand bien même le *dejiciens* ne les aurait pas perçus ; le juge doit seulement considérer si le *dejectus* les eût recueillis (Loi 1, § 40, *de vi*). — Parmi ces fruits étaient compris ceux produits par les choses mobilières faisant partie du fonds. Nous avons vu aussi que le *dejectus* pouvait, au moyen de l'interdit *unde vi*, obtenir la restitution des meubles qui se trouvaient sur le fonds lors de la *dejectio.* Dans le cas où ces meubles auraient disparu, *pendente lite*, une constitution de l'empereur Zénon permettait au demandeur, afin d'en faciliter l'estimation, d'en déclarer la valeur sous la foi du serment. C'est ce qu'on nommait le *juramentum Zenonianum;* toutefois il n'était permis au *dejectus* d'y recourir qu'après un maximum d'évaluation fixé par le juge.

Telles étaient les diverses et nombreuses condamnations qui pouvaient atteindre le défendeur à l'interdit. Que décider dans l'hypothèse où le *dejectus* était en train d'usucaper? La *dejectio,* en effet, interrompait sa possession et pouvait par suite lui causer un préjudice considérable. On devait sans doute recourir à la prestation d'une *cautio* de la part du *dejiciens,* mais nous ne pensons pas qu'il existe de textes formels autorisant le juge à forcer le défendeur à fournir cette satisfaction à son adversaire.

En matière de servitude, l'interdit *unde vi* ne pouvait recevoir d'application, car il est impossible de concevoir une *dejectio* quelconque, une véritable dépossession à l'égard de ces droits réels pris individuellement et à part du fond, dont ils ne sont que des dépendances ou des qualités.

§ II. — *De l'interdit de vi armata.*

Nous avons dit qu'à l'époque classique on distinguait deux sortes de violence : la *vis quotidiana* et la *vis armata,* et qu'à chacune correspondait un interdit spécial. Les règles que nous venons d'exposer ne s'appliquaient qu'à l'interdit fondé sur une *vis quotidiana.* Il nous faut maintenant parler de l'interdit fondé sur une *vis armata.*

Qu'entendait-on par *vis armata ?* La violence était dite armée lorsque le *dejiciens* avait opéré la *dejectio* au moyen d'armes quelconques, et, en effet, les jurisconsultes romains entendaient par armes, sous ce rapport, non-seulement les épées, haches, boucliers, etc., mais encore les simples bâtons et même les pierres : *Armis dejectum quomodo accipimus? arma sunt omnia tela ; hoc est, et fustes et lapides : non solum gladii hastæ, frameæ, id est rompheæ* (Loi 3, §§ 2 et suivants, *de vi.*).

L'interdit accordé sur une *vis armata* était de même nature
que le précédent ; toutefois il présentait certaines particularités importantes que nous devons indiquer.

D'après les renseignements fournis par Cicéron, voici quelle
pouvait être à peu près sa formule : *unde tu illum, vi hominibus
armatis coactisve dejecisti, aut familia tua, aut procurator tuus
·dejecit, eo illum restituas* (*Pro Cacina* 19, 30 et 21).

Lorsque le *dejiciens* avait employé la violence armée, il ne
pouvait opposer au *dejectus* les vices de sa possession à son
égard, et il tombait sous le coup de l'interdit, en vertu de ce
principe qu'on ne doit pas recourir aux armes pour se faire
justice à soi-même : principe éminemment salutaire et d'ordre
public, car, dans une société bien organisée, la loi gardienne
des intérêts de tous, a pour mission d'éviter en le proclamant
les rixes et les voies de fait, conséquences inséparables de cette
façon sommaire de reprendre possession de son bien. Néanmoins, aux termes de la loi 17, *de vi*, le *dejectus* avait le droit
de recourir aux armes pour expulser le spoliateur, s'il agissait
de suite, *illico* après la *dejectio*. Dans cette hypothèse, la violence armée se justifiait par ce motif que le *dejectus* n'avait
fait que repousser la force par la force ; on ne voyait dans
cette agression qu'un acte unique et indivisible, qu'une seule et
même lutte ; en un mot, le spolié se trouvait dans le cas de
légitime défense : *Qui possessionem vi ereptam, vi in ipso con-
gressu receperat, in pristinam causam reverti potius quam vi
possidere intelligendus est : ideoque si te vi dejecero, illico tu me,
deinde ego te : unde vi interdictum tibi utile erit.*

Nous savons que lorsqu'il s'agit d'une *vis quotidiana*, le délai
pour invoquer l'interdit n'était que d'une année utile ; ici, il
sera permis au *dejectus*, même après l'expiration de l'année,
d'obtenir des dommages-intérêts pour réparation du préjudice
causé par la *dejectio* ; mais à l'époque où la fusion fut opérée
entre les deux interdits, le délai d'une année devint la règle
générale.

Une autre différence déjà signalée existait entre les deux formes de l'interdit *unde vi* : c'est que l'interdit, entraînant quelque chose d'infamant pour celui qui était condamné, n'était accordé au descendant contre son ascendant, à l'affranchi contre son patron, qu'à la condition de prouver que la *dejectio* avait été opérée *cum armis*. Enfin, dans cette dernière hypothèse, le *dejiciens* était soumis à la peine portée par la loi *Julia de vi publica*, c'est-à-dire à la déportation. Si au contraire, il n'avait eu recours qu'à une *vis quotidiana*, il n'était soumis qu'à la peine portée par la loi *Julia de vi privata*, c'est-à-dire à la confiscation de tous ses biens (Institut. IV. *de public. gud.* § 8 ; loi 1, § 2, D. 43, 16.).

Deux questions nous restent à examiner.

1° La première condition pour triompher dans l'interdit fondé sur une *vis quotidiana*, était, nous l'avons vu, d'avoir eu la possession proprement dite, la possession *ad interdicta* ; mais, si le *dejectus* avait été victime d'une *vis armata*, ne lui suffisait-il pas pour obtenir l'interdit, d'avoir eu la simple détention de l'immeuble litigieux ? Les commentateurs sont divisés ; quelques-uns, et parmi eux le plus illustre, *Cujas*, ont soutenu l'affirmative en se fondant sur la loi 18, *de vi* et sur le § 6 du titre 6, livre 5 des Sentences de Paul. Cependant ces textes des jurisconsultes romains ne présentent rien de bien affirmatif à ce sujet et ne contiennent pas, comme on peut le voir, la mention spéciale d'une telle distinction. On a aussi invoqué l'autorité de Cicéron, qui dans son plaidoyer pour *Cæcina* semble regarder cette opinion comme admise par tout le monde. On a même essayé de faire remonter au Droit romain la doctrine généralement admise chez nous en matière de réintégrande, doctrine qui consiste à n'exiger pour la recevabilité de cette action possessoire que la simple détention de l'immeuble au moment de la dépossession. Mais, il nous semble que la jurisprudence de la Cour de Cassation aujourd'hui constante sur ce point, n'a pas eu besoin, pour s'affirmer, de chercher à se rattacher à un principe semblable suivi en droit romain, et cela ne prouverait pas non plus que notre réintégrande n'a pas son origine dans l'interdit de *vi armata*. Nous croyons certainement à cette origine, et si, aujourd'hui, la simple détention suffit pour l'admission de la réintégrande, on ne peut voir là qu'une modification ou une extension du principe, modification dont ce n'est pas ici le lieu de rechercher les causes. Du reste, pour en revenir à Cicéron, il est permis de conjecturer avec M. de Savigny, que le grand orateur a dû perdre son procès précisément parce que son client *Cæcina* ne pouvait justifier de sa possession vis-à-vis d'Acbutious.

2° Supposons que le possesseur, dans la crainte d'une attaque à main armée, se soit enfui, sans attendre l'expulsion : pourra-t-il dans ces conditions obtenir l'interdit *de vi armata?* Sur ce point encore les jurisconsultes romains se divisaient. Nous avons d'abord un texte précis d'Ulpien, la loi 3, § 9, *de vi; proinde et si cum armatos audiret venire, metu decesserit de possessione, sive rerum sive falsum audisset, dicendum est non esse cum armis dejectum, nisi possessio ab his fuerit occupato.* Ainsi, d'après Ulpien, l'interdit ne sera accordé que dans le cas où les hommes armés, cause de la fuite du possesseur, auraient occupé le fonds. Labéon, beaucoup plus large, accorde toujours l'interdit: *is qui metu turba perterritus fugit, dejici videtur.* Pomponius, au contraire, exige qu'il y ait eu lutte ou combat : *vim sine corporali vi locum non habere.* Le jurisconsulte Ulpien, qui au paragraphe 29, *de vi*, nous rapporte l'opinion de Labéon et de Pomponius, admettait donc une solution mixte puisqu'il exigeait l'occupation du fonds par la troupe armée.

A première vue, il semble que la loi 1, § 29, *de vi* se trouve en contradiction avec la loi 9, *pr. quod metus causa.* En effet dans cette dernière loi, Ulpien nous apprend que Labéon n'accordait pas l'interdit *unde vi* au possesseur qui s'enfuyait sur

l'annonce ou à la vue d'une troupe de gens armés se dirigeant
vers le fonds, tandis que Pomponius accordait l'interdit au possesseur qui ne s'enfuyait que lorsque les gens armés y avaient
pénétré. Nous croyons, avec M. Machelard, qu'on peut éviter
toute contradiction en faisant observer que l'hypothèse dans
laquelle se place Labéon est celle d'un possesseur qui, sur une
simple rumeur (*audito quod quis cum armis veniret*), se décide
précipitamment à prendre la fuite. Et, sans aucun doute, ce
jurisconsulte, suivant son habitude, se montrait moins sévère
pour l'admission de l'interdit quand les gens armés avaient
été vus par le possesseur. Pomponius, au contraire, voulait un
commencement d'exécution dans l'acte de la *dejectio*.

Cependant, pour invoquer l'interdit il n'était pas nécessaire
que le *dejiciens* eût occupé véritablement l'immeuble : c'est ce
que nous montre la loi 4, § 22, *de usurpat.* au Digeste. Habituelle-
ment sans doute, celui qui en expulse un autre ne le fait que
pour se mettre à sa place et pour jouir du fonds qu'il con-
voite ; mais le contraire peut arriver ; et si le *dejiciens*, après
avoir expulsé le possesseur par pur esprit de vengeance ou
simplement pour lui nuire, vient à se retirer dédaignant
d'occuper le fonds, il n'en sera pas moins passible de l'interdit et forcé de réparer tout le préjudice causé au *dejectus*. La
preuve, cela va sans dire, restera à la charge de ce dernier qui
devra démontrer l'exactitude des actes de violence qui ont
amené sa dépossession.

D'après ce qui précède, nous voyons que le possesseur qui,
craignant pour sa personne, s'était enfui à la vue de gens
armés, se trouvait en mesure d'invoquer l'interdit *unde vi* ; il
avait en outre à son service une action d'une portée bien plus
grande, l'action *quod metus causa*. Cette action, comme on sait,
était accordée à celui qui avait été amené, sous l'empire de
la crainte, à faire lui-même tradition de son fonds, et dans le
but de faire rescinder cette tradition. Or, dans le fait
du possesseur qui, terrifié par l'approche de gens armés,

s'enfuit et abandonne son fonds sans essayer aucune résistance, les jurisconsultes romains voyaient en quelque sorte un acte juridique emportant tradition de la chose abandonnée entre les mains des spoliateurs; tandis que dans le fait d'un possesseur qui, plus courageux, résiste à ses adversaires et ne cède qu'à une force supérieure à la sienne, ces mêmes jurisconsultes se refusaient à découvrir l'ombre même d'une volonté emportant tradition de la part du possesseur. Par où l'on voit que l'homme courageux était moins protégé, puisque ce dernier étant considéré comme *dejectus,* se voyait refuser l'action *quod metus causa,* tandis que l'homme timide, recevant pour ainsi dire la récompense de sa couardise, se trouvait nanti de deux moyens d'action : l'interdit *unde vi,* et l'action *quod metus causa,* qui, nous l'avons déjà dit, était bien plus avantageuse. Ce résultat, à coup sûr peu équitable, était dû à la rigueur inflexible avec laquelle on droit romain on analysait les faits pour en tirer des conséquences ou des déductions souvent excessives.

Fusion des deux interdits, réformes accomplies jusqu'à Justinien. — Sous Justinien, l'exception qui permettait au *dejiciens,* dans le cas d'une violence sans armes, d'échapper à l'interdit quand la possession de son adversaire était vicieuse à son égard, n'existe plus. Désormais la *vis quotidiana* et la *vis armata* sont assimilées dans leurs effets ; dans tous les cas, il n'est plus permis de se faire justice à soi-même, et la restitution est toujours imposée au spoliateur. A quelle époque cette fusion fut-elle opérée ? Il serait difficile de le dire ; mais elle est certainement antérieure à Justinien, puisque ce prince dans ses Instituts parle de la législation en vigueur sur ce point, non comme d'une innovation qui lui serait propre, mais bien comme d'une réforme déjà ancienne. M. de Savigny fait avec vraisemblance dater ce changement dans le droit romain, d'une constitution de Valentinien dont il ne serait que la conséquence naturelle. Cette Constitution, qui date de l'an 289, et

forme au Codé la loi 7. 8. 4. avait apporté de graves modifications aux règles suivies précédemment. Dans le but de punir
et de flétrir les gens qui se font justice à eux mêmes, elle décidait que quiconque se serait emparé d'une chose au moyen
d'actes violents serait privé de son droit de propriété et soumis à la restitution de la chose, dans le cas où il serait *dominus*;
dans le cas contraire, le spoliateur devait non seulement restituer la chose au possesseur, mais encore lui en payer la valeur
à titre de réparation. Justinien, aux Instituts, nous apprend que
les peines infligées par cette constitution s'appliquaient auss[i]
bien à la dépossession des meubles qu'à celle des immeubles.

En résumé, à cette époque, il n'était plus permis de reprendre au moyen d'aucune espèce de violence ce qui nous
avait été enlevé, comme on pouvait le faire lors de la distinction des deux interdits. Désormais, on n'excuse plus en aucun
cas les actes de vive force, malgré l'indignité de ceux contre
lesquels ils ont été employés; il faut toujours restituer une
possession acquise de cette façon sans que l'on soit écouté en
alléguant qu'on s'est borné à traiter l'adversaire ainsi qu'il
nous avait traité nous-même; en un mot, les règles autrefois
spéciales à la *vis armata* ont été généralisées. C'est alors que
l'on voit pour ainsi dire poindre la fameuse maxime *spoliatus
ante omnia restituendus*, maxime dont le droit canonique
devait s'emparer et qui s'est perpétuée jusqu'à nos jours.

N'allons pas en conclure cependant qu'il ne sera plus possible, sous l'empire de ces nouveaux principes, de se défendre
énergiquement contre un agresseur qui tente de nous dépouiller de notre bien, ou de lui reprendre immédiatement ce
qu'il vient de nous enlever. Non, la règle nouvelle n allait
pas jusque-là, et, pourvu que l'on eût agi sur-le-champ en
reprenant sa chose de vive force au spoliateur, il n'y avait pas
double *dejectio*, mais un acte unique indivisible, un seul combat, dans lequel le possesseur défendait sa position qu'il était
censé n'avoir jamais perdue.

Quant au délai pour agir, ce fut la condition d'annalité qui subsista dans la fusion des deux interdits.

Enfin, même sous Justinien, et par exception dans un seul cas, il est encore utile de distinguer s'il y a eu *vis armata* ou non : c'est lorsqu'un descendant veut intenter l'interdit contre son ascendant, ou un affranchi contre son patron ; ici l'ancienne distinction de l'époque classique est restée en vigueur, et pour que le descendant ou l'affranchi puisse invoquer l'interdit, il est nécessaire que l'ascendant ou le patron ait opéré la *dejectio cum armis*.

Avant Justinien, une constitution de Constantin de l'an 324, qui forme au code la loi I, 8, 5, *si per vim*, avait apporté une grave modification au principe de l'annalité de l'interdit *unde vi*. Cette dérogation à la règle dans le but de protéger l'intérêt des absents permettait aux représentants d'un possesseur absent, à son *colonus,* son mandataire, ses parents, et même à ses esclaves d'intenter l'interdit après l'expiration de l'année au lieu et place du possesseur. La portée de l'exception admise était si grande qu'elle allait, comme nous venons de le dire, jusqu'à investir d'un droit d'action les esclaves du possesseur expulsés du fonds de leur maître, faveur qui doit nous paraître excessive eu égard aux idées reçues à Rome : *Nec si servi sint, eorum rejiciant in jure personas, quia hujusmodi conditionis hominibus causas perorare fas non sit.* De plus, le *dejectus,* dans le cas où ses représentants auraient négligé d'agir, pouvait encore invoquer l'interdit à son retour, et recouvrer sa possession perdue à tel point que la prescription de trente ans seule, quand elle eût été introduite, était susceptible de lui faire perdre cette importante faveur.

Un autre privilège accordé par Justinien au possesseur absent est mentionné dans la loi II, au code, *unde vi,* 8, 4. Voici en quoi il consistait. Paul s'est absenté, laissant ses biens à l'abandon pour ainsi dire : il n'y a, pour le représenter, ni *colonus,* ni mandataire, ni esclaves ; voyant que cette absence se prolonge outre mesure et que le retour du possesseur devient problématique, un tiers, dans la croyance que Paul a l'intention d'abandonner définitivement ses biens, s'en empare, mais sans violence. L'empereur veut protéger cet absent injustement dépouillé, et en conséquence il décide que Paul jouira pendant 30 ans de la faculté d'invoquer l'interdit *unde vi* contre l'usurpateur.

En terminant cette courte étude sur l'interdit *unde vi*, nous croyons utile d'établir une sorte de parallèle entre la procédure et les résultats de cet interdit et ceux de l'interdit *uti possidetis*.

1° Dans l'interdit restitutoire, la procédure offre bien moins de dangers et de complications que dans l'interdit *retinendæ possessionis* : dans le premier, on peut user de la formule arbitraire, chose impossible dans le second ; de plus, l'interdit *unde vi* est simple, l'*uti possidetis* est double.

2° En intentant l'interdit *unde vi*, on obtient réparation de tout le préjudice causé : dans l'*uti possidetis* la chose est moins facile. Ainsi nous avons vu que par le premier on peut se faire restituer les meubles se trouvant sur le fonds, lors de la *dejectio* ; par le second on ne peut arriver au même résultat, et pour se faire restituer ces meubles le possesseur sera obligé de recourir à l'interdit *utrubi*. Dans l'interdit *unde vi*, es fruits sont dus à partir du jour de la dépossession, tandis que dans l'interdit *uti possidetis* ils ne sont dus qu'à partir du jour où l'on a intenté l'interdit.

3° Au point de vue de l'usucapion, celui qui triomphe dans l'interdit *uti possidetis* est considéré comme n'ayant jamais perdu la possession, tandis que si on emploie l'interdit *unde vi*, on reconnaît par là l'interruption de possession occasionnée par la *dejectio*.

Interdit de clandestina possessione.

Nous avons eu souvent l'occasion, dans le cours de notre travail de parler des trois vices de la possession, reconnus, en Droit romain : la violence, la clandestinité, le précaire. Nou[s] venons de voir un interdit accordé au possesseur dépouillé de son immeuble par la violence. Nous allons tout à l'heure montrer qu'un interdit spécial appelé *de precario* fut créé pour permettre au concédant de reprendre la chose au précariste qui refuse de la restituer ; la législation romaine, contre son habitude, aurait manqué de logique, si elle n'avait pas établi un interdit correspondant au vice de clandestinité et destiné à faire recouvrer une possession enlevé clandestinement au possesseur. Mais ce défaut d'harmonie ne peut lui être reproché, car il est certain qu'il a existé un interdit *de clandestina possessione.*

Toutefois cet interdit n'est mentionné que dans un seul texte du Digeste, et encore incidemment : *Sed et si clam dicatur possidere qui provocat, dicendum esse ait cessare hoc judicium (communi dividundo) ; nam de clandestina possessione competere interdictum inquit.* Il s'agissait ici de déterminer les personnes ayant droit de provoquer un partage.

Comme les deux autres vices de la possession, la clandestinité était un vice relatif, et par suite l'interdit *de clandestina possessione* ne pouvait être invoqué que par celui à l'égard duquel la possession était clandestine. Cet interdit devait être simple, *recuperandæ possessionis,* et destiné à faire recouvrer la possession usurpée clandestinement par un tiers. On entendait par possession clandestine la possession dont l'existence était inconnu de celui qui avait intérêt à l'empêcher.

A quelle époque et dans quelles conditions a dû fonctionner cet interdit ? Pour résoudre cette question, il faut savoir que du temps du jurisconsulte Labéon, sous Auguste, et même plus tard, du temps du jurisconsulte Julien, on admettait que la possession d'un immeuble était perdue quand un tiers, profitant de l'absence du possesseur, s'en emparait clandestinement. Tel est le cas rapporté par le § 1, de la loi 6, *de adp. poss* : Le possesseur a quitté momentanément sa maison pour aller au marché (*ad nundinas*) et n'a laissé personne pour veiller à la conservation de sa possession jusqu'à son retour. Pendant son absence, un tiers qui depuis longtemps convoitait la possession de l'immeuble, mais n'osait l'appréhender, par crainte sans doute, profite de cette circonstance favorable et s'installe dans la maison. Dans cette hypothèse, Labéon décidait qu'il y avait perte de la possession, mais en même temps que la nouvelle possession acquise était clandestine. Aussi, accordait-il au possesseur dépouillé l'interdit *de clandestina possessione* à l'effet de recouvrer son immeuble.

Néanmoins, on conçoit que, malgré la ressource de l'interdit, cette facilité de perdre la possession de son bien pendant une absence souvent nécessaire, ne laissait pas que d'offrir de grands inconvénients dans la pratique. Des exemples d'occupation clandestine causée par l'éloignement du possesseur durent souvent se présenter, surtout pour les immeubles dont l'exploitation n'est possible que pendant une partie de l'année, tels que les pâturages d'hiver dans les plaines et les pâturages d'été dans les montagnes. C'est alors que, probablement sous l'influence de ces considérations, les jurisconsultes romains en vinrent à admettre que la possession se conservait *animo tantum*, jusqu'au moment où l'on venait à connaître la détention clandestine de l'usurpation.

Cette proposition était reconnue au commencement du IIIe siècle par Papinien, qui l'énonce dans la loi 4, 6, *de adq. poss.* en l'appliquant précisément aux *saltus*. Paul, dans la loi 3, § 51, *de adq. poss.* semble encore limiter à cette espèce d'immeubles la règle en question : *saltus hibernos æstivosque animo possidemus, quamvis certis temporibus eos relinquamus.* Mais déjà, le jurisconsulte Ulpien, qui vivait au temps de Paul étendait le principe à tous les immeubles sans distinction, tout en s'exprimant de façon à laisser comprendre que les *saltus* avaient motivé cette dérogation aux règles anciennemen admises sur la conservation de la possession : *Quod vulgo dicitur æstivorum hibernorumque saltuum nos possessiones animo retinere*.......... (Loi 1 § 25, *de vi*). Dès lors, l'interdit *de clandestina possessione* tomba en désuétude et n'eut plus sa raison d'être. En effet, puisque, suivant la nouvelle doctrine, le possesseur absent conserve sa possession ; si, à son retour, il trouve un tiers installé à sa place et refusant de lui rendre la possession usurpée, il pourra employer la ressource de l'interdit *unde vi* qu'autorise la résistance de l'usurpateur. Il lui serait également permis d'invoquer l'interdit *uti possidetis*, du moins dans l'opinion que nous avons admise, car dans cette hypothèse, il n'a pas perdu la possession.

Sous Justinien, dans le dernier état du droit, le principe de la conservation de la possession *animo tantum* paraît difficile à faire cadrer avec la législation alors en vigueur, législation qui, nous l'avons vu, défendait sous les peines les plus sévères de se faire justice à soi-même, et dès lors d'user de violence, même vis-à-vis d'un tiers qui pendant notre absence aurait occupé clandestinement notre immeuble. Expliquons-nous :

1° Celui dont l'immeuble a été occupé à son insu, continue à posséder ; par suite, il se borne à garder sa position en expulsant violemment l'usurpateur, et l'on ne peut, en bonne justice, lui dénier le droit d'agir ainsi.

2° D'un autre côté, il n'est pas permis de recourir à la violence afin d'expulser celui qui possède même clandestinement et d'après la constitution de Valentinien, dans cette hypothèse le *dominus* sera privé de sa chose.

Comment concilier ces deux principes? M. Machelard résout ce problème par une ingénieuse supposition : en effet, nous dit le savant auteur, la difficulté n'est qu'apparente, car, pourvu que la personne dépossédée essaie de suite, à son retour, de reprendre la possession de son immeuble par la force, elle ne sera pas soumise aux lois contre la violence, puisqu'elle a conservé la possession *animo tantum*, et que l'usurpateur n'est pas considéré comme possesseur. Les lois sur la violence n'avaient été introduites qu'en faveur du possesseur juridique et par suite le possesseur clandestin ne pouvait invoquer les actions données par ces lois. D'ailleurs, priver le possesseur de sa chose parce qu'il l'a reprise violemment à l'usurpateur, nous semble dans notre hypothèse une décision impossible à admettre, d'autant plus qu'il a toujours été permis, même sous l'empire de la constitution de Valentinien, de défendre sa possession par la force : *vim vi repellere licet.*

Mais, peut-on objecter : le possesseur avait à son service l'interdit *uti possidetis.* Sans doute ; seulement l'usage de cet interdit était, nous le savons, renfermé dans le délai d'une année et l'occupation clandestine pouvait remonter plus loin.

Il nous reste à indiquer les limites dans lesquelles devait être renfermée la règle qui, en matière d'immeubles, maintenait la possession *solo animo* jusqu'au moment où le possesseur avait connaissance de l'usurpation commise à son préjudice : *quamdiu possessionem abalio occupatam ignoraret* (Loi 46, *de adg. poss.*). Ici, comme dans bien d'autres cas, c'est l'esprit et non la lettre qu'il faut consulter, car la conséquence d'une interprétation trop absolue de notre règle serait d'empêcher toute possession utile de s'établir sur un immeuble, tant que le précédent possesseur n'aura pas été instruit de l'état des choses. Ce serait, en d'autres termes, accorder une prime à la négligence et à l'incurie. En outre, cette manière fort large d'entendre le principe que la possession se conserve *animo tantum,* nous semble difficile à concilier avec la disposition qui permettait à un propriétaire absent *ex justa causa* de faire résoudre l'usucapion accomplie à son préjudice. Puisque dans cette hypothèse le tiers a pu usucaper, c'est qu'apparemment il était possesseur non clandestin, condition indispensable de cette manière d'acquérir la propriété.

Sa possession se conservera donc *animo tantum*, mais à la condition que l'absence du possesseur n'ait pas été de trop longue durée, comme d'ailleurs on peut le voir dans les loi[s] 6, § 1 et 18, § 3, au Digeste 41, 2, et aux Instituts, liv. IV, *de interdictis*, § 5, où nous lisons : *tamen si non derelinquendæ possessionis animo, sed postea reversurus, inde discesserit retinere possessionem videatur*. La conclusion à tirer de ces divers textes, c'est qu'en introduisant cette importante modification à la manière de conserver la possession d'un immeuble, les jurisconsultes ont eu seulement l'intention de protéger le possesseur vigilant qui ne délaisse son bien que momentanément et pour les besoins de la vie sociale. En conséquence, si l'absence du possesseur se prolonge outre mesure, comme en résumé et dans les idées romaines, la possession, est *res facti*, ce possesseur sera censé avoir renoncé à la possession, l'immeuble abandonné par un maître négligent deviendra *vacuus*, et dès lors si un tiers vient à s'en emparer, son occupation ne sera pas entachée du vice de clandestinité et finalement le mènera à la prescription.

Interdit de precario.

Nous avons dit, en parlant de la possession et des éléments qui la constituent, le *corpus* et l'*animus*, que, par exception, les Romains reconnaissaient la possession *ad interdicta* en faveur du précariste, chez qui pourtant l'*animus domini* faisait certainement défaut. Nous avons en même temps donné la définition de cette convention curieuse, appelée *precarium*, convention spéciale à la législation romaine et dont on ne trouve nulle part l'équivalent : *precarium est quod precibus petenti utendum conceditur (tamdiu) quamdiu is, qui concessit, patitur* (loi 1, pr. D. 43. 26). — Malgré l'instabilité du droit *sui gene-*

ris reconnu au précariste sur la chose concédée, à tel point qu'une renonciation à sa faculté de révocation de la part du concédant eût été frappée de nullité absolue ; on n'hésitait pas à voir ici un transfert véritable de la possession : *meminisse autem nos opportet eum, qui precario habet, etiam possidere* (Loi 4, pr. 43, 16). A l'égard de tout autre que du concédant qu'on appelait *rogatus*, le précariste qu'on appelait *rogans* (dénominations tirées de la manière dont se constituait le *precarium*) le *rogans*, disons-nous était considéré comme possesseur ; aussi avait-il la faculté de recourir à la voie des interdits *retinendæ* et *recuperandæ possessionis*. C'était en effet le concessionnaire qui possédait seul, non le concédant ; et ce qui le prouve, c'est que ce dernier avait à sa disposition un interdit spécial, appelé *de precario*, dans le but de recouvrer la chose concédée, interdit dont nous allons aborder l'étude. Le *rogatus*, dans ses rapports avec le *rogans*, n'avait pas à souffrir de l'abandon de sa possession, car, vis-à-vis du premier, la possession du second était dite *injusta* et n'avait droit à aucune protection, de sorte que dans un débat sur la possession de l'objet concédé, le *rogatus* devait triompher, par cette raison toute d'équité qu'un bienfait ne doit point nuire au bienfaiteur.

Quelle est l'origine du *precarium* ? M. de Savigny, d'après Niebuhr l'a fait remonter aux premiers temps de Rome, alors que les patriciens désireux d'augmenter leur popularité, distribuèrent à leurs clients la jouissance de certaines portions de l'*ager publicus*, dont ils avaient presque entièrement la possession. Au début et à cause des rapports de dépendance existant entre les parties, le droit civil n'avait pu intervenir à l'effet d'établir une sanction pour l'exécution du *precarium* : aussi le préteur, usant de son *imperium* pour permettre au *rogatus* de recouvrer la possession de l'immeuble concédé imagina-t-il de créer l'interdit *de precario*, lequel était simple, restitutoire et perpétuel : *hoc interdictum restitutorium est.* (Loi 2, § 1, D. 43,

16) : *interdictum hoc et post annum competere Labeo scribit.*
(Loi 8. § 9 même titre.)

Dans la suite, ces concessions bénévoles cessèrent d'être en
usage, mais le pacte de précaire n'en subsista pas moins et paraît avoir été maintenu pour satisfaire à d'autres besoins. On
s'en servit par exemple dans le contrat de gage pour permettre au débiteur de conserver la possession de la chose engagée : en effet, le débiteur, après avoir donné sa chose en
gage, en demandait la concession à précaire à son créancier,
sous la condition, bien entendu, de lui restituer la *res pignerata* à première réquisition. Mais dans cette hypothèse le paiement de la dette mettait fin au précaire : *si debitor rem pigne-
ratam precario rogaverit soluta pecunia, precarium solvitur* (Loi
11, même titre). Nous trouvons une autre application du *precarium* dans le fait d'un vendeur qui, ne se souciant pas de renoncer à son droit de propriété avant d'avoir été payé, mais dési-
rant néanmoins transférer à l'acheteur une possession susceptible d'être défendue au moyen des interdits possessoires, lui
donnait à précaire la chose vendue. Le résultat de ce pacte
était de dégager le vendeur de la responsabilité qui lui incom-
bait, et de lui permettre de reprendre à son gré la possession
de l'objet vendu, tout en laissant à l'acheteur le soin de le défendre contre les entreprises des tiers par la voie des interdits
retinendæ et recuperandæ possessionis (Loi 20, même titre).

Toutefois ce moyen ingénieux de satisfaire à la fois le vendeur non payé et l'acheteur ne pouvait être employé dans le cas
où il était prouvé que le vendeur avait voulu simplement
suivre la foi de l'acheteur, ni dans le cas où, des satisfac-
tions suffisantes ayant été fournies, il se contentait de rester
créancier.

Enfin, quand le précaire ne fut plus renfermé dans les limites étroites de son origine présumée, les Proculiens, malgré
la résistance des Sabiniens, le rangèrent dans la catégorie des
contrats innomés du genre *do ut des* ; et dès lors il fut protégé

par l'action *prœscriptis verbis*. En outre, quoique n'ayant eu
pour objet dans le principe que des immeubles, il finit par être
étendu aux meubles et même aux servitudes (Loi 2, § 3. Loi 3.
Loi 15, § 20, XLIII, 26).

Le précariste avait donc la possession *ad interdicta* à l'é-
gard des tiers, mais qu'elle était la nature de son droit sur la
chose ? Le *precarium* consistait dans la concession de l'usage,
ou mieux de la jouissance de la chose concédée et autorisait le
concessionnaire à bénéficier des fruits qu'elle produisait. En
résumé, il y avait là une libéralité, mais non une donation
proprement dite, attendu que le concédant restait toujours
maître de reprendre à son gré ce qu'il avait livré : *Quod ge-
nus liberalitatis ex jure gentium descendit. Et distat a donatione
eo quod qui donat, sic dat, nec recipiat : at qui precario con-
cedit, sic dat, quasi tunc recepturus, cum sibi libuerit precarium
solvere* (Loi 1, § I et 2, 43, 26.) — Cette obligation de restituer
rapproche le précaire du commodat, avec lequel il présente il
est vrai une grande analogie ; cependant, des différences
importantes séparent ces deux contrats.

1° Dans le précaire, le *rogans*, nous le savons, était possesseur vis-à-vis des tiers autres que le *rogatus*, et avait pour faire
respecter ou recouvrer sa possession , la ressource des interdits
possessoires; le commodataire au contraire, avait bien la faculté
d'user de la chose, mais la possession n'était pas déplacée en
sa faveur et restait au commodant.

2° Le précariste était traité avec beaucoup d'indulgence
quant aux soins à lui imposés pour la conservation de la chose
donnée à précaire, et nous voyons dans la loi 23, *de reg. juris*,
qu'il ne se trouvait tenu que de sa *culpa lata*, tandis que le
commodataire, traité avec la plus grande sévérité sous le
même rapport, était tenu de sa faute *in abstracto*. En sens
inverse, le précariste ne pouvait se faire rembourser ses impenses (Loi 2, § 3, 43. 26), tandis que le commodataire jouissait

de la faculté de se faire tenir compte de ses dépenses ou améliorations.

3° Le commodataire n'était obligé de restituer l'objet du contrat qu'à l'époque fixée, car le commodat malgré l'intention de rendre service par laquelle était guidé le commodant, n'en était pas moins un contrat sérieux et obligatoire pour les deux parties. Le précariste moins bien traité sur ce point était obligé à restituer à la première réquisition du *rogatus*.

Comment s'établissait le *precarium* ? La constitution du précaire consistant surtout dans un état de fait, il en résulte qu'il devait régulièrement se former par la tradition de la chose : tradition destinée à mettre le précariste en possession. (Loi 4, § 3). Cependant, il en était autrement si le *rogans* se trouvait déjà détenteur de l'objet du *precarium* ; hypothèse dans laquelle la seule convention aurait suffi pour donner naissance au précaire. Des prières étaient-elles toujours nécessaires ? Certains auteurs ont soutenu l'affirmative en se fondant sur le nom même donné au pacte de précaire; mais il est certain que la volonté des parties clairement manifestée était suffisante (Paul, Sentences 5. 6, § 11). (Voir en ce sens M. de Savigny).

La volonté seule, et plus ou moins capricieuse du *rogatus*, mettait fin au *precarium*, dont cette faculté de révocation constituait le cachet particulier, à tel point, comme nous l'avons déjà dit, que le *rogatus* n'eût pas été lié par une stipulation ayant pour objet de restreindre son droit à cet égard. Dans le cas où un terme aurait été fixé pour la durée du précaire, si, le terme arrivé, la chose était laissée entre les mains du *rogans*, on en concluait qu'un nouveau *precarium* avait été consenti, mais à la condition, bien entendu, qu'à cette époque le *dominus* fût encore capable de consentir (Loi 4. § 4). Par suite, si ce dernier était frappé de folie par exemple, le nouveau *precarium* n'aurait pu se former, même tacitement, et désormais le *rogans*, devenu possesseur de mauvaise foi, devait être traité comme tel. Quant à l'aliénation de la chose, elle avait pour résultat de mettre dans l'avenir le *rogans* à la discrétion de l'ayant-cause du *rogatus*, mais elle n'éteignait par le précaire (Loi 6, pr. Loi. 8, § 2).

Examinons maintenant les conséquences que pouvait produire, quant à la concession, la mort de l'une ou de l'autre des parties. De l'avis de tous les jurisconsultes, la mort du *rogatus* ne mettait pas fin au *precarium* (Loi 8, § 1. Loi 12, § 1), à moins que la stipulation suivante n'y eût été insérée : *is qui dedisset, vellet.* La mort du *rogans* semble avoir été, dans le principe, appréciée autrement, et avoir été regardée comme entraînant la rupture du *precarium* par les mêmes jurisconsultes. En effet, Celse refusait à l'héritier le droit de continuer la possession à titre précaire en se fondant sur ce motif que cette concession avait été faite en considération de la personne *intuitu personæ* (Loi 12, § 1). Paul admettait la même solution, mais en se fondant sur cet autre motif que l'héritier n'avait point fait de prières (Sentences 5, § 12) ; et, suivant ces deux jurisconsultes, si l'héritier conservait la possession de la chose, il était censé posséder clandestinement, ce qui avait pour conséquence d'empêcher le *rogatus* d'invoquer l'interdit spécial *de precario.* C'était aussi l'avis de Papinien (Loi 11, au Digeste *de diver. temp.* 44. 3). Ulpien nous enseigne en ces termes la doctrine contraire , d'après lui, l'interdit pouvait être invoqué contre l'héritier : *hoc interdicto heres ejus qui precario rogavit, tenetur, quemadmodum ipse : ut sive habet, sive dolo fecit quominus haberet vel ad se perveniret, teneatur : ex dolo autem defuncti hactenus quatenus ad eum pervenit* (Loi 55, § 8). Ce texte nous démontre qu'Ulpien assimile l'héritier au concessionnaire primitif ; pour lui, la possession nouvelle n'est pas une possession clandestine, elle remplace celle du défunt entre les mains de l'héritier (*tenetur quemadmodum ipse qui rogavit*) Par suite, l'héritier du *rogans* pouvait être poursuivi par le concédant, tout à la fois *proprio nomine* et *hereditario nomine* (car Ulpien sépare parfaitement ces deux situations) : dans le premier cas, il était passible de son propre dol et de sa faute lourde ; dans le second, il était tenu du dol de son auteur dans la limite de son enrichissement personnel. Ulpien admettait donc la transmissibilité du *precarium* aux héritiers du *rogans*, et cette décision est en concordance avec l'opinion du même jurisconsulte, qui considérait le *rogans* comme débiteur *ex contractu*. Dans le dernier état du droit, une constitution des empereurs Dioclétien et Maximien vint confirmer la doctrine d'Ulpien en décidant que l'interdit *de precario* serait donné contre les héritiers du *rogans* (Loi 2. Code *de precario*).

Quels moyens avait à sa disposition le concédant pour obtenir du concessionnaire la restitution de l'objet à précaire ?

Dans l'ancien droit, à l'époque où l'interdit *unde vi* se présentait sous une double forme, le *rogatus* pouvait expulser de vive force le *rogans* récalcitrant, à la condition de ne pas employer d'armes, puisque la possession de ce dernier était vicieuse à son égard (Gaius, Comm. IV, 154). Mais cette manière expéditive de rentrer dans sa possession fut fermée au concédant après la promulgation des lois défendant de se faire justice à soi-même, et dès lors il fut forcé de recourir aux voies judiciaires.

Au premier rang des moyens judiciaires à la disposition du concédant, nous trouvons la revendication, moyen toujours difficile et qui oblige le demandeur à faire preuve de sa propriété. Le préteur eût manqué à sa mission ordinaire s'il n'eût pas offert au *rogatus* un moyen purement possessoire : c'est pourquoi nous pensons que ce dernier était autorisé à invoquer l'interdit *uti possidetis* contre le *rogans* resté en possession de l'immeuble concédé. En effet, nous avons admis, en traitant de l'interdit *uti possidetis*, que la condition d'une possession actuelle n'était pas exigée pour y recourir dès que la possession existant chez l'adversaire était vicieuse à l'égard de l'autre partie. Enfin le préteur créa en faveur du concédant un interdit tout spécial, appelé, comme nous le savons, *de precario*. Ce troisième moyen, restitutoire de sa nature, permettait au *rogatus* de recouvrer la possession de l'objet concédé avec les fruits perçus depuis la *litis contestatio* (Loi 8 §. 4). L'interdit *de precario* était plus avantageux que l'interdit *uti possidetis*, car ce dernier se bornait à défendre de troubler l'exercice de la possession, tandis que le premier en ordonnait la restitution. En outre, le *rogans* contre lequel on invoque l'interdit *de precario*, ne peut se soustraire à une condamnation, si la perte de la possession provient de son dol ou de sa faute lourde, tandis que ce résultat ne peut être obtenu avec l'interdit *uti possidetis*. (Loi 8, § 53 et 5).

C'est alors que le *precarium* fut introduit dans la classe des contrats dont il était resté exclu si longtemps. Cette innovation dans la jurisprudence romaine, innovation du reste fort opportune fut due aux Proculiens qui, malgré la résistance de leurs adversaires naturels, les Sabiniens firent passer le *precarium* dans la catégorie des contrats innomés *do ut des*. Sans heurter de front l'antique règle qui s'opposait à ce qu'un simple pacte eût la puissance de créer une obligation soutenue d'une action, les Proculiens admirent qu'il y avait *causa civilis obligationis*, dès qu'il y avait eu quelque chose de fait ou de donné avec l'intention d'exiger qu'un autre fît ou donnât quelque chose, en d'autres termes, dès que le pacte avait été accompli par l'une des parties. Or, c'est justement ce qui se passait dans le *precarium*, où le concédant transférait au concessionnaire la possession de la chose avec intention d'en exiger la restitution à son gré. On trouvait donc ici les conditions nécessaires à l'exercice de l'action appelée *præscriptis verbis*, et c'est pourquoi les Proculiens trouvant l'occasion d'en faire une application aussi logique qu'utile, firent décider que désormais le *rogatus* aurait à sa disposition cette action *præscriptis verbis*, indépendamment des moyens de restitution dont il était déjà nanti auparavant. Peu-à-peu, et après bien des hésitations l'accord sur ce point se fit entre les jurisconsultes, qui en vinrent définitivement à admettre l'action en faveur du *rogatus*. En effet, nous lisons dans Ulpien : *Itaque cum quid precario rogatum est, non solum hoc interdicto uti possumus, sed etiam præscriptis verbis actione, quæ ex bona fide oritur* (Loi 2, § 2, 43, 26). Et Paul, dans ses Sentences, suit la même doctrine : *Nam et civilis actio hujus rei sicut commodati competit* (Sentences 5, § 10). Tels étaient les moyens, assez nombreux comme on le voit, offerts au concédant pour rentrer en possession de la chose donnée à précaire.

DROIT FRANÇAIS

THÉORIE GÉNÉRALE DES ACTIONS POSSESSOIRES.

En choisissant pour objet de notre étude, la théorie des actions possessoires, nous n'avons certes pas la vaine prétention de faire la lumière sur les points obscurs que renferme cette matière si délicate, ni de résoudre les nombreuses difficultés qui la distinguent. La tâche que nous nous sommes imposée nous a toujours paru bien au-dessus de nos forces ; mais, les rapports intimes du sujet avec les modestes fonctions que nous exerçons, nous tentaient et nous serviront d'excuse je l'espère, pour l'avoir abordée.

Bien des auteurs ont écrit de savants traités sur cette partie de notre législation, si féconde en controverses passionnées. Ils seront nos guides dans le cours de notre travail.

Exposer brièvement les principes généraux qui dans notre Droit actuel gouvernent la possession civile , rechercher les conditions exigées pour l'exercice des actions qui la protègent ; enfin faire connaître, à mesure qu'elles se présenteront, les solutions les plus récentes sur les questions douteuses ou controversées ; tel sera notre but. Pour l'atteindre, nous diviserons cet essai en cinq chapitres. Dans le premier nous rechercherons l'origine, nous examinerons la nature des diverses actions possessoires en usage dans notre législation moderne ; nous verrons aussi quels sont les faits qui leur donnent naissance. Dans le second nous traiterons des conditions exigées pour intenter l'action. Dans le troisième nous nous demanderons en quelles mains réside l'exercice de l'action. Le quatrième sera consacré à la recherche des biens susceptibles ou non de possession. Enfin nous terminerons en disant quels sont les tribunaux compétents en matière possessoire, les particularités de la procédure à suivre et les effets des jugements.

INTRODUCTION.

HISTORIQUE.

Qu'est-ce que la possession ? Il semble, à première vue, que ce terme si usité peut se passer de définition pour être compris. A cette question, tout le monde, en effet, répond : posséder (de *possidere posse*), c'est avoir une chose quelconque sous la main, en notre pouvoir ; c'est avoir la faculté de faire sur elle des actes de maître. Sans doute, c'est bien là le sens, l'acception commune de la possession ; mais nous verrons, par la suite de nos explications, que, dans la langue juridique, la possession civile, légale, a une signification sinon plus étendue, du moins plus abstraite. Je dis abstraite, en ce sens que nous pouvons détenir matériellement un bien, sans en avoir la possession civile. Tels sont les usufruitiers, qui peuvent détenir la chose, en jouir et en percevoir les fruits, mais qui n'ont pas la possession légale ni l'exercice des actions qui la protègent, du moins quant à la chose elle-même. Nous verrons en effet, dans un autre chapitre, qu'ils ont aussi la possession et l'action possessoire, mais seulement quant à leur droit d'usufruit. Tels sont encore les fermiers, les locataires, dépositaires, emprunteurs, etc..... Tous ces détenteurs portent, dans la langue du Droit, un nom générique, celui de possesseurs précaires.

Il n'est pas besoin de longues réflexions pour voir que l'occupation, fait brutal et précurseur de la possession, entendue dans son sens étymologique, fut, à l'origine, le seul moyen pour les hommes de s'approprier les mille choses qui les environnaient. Mais que de luttes, que de peines, pour conserver

privativement ce dont on se croyait à bon droit le maître ! Comment défendre son bien contre l'envie ou les violences des autres ?
Aussi, à mesure que les sociétés, les nations se forment, voyons-
nous nécessairement surgir dans les règles, dans les lois qu'elles
se donnent, l'idée abstraite d'un droit venant compléter et
protéger la détention matérielle.

Une fois admise cette idée d'un droit, il a fallu tout naturellement défendre ce droit contre les troubles ou les violences,
en un mot lui donner une sanction. De là les actions données
par les législateurs pour conserver l'objet dont on menace
l'intégrité, ou pour le reprendre quand on en a été privé par
une voie de fait.

Parmi ces actions, les plus importantes servent de rempart
au droit le plus absolu que les hommes connaissent, au droit
de propriété. La possession, image de la propriété, première
étape pour y conduire, méritait aussi la sollicitude du législateur ; il a donné au possesseur menacé dans sa jouissance,
ou spolié, les actions possessoires.

Nous verrons plus loin dans quelle classe de droits nous
devons ranger le droit de possession. Pour le moment recherchons comment la possession a été réglementée et défendue
dans les diverses législations d'où la nôtre dérive ; en un mot,
faisons brièvement l'historique des actions possessoires.

Nous savons qu'à Rome, la possession était protégée et
garantie par des interdits spéciaux, appelés interdits possessoires ; et nous avons expliqué le rôle joué par le préteur et
les parties dans cette procédure spéciale, de même que le but
et les résultats de ces interdits. Nous n'y reviendrons donc pas.

On sait combien fut grande au moyen âge l'influence du droit
canonique. En matière possessoire le droit canonique conserva dans son ensemble la doctrine romaine : ainsi, par
exemple, nous voyons encore le pétitoire et le possessoire
confondus. Rien ne s'oppose à ce que le juge tranche à la fois
les deux questions, ni à ce que les parties agissent en même

temps au possessoire et au pétitoire ; et une décrétale d'Innocent III décide que lorsqu'un possesseur dépouillé veut
prouver à la fois et la spoliation et son droit de propriété, il
succombera en définitive, s'il ne parvient pas à prouver qu'il
est propriétaire. Cette confusion quant aux parties ne fut sup-
primée qu'en 1446 par une ordonnance de Charles VII, qui
édicta la séparation des deux instances. Cette défense fut
reproduite par l'ordonnance de 1667 ; nous y reviendrons en
traitant, au chapitre v, du principe du non-cumul.

La maxime célèbre *spoliatus ante omnia restituendus,* déjà
fort en honneur dans le dernier état du droit romain, prend
une extension de plus en plus grande. Son utilité du reste ne
saurait être contestée dans une société où tout semblait livré
à la force et à la violence. L'interdit *unde vi* est accordé dans
des circonstances où il était refusé autrefois : ainsi, d'après une
décrétale d'Innocent III, « celui qui a reçu sciemment la
chose spoliée des mains du spoliateur est tenu comme le spoliateur lui-même ».

La règle, nous l'avons vu, était différente en Droit romain, où le spolié n'avait contre les héritiers ou autres successeurs universels qu'une action *in factum* (*in id quod ad eos
pervenit* L. I, § 48, *de vi,* D. 13, 16), et où l'interdit n'était pas
donné contre les successeurs à titre particulier, même informés
de l'origine vicieuse de la possession de leur auteur.

Un autre principe entièrement inconnu du Droit romain
tend à s'établir. A Rome, le demandeur pouvait indifféremment
agir au possessoire ou au pétitoire et quitter une action pour
l'autre. On ne pouvait lui opposer qu'en intentant l'action en
revendication ; il avait reconnu que son adversaire possédait.
Dans une décrétale, Innocent III fit prévaloir le principe contraire. Sous l'empire de cette décrétale, lorsqu'on intentait une
action en revendication sans faire aucune réserve relative à une
spoliation dont on aurait été victime de la part de l'adversaire, on n'était pas pour cela déchu du droit d'invoquer l'inter-

dit *unde vi* ; mais si l'on a conclu, si la question de propriété est sur le point d'être résolue définitivement, l'on ne peut plus agir au possessoire, à moins que le juge ne pense qu'il y a de justes causes d'en décider autrement (C. Grég. 2, 12, ch. 5).

Enfin le droit canonique rappelle formellement cet autre principe admis tacitement sous la législation romaine : c'est que le défendeur ne peut pas à une demande possessoire opposer des moyens pétitoires, à moins que le demandeur n'y consente. Nous verrons que ce principe, modifié quant à sa dernière partie, a été reproduit et consacré dans nos textes modernes.

L'influence toujours croissante de la maxime *spoliatus...* produisit aussi ce résultat tout d'équité : qu'avant de pouvoir intenter une action sur le fond du droit, il était nécessaire de remettre le spolié dans l'état antérieur à la violence qui l'avait déjeté. Pour donner un fondement juridique à cette doctrine, on s'appuyait sur un texte des fausses décrétales, d'après lequel on devait, avant de poursuivre un évêque en justice, ou de le traduire devant un synode, lui restituer, soit les droits dépendant de sa charge, soit ses propriétés personnelles dont il aurait été chassé.

Dans l'ordre des juridictions séculières et sous l'empire des Coutumes, nous voyons surgir trois principes nouveaux, inconnus de la législation romaine. Ils constituent l'originalité nationale de notre sujet.

1° Pour intenter l'action possessoire, il faut avoir possédé un certain temps ; généralement la possession doit être d'an et jour. Dans l'interdit *uti possidetis*, la possession actuelle seule était exigée ; dans l'interdit *unde vi*, il fallait avoir la détention et même la possession au moment de la *dejectio*.

2° Quand on a formé une demande pétitoire, on n'est plus recevable à agir au possessoire.

3° On ne peut plaider au fond, une fois l'instance liée **au**

possessoire, que lorsque celle-ci est terminée, et que les condamnations prononcées ont été exécutées. Ces trois principes
ont été conservés dans notre législation moderne sur les
actions possessoires (Art. 23, 26 et 27 du Code de procédure
civile.)

Demandons-nous maintenant sous quelle influence ces
règles diverses furent admises dans notre ancien droit, et à
quelle occasion elles prirent naissance.

Plusieurs auteurs, entre autres Henrion de Pansey, Toullier, etc... ont cru trouver l'origine de la possession d'an et
jour nécessaire pour intenter la complainte, dans ce texte
célèbre de la loi salique, chapitre 47 : « *Si quis migraverit in*
« *villam alienam, et ei infra duodecim menses secundum legem*
« *contestatum non fuerit, securus ibidem consistat, sicut et alii*
« *vicini* ». Pour eux, la saisine d'an et jour du droit coutumier
correspond à cette possession annale indiquée dans le texte.
M. Belime, dans son Traité de la Possession, donne de ce passage
une autre explication : « Si quelqu'un vient à s'établir dans
une communauté d'habitants dont il n'est pas membre, la loi
permet aux habitants de se plaindre pendant un an. Ceux-ci
peuvent prendre des témoins et sommer l'étranger de partir.
Cette sommation se renouvelle trois fois, de dix jours en dix
jours. Au bout de trente jours, si l'intrus n'obéit pas, les
habitants portent leur réclamation devant le comte, qui doit
l'expulser. Mais, s'ils gardent le silence pendant une année
entière, ils sont réputés admettre dans leur association le nouveau venu, qui se trouve avoir acquis pour ainsi dire l'incolat.
Cette dernière explication nous semble plus conforme au texte
de la loi salique.

Quoi qu'il en soit, il est à peu près certain que la possession
annale a une origine germanique. D'ailleurs, il serait difficile
de nier le rôle prépondérant joué dans nos anciennes Coutumes
par ce terme préfixe d'an et jour. On en trouverait un exemple,
dans les droits acquis à l'étranger entrant dans une associa-

tion paisible ou communauté de serfs, sous la condition d'y rester pendant une année ; et plus tard, dans ce fait que la communauté entre époux ne commence qu'après une cohabitation d'an et jour. En résumé, s'il est permis de ne pas voir dans le texte de la loi salique cité plus haut, une véritable action possessoire, on peut tout au moins y reconnaître l'autorité accordée à la possession annale et une tendance à élever ce fait à la hauteur d'un droit.

De bonne heure il fut nécessaire d'avoir la possession annale pour intenter les actions possessoires. Beaumanoir, dans la Coutume de Beauvoisis, chap. 22,2, nous présente la saisine d'an et jour comme donnant droit de se plaindre de nouvelle dessaisine, de force ou de nouveau trouble. « Nouvelle dessai-
« sine, si est d'aucuns, emporte la chose de laquelle j'aurai esté
« en saisine an et jour paisiblement. Nouveau trouble, si est
« si j'ai esté en saisine an et jour d'une chose paisiblement et
« on ne me l'empesche si je ne puis pas jouir en telle manière
« que je faisois devant, tant soit que celui qui m'empesche
« n'emporte la chose. » De même, notre vieux Loysel s'exprime ainsi : « Qui a joui par an et jour, d'aucune chose réelle
« et droit immobilier par soi ou son prédécesseur, *non vi, non*
« *clam, non precario*, en a acquis la saisine et peut former com-
« plainte dans l'an et jour du trouble en lui fait. » (Loysel,
Maximes, 749).

Ces textes si clairs nous démontrent que dès lors la possession d'an et jour était une règle admise dans nos Coutumes.

La seconde règle interdisant au demandeur le cumul du possessoire et du pétitoire, passa du droit canonique dans le droit coutumier. Ecoutons encore Beaumanoir : « Aucune fois
« advient-il que ceux qui font ajourner sur nouvelle dessai-
« sine, quand ce vient à leur claim faire, mettent tout leur
« ensemble en leur claim nouvelle dessaisine et propriété,
« comme si Pierre dit que Jean l'a dessaisi de nouvel de l'hé-

« ritage dont il avait été en saisine an et jour, et puis dit, dix
« ans, vingt ans ou tel temps que telle chose lui est acquise
« par longue tenure. Et quand tel cas advient, le plaid doit
« être démené selon ce qu'on doit démener plaid de propriété ;
« c'est-à-dire que Jean, qui fut ajourné sur la nouvelle des-
« saisine, aura les délais que coutume donne en plaid de pro-
« priété, et aura Pierre renoncé à l'établissement que le roi
« a fait de nouvelle dessaisine, parce qu'il fonda le plaid sur la
« propriété. » (Beaumanoir, *Coutume de Beauvoisis* ch. 22,
n° 29, ch. 6, n° 4). Nous retrouverons dans toute sa pureté ce
principe, quand nous expliquerons l'article 26 du Code de
proc. civ.

Pendant longtemps, dans notre ancien droit, suivant en ce
point les traditions romaines, le cumul du possessoire et du pétitoire fut permis au juge ; il pouvait se prononcer en même
même temps sur l'une et l'autre action. Vint l'ordonnance de
Charles VII, en 1446, qui pour la première fois proclama la
séparation des deux genres de contestation. Cette séparation
fut de nouveau expressément formulée par la grande ordonnance d'Avril 1667, sur la procédure civile, dont l'article 5, titre
dix-huit était ainsi conçu : « Les demandes en complainte ou
« en réintégrande ne pourront être jointes au pétitoire, ni le
« pétitoire poursuivi, que la demande en complainte ou en
« réintégrande n'ait été terminée et la condamnation par-
« fourmi exécutée. Défendons d'obtenir lettres pour cumu-
« ler le pétitoire avec le possessoire ». Le principe fait aujour-
d'hui l'objet de l'article 25 du Code de procédure civile. En
route, l'article 4 de la même ordonnance contenait une autre
disposition qui a trouvé place dans notre article 27 : « Celuy
« contre lequel la complainte en réintégrande sera jugée, on
« pourra former la demande au pétitoire, sinon après que le
« trouble sera cessé, et celui qui aura dipossédé, restabli en la
« possession, avec restitution de fruits et revenus, et payé des
« despens dommages et intérêts, si aucun ont été adjugés ; et

« néanmoins, s'il est en demeure de faire taxer ses despens,
« et liquider les fruits, revenus, dommages et intérêts, dans le
« temps qui lui aura été ordonné, l'autre partie pourra pour-
« suivre le pétitoire en donnant caution de payer le tout après
« la taxe et liquidation qui en sera faite ».

Ces trois principes fondamentaux ont subsisté dans notre législation moderne en matière possessoire, et nous nous réservons d'en développer les conséquences dans le cours de nos explications, notamment au chapitre 5, véritable siège de la matière.

De tout ce qui précède, on est en droit de conclure, que nos textes nouveaux ont introduit peu d'innovations relativement aux actions possessoires.

Disons cependant que depuis la loi du 24 août 1790, complétée par le Code de procédure et la loi du 25 mai 1838, ces actions ont été placées dans les attributions des juges de paix, et que par là le grand principe de la séparation du pétitoire et du possessoire, déjà reconnu quant aux parties, a été, quant au juge, définitivement proclamé.

CHAPITRE 1er.

DES DIVERSES ACTIONS POSSESSOIRES ET DES FAITS QUI LEUR DONNENT NAISSANCE.

Avant d'entrer dans l'examen détaillé des caractères propres à chacune de nos actions possessoires actuelles, nous croyons utile de rechercher ceux qui leur sont communs et les relient entre elles.

SECTION I.

DE LA POSSESSION ET DES ACTIONS POSSESSOIRES EN GÉNÉRAL.

Nous avons montré, plus haut, que la possession continuée pendant un certain temps, de simple fait devenait un droit. Au point de vue pratique, la célèbre controverse qui a duré de longs siècles à l'effet de savoir si la possession est un fait ou un droit, nous semble donc dépourvue de tout intérêt. Là où une action est ouverte, il faut bien reconnaître un droit en la personne du demandeur.

Le droit de possession une fois reconnu, dans quelle classe le rangerons-nous ? dans la classe des droits réels ou dans celle des droits personnels ? Des discussions passionnées se sont encore élevées à ce sujet, discussions dont les diverses origines des actions possessoires sont certainement la cause principale.

Pour nous, s'il nous est permis d'émettre notre avis sur cette délicate question, nous dirons que nous n'hésitons pas à

ranger la possession et les actions qui la protègent au nombre des droits réels. Chez nous, en effet, les actions possessoires
sont accordées *erga omnes*, au possesseur pour le défendre
des entreprises faites contre sa possession ; au spolié pour l'y
rétablir. Ce sont donc de véritables actions réelles garantis-
sant un droit réel. Nous ne retrouvons plus là la théorie
romaine, dans laquelle l'interdit *uti possidetis* n'est donné que
contre l'auteur du trouble, ou contre ses héritiers, pour ce
qui leur aurait profité. Nous sommes loin de l'interdit *unde vi*
qui ne peut jamais être accordé contre le successeur à titre
particulier du possesseur violent. Nous avons vu que d'après
le droit canonique les actions possessoires pouvaient être
données contre toute personne détenant la chose litigieuse ;
nos textes modernes ont confirmé ces principes, et personne
ne doute que la complainte et la réintégrande ne puissent
être intentées contre tout prétendant-droit qui vient troubler
le possesseur dans sa jouissance, contre tout spoliateur qui au
même titre le dépouille violemment.

La possession est donc un fait juridique d'une haute importance, et ses conséquences sont nombreuses dans l'état actuel
de notre droit français.

1° C'est par la possession qu'on arrive à la prescription
acquisitive des droits immobiliers (droit de propriété, droit
d'usufruit) ; les servitudes continues et apparentes sont également soumises à ce mode d'acquisition.

2° L'occupation, qui n'est en somme qu'une détention matérielle de la chose, nous permet d'acquérir les *res communes*, les
res nullius, les *res derelictæ*.

4° Dans notre ancienne jurisprudence, conforme en ce point
aux doctrines romaines, la détention matérielle, sous le nom
de tradition, faisait passer la propriété de la chose aliénée, de
la tête de l'aliénateur sur celle de l'acquéreur. Cet effet de la
possession a disparu dans notre législation moderne, à l'exception de quelques cas particuliers où il subsiste encore.

Dirons-nous aussi que la possession d'état, qui aux termes des articles 320 et 321 du Code civil remplace le titre absent ou inexistant, est un droit de la même espèce ? La proposition semblerait peut-être un peu hardie ; dans ce cas cependant, l'action possessoire était admise dans notre ancien droit, où l'on présumait une possession des droits de famille.

Enfin la possession donne ouverture aux actions possessoires, et c'est là la seule conséquence dont nous ayons à nous occuper dans ce modeste travail.

Pour faire respecter les droits attachés à la possession juridique d'un bien immobilier, la loi donne les actions possessoires. Elle déclare les juges de paix seuls compétents pour en connaître, soit à cause de l'importance relativement moindre de ces actions, soit surtout à cause de la prompte solution dont elles ont besoin.

Les actions possessoires ont pour but, tantôt de faire maintenir en possession celui qui est troublé dans sa jouissance paisible, tantôt d'y faire réintégrer celui qui a été violemment dépossédé. Dans le premier cas l'action prend le nom de complainte ; elle s'appelle réintégrande dans le second.

Il en existe une troisième espèce, la dénonciation de nouvel œuvre ; mais nous verrons qu'elle diffère peu de la complainte.

La loi du 25 août 1790 n'énumérait pas les actions possessoires, elle désignait seulement les objets auxquels elles peuvent avoir rapport. Le Code de procédure n'est pas plus explicite ; mais la loi du 25 mai 1838 a été plus loin, et c'est dans l'article 6, § 1 de cette loi que nous trouvons pour la première fois l'énumération des trois actions dont nous venons de parler.

Les actions possessoires, en droit français, comme en droit romain, compètent au possesseur, même contre le propriétaire, parce qu'elles n'engagent pas la question de propriété et que le propriétaire condamné peut recouvrer sa chose au moyen de l'instance pétitoire. C'est par les conclusions du demandeur et les motifs invoqués à l'appui que se détermine la nature de l'action, s'il ne demande que sa maintenue en possession ou à être réintégré, l'action est possessoire.

Les actions possessoires ont des caractères généraux communs à toutes, et qu'il importe de faire connaître :

1° Elles doivent être portées devant la même juridiction, celle des juges de paix.

2° Elles doivent être intentées dans l'année du fait qui leur a donné naissance.

3° Elles sont réelles et données contre tout prétendant-droit à la possession qui trouble le possesseur, ou contre tout spoliateur. Si le défendeur n'alléguait pas une prétention contraire à la possession de son adversaire, l'action deviendrait personnelle ; elle dégénèrerait en une action *in factum* pour dommages aux champs ou préjudice causé aux récoltes.

4° Elles sont susceptibles de deux degrés de juridiction. Tels sont les caractères que l'on rencontre dans toute action possessoire. Passons maintenant à l'étude de chaque action en particulier, et commençons par l'action possessoire type, par la complainte.

SECTION II.

DE LA COMPLAINTE.

Pour garantir la possession d'une chose immobilière ou d'un droit réel immobilier, contre les entreprises des tiers, la loi accorde au possesseur l'action en complainte. Elle ne se préoccupe en aucune façon de la propriété et défend même au juge de s'y arrêter (art. 25 du Code de procédure). Elle pose au complaignant cette simple question : êtes-vous en possession ? et accorde à celui qui peut établir la possession à son profit un avantage fort important, celui d'être maintenu en possession de l'objet litigieux.

L'action trouve son fondement dans la règle : *in pari causa, melior est causa possidentis,* règle qui veut que le détenteur d'une chose soit présumé légitime propriétaire jusqu'à preuve du contraire. Mais, dira-t-on, quel avantage retirera le demandeur de sa maintenue en possession, s'il doit succomber dans l'instance, qui peut-être s'engagera au pétitoire, sous le poids de titres indiscutables ? Nous répondrons que, même dans cette hypothèse, la situation du plaideur maintenu dans sa jouissance sera avantageuse, en ce sens que tout le fardeau de la preuve incombera au demandeur au pétitoire ; preuve qui sera quelquefois fort difficile à démontrer. Et si, le demandeur ne peut fournir cette preuve, celle de sa propriété, l'objet litigieux restera en définitive au complaignant, pour lequel la maintenue en possession constituera une présomption de propriété.

La complainte est l'action possessoire par excellence ; on peut la définir : une action réelle appartenant à celui qui a été troublé dans la possession des droits immobiliers dont il jouissait depuis une année au moins.

La complainte semble correspondre à l'interdit *uti possidetis ;* elle se donne dans les mêmes hypothèses et pour parvenir au même but ; mais elle exige, pour être intentée, des conditions différentes. Nous ne croyons pouvoir mieux faire, pour établir une comparaison entre l'interdit romain et notre complainte française, que de reproduire le passage où notre éminent jurisconsulte, M. Bourbeau, dans son excellent Traité des actions possessoires, fait ressortir les différences principales entre les deux actions : « La complainte possessoire, nous dit M. Bour-
« beau (n° 280), ne touche que par un seul point à l'interdit
« *uti possidetis.* C'est qu'elle suppose un trouble, et non pas
« l'expulsion du possesseur ; elle serait une action *retinendæ*
« *possessionis* et non pas *recuperandæ possessionis.* Le deman-
« deur en complainte plaide saisi ; le demandeur en réinté-
« grande plaide dessaisi. Toutefois, la complainte embrasse,

« dans son application, même les cas dans lesquels la déten-
« tion matérielle aurait été perdue. Rien ne s'oppose à ce que
« le demandeur, qui pourrait agir comme simple détenteur
« spolié, déclare agir comme possesseur annal ; et même, si
« la possession matérielle avait été perdue sans violence de la
« part du nouveau détenteur, l'action en complainte serait la
« seule voie ouverte pour la reconquérir. A part cette analo-
« gie imparfaite, qui semble, par la nature du fait à l'occa-
« sion duquel l'action en complainte est mise en mouvement,
« rapprocher cette action de l'interdit romain, aucun parallèle
« ne peut s'établir entre eux. La complainte, fondée sur un
« droit de propriété présumé, est une action réelle, tandis
« que l'interdit, ayant pour cause un délit ou un quasi-délit,
« est une action personnelle. Deux conséquences importantes
« découlent de cette différence. La première, c'est que le simple
« trouble, indépendant de toute violence, même de tout acte
« matériel, pourra donner lieu à la complainte, parce que la pos-
« .session annale à laquelle il est porté atteinte a constitué un
« droit dont le fait de trouble, même non délictueux en soi,
« est une violation, tandis qu'un fait non délictueux n'aurait
« pas donné lieu à l'interdit *uti possidetis*, parce que la posses-
« sion du détenteur ne constituait pas un droit auquel il eût été
« porté atteinte, et que le fait considéré en lui-même, n'étant
« pas dommageable, ne pouvait être la source d'une obligation.
« La seconde conséquence, c'est que la possession invoquée à
« l'appui de la complainte, étant une sorte de prescription
« provisoire, doit réunir, sauf en ce qui concerne la durée,
« toutes les conditions de la possession pour prescrire. »

Le mot « trouble », dans la définition de la complainte, nous
amène tout naturellement à nous occuper des faits qui
donnent ouverture à cette action.

Il y a deux espèces de troubles : le trouble de fait et le
trouble de droit.

Trouble de fait. — Le trouble de fait résulte de tout acte matériel de toute entreprise qui porte atteinte à la possession. On appelle ainsi, dit Pothier, « les différents faits par lesquels quelqu'un entreprend quelque chose sur un héritage dont je suis en possession ». Par exemple, il y a trouble de fait, quand un tiers anticipe en labourant sur mon héritage, quand on m'enlève une récolte, quand on ébranche mes arbres, quand on coupe ma haie, quand on comble mon fossé, et généralement quand on se permet sur mon fonds des actes de maître.

Dans tous ces cas, le trouble est ce qu'on appelle *direct*; il ne sera pas difficile à constater et ses conséquences juridiques ne seront pas d'habitude l'objet d'une interprétation par trop délicate.

Aux termes de l'article 544 du Code civil, la propriété, dont la possession civile est l'image fidèle, nous donne le droit de jouir et de disposer des choses de la manière la plus absolue. Donc, toute entreprise sur notre héritage a pour effet de diminuer ou d'amoindrir, dans une certaine mesure, le droit absolu que la loi nous confère, et constitue par là même un trouble à notre jouissance. C'est pourquoi, lorsqu'il s'agit d'une atteinte directe à la possession, il n'est pas indispensable que les faits invoqués affectent un caractère agressif bien déterminé pour donner ouverture à l'action possessoire. Le trouble, contre lequel l'article 23 du Code de pr. civ. ouvre le recours spécial de la complainte, dérive du fait même et du fait seul de l'usage du fonds d'autrui, contre le gré de celui qui est légalement investi de la possession de ce fonds. Ainsi, il a été jugé : que le fait de placer un cadre garni de filets sur le radier du pertuis d'un moulin, malgré la résistance et les protestations du possesseur de ce pertuis, constitue un trouble qui justifie l'action possessoire (Cass. 6 avril 1859).

D'autres arrêts sont en ce sens. Il en résulte que la Cour suprême n'exige, pour l'admission de l'action possessoire, que le fait même, sans l'intention qui le caractérise, intention d'opposer une contradiction au droit du possesseur.

Certains auteurs l'ont admis. Tout acte exercé sur une propriété peut, dit M. Caroi, donner lieu à l'action possessoire, et il n'importe que le défendeur n'élève devant le juge de paix aucune prétention ni à la possession, ni à la propriété. Le juge de paix, suivant cet auteur, n'en reste pas moins saisi de l'action possessoire et peut statuer sur les dommages prétendus. Le possesseur a pu croire que son droit lui était contesté ; il peut recourir à la voie simple et peu dispendieuse de la complainte (Caroi, Traité théorique et pratique des actions possessoires, n° 606).

Malgré l'autorité de cet auteur et celle des arrêts de la Cour suprême précités, il nous semble bien difficile d'admettre cette doctrine. Pour nous, l'action ne nous paraît devoir être recevable, en tant qu'action possessoire, que, si au fait constitutif du trouble, se joint chez son auteur l'intention bien arrêtée d'exercer un droit rival de celui du possesseur. Il faut que l'adversaire, en accomplissant le fait apportant trouble, ait entendu l'exercer comme possesseur de l'objet litigieux. En un mot, l'intention doit accompagner le fait. Rien, à notre avis, ni dans la lettre, ni dans l'esprit des textes, ne peut justifier l'opinion que nous combattons ; le terme même d'action possessoire, qui semble indiquer deux prétentions de même espèce dans la demande et dans la défense, fournit un argument en notre faveur. Dès qu'il n'y a aucune contradiction à la possession de la part du défendeur, il ne peut y avoir d'action possessoire, parce qu'il n'y a pas trouble dans le sens de l'article 23. Quand un dommage a été commis par imprudence ou malveillance, sans que son auteur prétende à la possession du fond, l'action en complainte ne peut être exercée, il y a seulement lieu à une action en dommages-intérêts, en vertu de l'article 1382 du Code civil.

Il résultera de là une modification dans la compétence du juge de paix. Si le fait comme dommages aux champs, sort de sa compétence, il n'a qu'à se déclarer incompétent et à renvoyer les parties à se pourvoir devant qui de droit ; si au contraire le fait rentre dans les limites de l'article 5, § 1 de la loi du 25 mai 1838, il doit retenir l'affaire et prononcer sur les réparations.

Cependant nous ne faisons aucune difficulté de l'avouer : le cas où il y a lieu d'intenter l'action possessoire et celui où il ne peut naître au profit du demandeur qu'une simple action pour dommages aux champs par exemple, ne laissent pas de présenter quelque analogie. Si quelques doutes s'élèvent dans l'esprit du juge, les termes de la citation, et surtout les moyens proposés par le défendeur lui serviront de guide.

En comparant entre elles les deux actions dont nous venons de parler, nous y apercevons d'assez nombreuses différences.

Si l'action est possessoire ; ce sont les principes de l'article 23 et suivants du Code de procédure civile qui gouverneront l'instance ; si c'est une action pour dommages, ce sont ceux de l'article 1382 et suivants du Code civil, complétés par l'article 5, § 1 de la loi du 25 mai 1838, qui fourniront la solution.

Les deux actions, il est vrai, sont l'une et l'autre de la compétence du juge de paix, mais avec cette différence qu'en matière possessoire, la compétence est indéterminée et toujours à charge d'appel ; tandis qu'en matière de dommages aux champs, elle est de 100 francs en dernier ressort et à quelque valeur que la demande puisse monter en premier ressort.

La prescription de l'action en complainte est d'un an, celle de l'action en dommages suit le droit commun et dure trente ans (sauf le cas de délit rural, même alors que le demandeur ne se porterait pas partie civile devant le tribunal de police et poursuivrait civilement ; nous sommes en effet de l'avis de ceux qui, dans ce cas particulier, n'accordent pas à l'action civile une durée plus longue qu'à l'action publique.

Dans la demande au possessoire, les dommages-intérêts ne

sont que subsidiaires, la maintenue restant l'objectif principal du complaignant; dans l'action en dommages, les réparations demandées forment le but unique vers lequel tend le demandeur.

Les divers exemples de trouble présentés plus haut ne se rapportent qu'au trouble direct, au fait matériel exercé sur le fonds même du complaignant. Le trouble peut n'être qu'indirect et néanmoins donner ouverture à la complainte. Il est indirect lorsqu'il résulte d'un obstacle ou d'un empêchement produit par des actes matériels ou des ouvrages que l'auteur du trouble aurait faits sur son propre fonds. Dans ce cas, nous ne trouvons plus, comme dans le trouble direct, le conflit entre deux possessions rivales, et les éléments générateurs de l'action seront quelquefois fort difficiles à discerner. Ainsi, le barrage établi sur un cours d'eau naturel ou artificiel, et modifiant l'état de choses antérieur, sera un trouble donnant lieu à l'action en complainte de la part des propriétaires, riverains ou non, s'il est démontré que ce barrage est la cause d'un préjudice en exposant leur héritage à des inondations. De même, creuser un fossé profond sur la ligne séparative de deux héritages, ce sera troubler dans sa possession le propriétaire voisin, s'il est prouvé que, faute d'une inclinaison suffisante des talus, son fonds est exposé à des détériorations.

Il peut même se faire que le trouble prenne naissance sur un autre héritage que celui du défendeur. Ainsi il a été jugé qu'il y a trouble dans l'établissement d'une vanne qui ne peut à elle seule servir au détournement des eaux, mais qui produit cet effet, lorsque le moulin voisin met en mouvement un certain mécanisme. Dans ce cas, le propriétaire du moulin a pu être considéré comme l'un des auteurs du trouble et à ce titre être poursuivi lui-même par voie de complainte (Cass. 24 août 1870).

Nous trouverons des exemples nombreux de trouble indirect

au chapitre III, quand nous traiterons des actions possessoires appliquées aux articles 640 et 644 du Code civil.

MM. Aubry et Rau résument d'une façon très judicieuse les observations qui précèdent en définissant le trouble : « un fait matériel qui, soit directement, soit indirectement et par voie de conséquence, constitue ou implique une prétention contraire à la possession d'autrui. »

Le trouble et le dommage ou préjudice causé sont deux choses parfaitement distinctes qu'il faut bien se garder de confondre en matière possessoire. Écoutons à ce sujet M. Bélime : « Toute atteinte au droit de propriété ne constitue pas nécessairement un trouble possessoire. Le fait de chasser sur le terrain d'autrui, de dérober des fruits dans un verger, dans un champ, ne pouvait servir de base à l'action en complainte, pas plus que je ne pourrais diriger cette action contre le délinquant que je surprendrais à pêcher dans mon étang ou à faire paître du bétail dans mes bois » (Bélime, n° 316).

En sens inverse, le trouble possessoire peut exister en dehors de tout préjudice appréciable. L'article 23 du Code de procédure exige en effet simplement l'existence d'un trouble, sans distinguer s'il y a préjudice causé, et la Cour de cassation, après quelques hésitations, en est arrivée à juger, d'une manière constante, que l'existence du trouble est indépendante de la question de savoir si le complaignant a éprouvé dommage ou préjudice des faits incriminés. En un mot, comme le dit excellemment M. Bourbeau (Justice de paix, n° 338), pour constituer un trouble, les faits doivent impliquer une certaine contestation des droits du possesseur ; en d'autres termes, pour être un véritable trouble donnant ouverture à l'action possessoire, le trouble de fait doit renfermer un trouble de droit.

Trouble de droit. — Le trouble de droit est celui qui résulte d'un acte soit judiciaire, soit extra-judiciaire. « Trouble s'entend, dit Loysel, non seulement par voie de fait, mais encore par dénégation judiciaire » (Loysel, Maximes, n° 751). Le trouble de droit, dit encore Pothier, est celui qui résulte de quelque demande judiciaire par laquelle quelqu'un me disputerait la possession que je prétends avoir de quelque héritage (Traité de la Possession, n° 103).

Le trouble de fait s'adresse à la détention matérielle, au *corpus*; le trouble de droit s'adresse plus particulièrement à l'*animus* du possesseur.

Le premier trouble de droit qui se présente à l'esprit, c'est justement l'action en complainte formée contre le possesseur par un tiers qui prétend de son côté à la possession. C'est là un trouble judiciaire, et, dans ce cas, le défendeur y répond généralement par une demande reconventionnelle. De même, je fais des préparatifs pour construire sur mon terrain, je réunis des matériaux : mon voisin me signifie une sommation de m'en abstenir, prétendant avoir sur mon héritage la servitude négative *altius tollendi* ou *non tollendi*. Je puis prendre cette sommation comme trouble à ma possession et intenter la complainte.

On peut aussi, en théorie, considérer comme un trouble de droit la vente de l'immeuble possédé, consentie par un tiers, — ou la concession d'une hypothèque sur cet immeuble. Par ces actes, quoique non signifiés au possesseur, celui qui a vendu ou consenti l'hypothèque a proclamé sa prétention à la propriété de l'héritage, il a rendu la possession du détenteur non paisible. Mais cette vente, cette inscription nuisent plus au crédit du possesseur qu'à la possession. Il aura donc plus d'intérêt à assigner l'adversaire devant le tribunal civil, soit en nullité de la vente, soit en radiation de l'inscription ; en agissant ainsi, il parviendra plus directement à son but. Les dommages et intérêts qu'il obtiendra seront d'ailleurs probablement plus considérables.

Que décider si la prétention à la propriété, quoique se révélant au dehors, n'est accompagnée d'aucun acte agressif qui puisse inquiéter le possesseur pour sa jouissance ?

Je publie, par exemple, que je suis propriétaire de votre fonds, que vous me l'avez vendu, que je vous le ferai rendre. Nous doutons que ce soit un trouble pouvant donner lieu à l'action possessoire, et, à notre avis, le fait de se vanter à tort d'avoir acquis les biens d'un individu justifiera seulement une action en dommages-intérêts.

On considère aussi, avons-nous dit, comme trouble de droit, tout acte extra-judiciaire par lequel une personne s'arroge la possession d'un fonds possédé par un autre, ou manifeste une prétention contraire à la possession d'autrui ; il est même indifférent, pour constituer le trouble possessoire, que la revendication ou la contestation soit consignée dans un acte notifié par ministère d'huissier ou passé en la forme authentique. Il suffit que ces contradictions au droit d'autrui soient relatées d'une manière précise, dans un document quelconque dont l'authenticité ne puisse être méconnue.

De même, un procès-verbal dressé au nom d'une commune, par le garde champêtre, contre le possesseur d'un chemin prétendu communal ou rural et non reconnu, peut être considéré par ce possesseur comme un trouble, et servir de base à une action en complainte contre la commune.

Les actes dont il est parlé dans les art. 2244, 2245, 2246 du Code civil, actes qui constituent des interruptions civiles de la prescription, constituent aussi des troubles de droit apportés à la possession annale ; mais ces dispositions limitatives en matière d'interruption de la prescription, ne le sont nullement en notre matière ; car elles n'ont pas pour but de statuer sur ce point.

Nous avons dit, adoptant à ce sujet l'opinion émise par un auteur belge, M. de Wodon, que le trouble de droit s'adressait à l'*animus* du possesseur. En conséquence, pour servir de base à l'action possessoire, il doit s'adresser au possesseur lui-même et non à ses représentants, par exemple à son fermier ;

car, si le détenteur précaire est bien le représentant du possesseur légal quant au *corpus*, il ne le représente pas quant aux significations qu'il peut recevoir. Cependant, cette opinion n'est admise ni par les auteurs, ni par la jurisprudence, et il a été jugé que le procès-verbal dressé contre le fermier doit être considéré comme un trouble de droit à l'égard du propriétaire ou bailleur. Par suite, ce dernier serait irrecevable à se pourvoir devant le juge du possessoire, si, plus d'une année avant la citation, un premier procès-verbal avait été dressé contre le fermier. (Cass. 18 août 1880.)

On peut même concevoir des hypothèses dans lesquelles le trouble de droit n'est qu'indirect : tel est le cas où deux parties se disputent un héritage dont j'ai la possession annale. Ces procès, auxquels je suis du reste étranger, peuvent-ils à mon égard constituer un trouble qui m'autorise à intenter l'action possessoire ? Les auteurs tranchent la question dans le sens de l'affirmative et proposent la distinction suivante : si le procès constitutif du trouble s'agite au possessoire, le tiers qui prétend avoir la possession que les deux plaideurs se disputent, peut intervenir dans l'instance et y prendre des conclusions pour faire reconnaître et maintenir sa possession annale ; il a aussi la faculté de se pourvoir par voie d'action principale contre les parties qui plaident au possessoire dans une instance préexistante. (Voir Bourbeau, n° 349.) Si, au contraire, l'action, cause du trouble, est formée au pétitoire, le possesseur qui n'est pas partie dans l'instance a le droit de prendre cette instance comme trouble à sa possession, et, dans ce cas, il a le choix de saisir le juge du possessoire ou d'intervenir dans l'instance pétitoire.

On pourrait multiplier les exemples de troubles de droit ; mais le cadre restreint dans lequel nous devons renfermer nos explications nous force de nous arrêter.

La règle constitutionnelle de la séparation des pouvoirs administratif et judiciaire entraîne cette conséquence que les actes de l'administration exécutés dans la sphère de sa compétence, en vertu de lois de police ou de règlements administratifs, ne sauraient être réputés troubles possessoires et servir de fondement à la complainte. C'est ainsi qu'on a pu juger que l'action possessoire n'était pas recevable de la part d'un propriétaire lésé dans la jouissance de son fonds, par l'exécutiou d'une mesure de l'autorité municipale prise dans un intérêt de police et pour l'assainissement de la voie publique. (Cass. 5 décembre 1842.)

Nous terminerons ce qui a rapport au trouble de droit, en faisant observer que ce trouble ne résulterait pas d'une demande en revendication dirigée contre le possesseur. En effet, à quoi lui servirait-il d'intenter la complainte pour amener un résultat qui est déjà accepté par son adversaire? Puisqu'on agit contre lui au pétitoire, à quoi bon se faire déclarer possesseur contre un adversaire qui par ce fait seul reconnaît tacitement cette possession.

SECTION III

DE LA DÉNONCIATION DE NOUVEL ŒUVRE.

Pour être logique, nous devons consacrer cette troisième section à l'étude de la dénonciation de nouvel œuvre.

Nous allons voir en effet que, sous l'empire de notre législation actuelle en matière possessoire, la dénonciation de nouvel œuvre a la plus grande analogie avec la complainte, et qu'il est souvent fort difficile de les distinguer l'une de l'autre, tant sont peu sensibles les différences qui séparent ces deux actions.

Quelle est l'origine de la dénonciation de nouvel œuvre ? Il existait en droit romain une *nuntiatio* (*operis novi nuntiatio*) ; mais ce n'était ni une action ni un interdit ; c'était une sorte

8

d'acte extrajudiciaire. Voyons donc dans quel cas et sous quelles conditions se faisait cette dénonciation.

Si un voisin commence sur son fonds ou sur le nôtre un ouvrage de nature à nous porter préjudice, nous pouvons l'arrêter en dénonçant le nouvel œuvre, nous dit Ulpien ; mais il ne peut y avoir dénonciation qu'avant l'achèvement de ce nouvel œuvre. (*Remedium operis novi nuntiationis, adversus futura opera inductum est, non adversus præterita.*) (Ulp. 1. I, §§ 1, 13 et 15. *De op. nov. nunt.* Dig. 39-1.) C'est là le caractère distinctif de la *nuntiatio* romaine.

Quelles étaient les conséquences de cette dénonciation ? Le novateur, qu'il eût ou non le droit d'accomplir le travail, était tenu de s'arrêter. Si, au mépris de la défense, il continuait, le préteur par l'interdit *Quod vi aut clam* le forçait à détruire ce qu'il avait fait, lors même qu'il aurait agi devant ce magistrat pour faire reconnaître son droit de construire. Quant à l'auteur de la dénonciation, il devait prouver qu'il était fondé à la faire et que son adversaire ne pouvait continuer le travail commencé, parce qu'en agissant ainsi, cet adversaire empiétait sur son droit, ou pour toute autre cause. Cette obligation du dénonçant prouve bien que la dénonciation n'était pas un moyen possessoire. Aussi, quand le nouvel œuvre se fait sur notre fonds, le jurisconsulte ne nous conseille pas d'employer la dénonciation, mais de préférence d'avoir recours au magistrat et d'invoquer de son *imperium* l'interdit *uti possidetis*.

Il y avait, en droit romain, plusieurs manières de procéder à la *nuntiatio* : elle était formée, soit contre le propriétaire lui-même, soit contre celui qui dirigeait les travaux, soit contre les ouvriers ou toute autre personne qui, se trouvant sur les lieux, pouvait en faire part au propriétaire. Celui qui avait à se plaindre du nouvel œuvre pouvait s'adresser au préteur et le requérir d'en défendre la continuation ; il pouvait aussi, par acte extrajudiciaire, verbal ou par écrit, signifier au novateur ou à ses ouvriers, qu'ils eussent à ne pas continuer les travaux. Nous trouvons encore là un caractère tout particulier à la *nuntiatio* romaine. Enfin, sur l'instance qui avait lieu après la dénonciation, la défense de continuer les travaux était, suivant les preuves fournies par les parties, levée ou maintenue par le préteur.

Ce temps d'arrêt imposé au novateur jusqu'à la solution de l'instance pouvait, en certains cas, lui causer un tort considérable, tout à fait immérité si l'on reconnaît dans la suite que le bon droit se trouve de son côté. Aussi le préteur, toujours ingénieux, trouva un moyen de parer à cet inconvénient. Celui à qui avait été dénoncé le nouvel œuvre pouvait, en donnant caution de réparer le dommage qu'il aurait causé au plaignant, être autorisé à continuer les travaux (l. 5, § 19, *De op. nov. nunt.* Dig. 39-1). Lorsque l'auteur du nouvel œuvre avait fourni cette caution, le préteur lui accordait un interdit défendant qu'il lui fût fait violence pour l'empêcher de continuer ses travaux.

Tels étaient, sous la législation romaine, les principes appliqués en matière de dénonciation de nouvel œuvre : une mesure provisoire obligeant le novateur à suspendre ses travaux pendant l'instance dans laquelle son adversaire prétend prouver un droit contraire au sien, ou, du moins, le forçant à donner caution pour le préjudice éventuel causé par la continuation ; il n'y a rien là évidemment qui ressemble à une véritable action possessoire.

Ces dispositions du droit romain passèrent dans notre ancienne jurisprudence. Citons, à l'appui, ce passage de Bouteiller, dans sa *Somme rurale* (livre 2 page 32): « Vous faites « cy nouvel œuvre à mon préjudice ; je vous dénonce que « vous cessiez de faire, et désistiez entièrement, et de ce fait « arcez, je fais protestation que tout soit démoli ou réparé, et « que amendé soit, si avant que juge es-gardera qu'il appar- « tiendra. » Il est facile de voir, par ce passage de la *Somme rurale*, que les principes romains étaient encore en vigueur,

et néanmoins, dans la dernière phrase, on voit surgir une innovation. En droit romain, la dénonciation ne tendait par elle-
même qu'à faire cesser les travaux ; ici, le demandeur menace
de la faire démolir.

Ayons encore recours à Bouteiller. « Et ne le convient jà
« autrement, faire dénoncer à celui qui la nouvelle œuvre
« fait faire, si présent n'y est trouvé, mais bien lui fassent les
« ouvriers sçavoir, si bon lui semble ; car si depuis il y était
« œuvré, se serait attenté et tomberoit en peine, et amende
« d'attentat et, de fait, convient que l'ouvrage soit cessé de
« tout, jusqu'à ce que celui qui l'ouvrage fait faire, fait con-
« venir et dénoncer par devant le juge, à sçavoir pourquoi il
« fait cette dénonciation nouvelle : et sera le faiseur de l'ou-
« vrage demandeur en ce cas, et le dénonçant possessionnaire
« ou possesseur de la dénonciation qui est grande dignité ou
« procès. Alors le dénonçant, comme défendeur et possesseur,
« soutiendra la dénonciation et les causes qu'il a de ce faire.
« Mais, selon aulcuns, il est de nécessité que cette dénoncia-
« tion soit faite dans l'an que cette nouvelle œuvre est com-
« mencée ; et la cause mise en cour, le procès doit être fait en
« trois mois : sinon, le faiseur de la nouvelle œuvre requiert,
« disant que le procès est apparent de durer longuement, et
« par ainsi l'œuvre qui est nécessaire et profitable, pouvoir
« aller à perdition... Le juge d'office peut et doit pourvoir à
« ce que l'œuvre se parfasse, en baillant suffisante cau-
« tion. »

On voit, par ce second passage de la *Somme rurale*, que du
temps de Bouteiller la dénonciation de nouvel œuvre pouvait
encore se faire verbalement par la partie intéressée. Cet usage
changea bientôt : en effet, un siècle environ après Bouteiller,
du temps de Charondas, la dénonciation n'est plus faite par
les particuliers; elle n'a plus lieu que de l'autorité du juge,
mais on peut encore, en donnant caution, être autorisé à continuer les travaux.

Dès lois, la similitude conservée jusque-là, ou à peu près, entre le droit romain et la législation coutumière, s'efface, et la dénonciation se confond avec la complainte. Elle put être formée utilement depuis l'achèvement des travaux dans l'année qui avait suivi. Ce qui tend à confirmer l'existence de cette confusion, c'est que les textes et les jurisconsultes sont muets à l'égard de cette action possessoire. L'ordonnance de 1667 ne mentionne que la complainte et la réintégrande; Pothier ne prononce pas même son nom ; la loi du 24 août 1790 n'énumère pas les actions possessoires; le Code de procédure civile garde à cet égard le même silence, et il faut arriver à la loi du 25 mai 1838, sur la compétence des juges de paix, pour voir surgir de nouveau et sortir comme d'un long sommeil cette ancienne action.

Cependant, si le terme n'existait plus, la chose qu'il représente n'était pas morte, et il est intéressant de rappeler à ce sujet la jurisprudence de la Cour de Cassation depuis la loi du 24 août jusqu'à celle du 25 mai. Avant la promulgation de cette dernière loi, on discutait encore la question de savoir si la dénonciation existait toujours avec un caractère spécial, ou si elle n'avait pas été réunie et confondue avec la complainte. La Cour de Cassation avait varié. Dans une première période, elle avait décidé que si, en thèse générale, la dénonciation de nouvel œuvre était une action de nature possessoire, en ce qu'elle tendait à faire interdire la continuation de l'ouvrage commencé, et à faire ordonner que les choses demeurassent provisoirement *in statu quo*, il ne fallait pas la confondre avec les autres actions possessoires, dont elle s'éloignait sur deux points: 1° la dénonciation ne pouvait plus être faite après qu'on avait laissé achever le nouvel œuvre sans protestation ; 2° si la dénonciation avait été exercée avant la fin des travaux, son effet se bornait à en faire défendre la continuation jusqu'à ce que le juge du pétitoire eût décidé si le propriétaire qui avait commencé l'ouvrage sur son fonds, avait le droit de l'achever ou s'il devait le détruire : question qui tient à la propriété et ne peut devenir l'objet d'une complainte. (Cass. 15 mars 1826.)

Par la suite la Cour changea sa jurisprudence. Elle ne s'attacha plus à la question de savoir si les travaux étaient achevés ou simplement ébauchés : de sorte qu'elle parut avoir confondu la dénonciation avec les autres actions possessoires et ne plus la reconnaître comme action spéciale. Sous l'empire de cette jurisprudence nouvelle, le juge de paix devenait compétent, il avait le droit d'ordonner le rétablissement des lieux dans l'état antérieur et la démolition de nouvel œuvre. Peu importait que les travaux eussent été exécutés sur le fonds du défendeur ou sur celui du dénonçant ; et comme, pour toutes les actions possessoires, il suffisait que l'action fût intentée dans l'année et que le trouble fût prouvé. (Cass. 22 mai 1833, 25 juillet 1836.)

Vint alors la loi du 25 mai 1838 qui, en faisant revivre officiellement la dénonciation, la plaça spécialement dans les attributions des juges de paix. Cette loi distingue la dénonciation de la complainte ; par suite cette action doit avoir une utilité particulière ; nous pouvons la définir ainsi : la dénonciation de nouvel œuvre est une action possessoire qui a pour but d'obtenir la suspension de travaux commencés ou sur le point de l'être, lorsque ces travaux sont de nature à causer un préjudice certain, mais éventuel, au dénonçant.

Puisque la dénonciation est une action possessoire, elle doit avoir pour base et pour fondement la possession. Il est donc nécessaire que le demandeur démontre sa possession de l'immeuble ou du droit réel dans la jouissance duquel il craint d'être troublé. De plus, cette possession doit réunir les conditions exigées par la loi, c'est-à-dire être annale et non vicieuse.

De ce que le juge de paix est seul compétent, il résulte que la dénonciation ne saurait se produire devant le juge du pétitoire, soit par voie principale, soit par voie incidente. En conséquence, si l'une des parties engagées dans une instance pétitoire voulait obtenir la suspension des travaux s'exécutant pendant le procès, elle devrait porter sa demande, sous forme de dénonciation, devant le juge de paix, qui ne pouvait refuser d'en connaître, sous prétexte qu'un litige est pendant sur le fond du droit. De même, en vertu de l'article 25 du Code de procédure, les juges du pétitoire, même incidemment, à titre de mesure provisoire et urgente, seraient incompétents *ratione materiæ*.

Doit-on distinguer, pour la recevabilité de la dénonciation, si les travaux ont été commencés sur le fonds de l'une ou de l'autre des parties ? Nous ne le croyons pas ; car, ainsi que le remarque M. Troplong : ce n'est pas le lieu où les travaux sont établis qui donne à l'action son caractère distinctif, mais bien le degré d'avancement de ces travaux et l'importance du préjudice éventuel qu'ils peuvent causer. Souvent, il est vrai, le novateur aura commencé le nouvel œuvre sur son propre fonds ; mais le contraire peut aussi arriver. Ainsi, par exemple, on peut supposer, comme le fait M. Troplong, que mon voisin a réuni des matériaux sur son fonds pour bâtir sur le mien, et qu'averti par ces préliminaires et par un tracé que ce voisin a fait sur mon héritage, je prends l'initiative en lui faisant défense de rien construire et de réaliser son projet.

En résumé, pour que la dénonciation de nouvel œuvre puisse être intentée, il faut : 1° que les travaux soient seulement commencés : s'ils étaient achevés, il faudrait agir par la voie de la complainte ; 2° l'action ne peut être exercée qu'en vue d'un dommage futur, et non d'un dommage déjà existant.

Terminons en faisant observer que le juge ne pourrait plus aujourd'hui, comme sous l'empire du droit coutumier, ni permettre la continuation du nouvel œuvre, en obligeant l'auteur du trouble à fournir caution, ni ordonner la démolition des travaux, en se fondant sur ce que le défendeur n'a pas obtempéré à une sommation extrajudiciaire de cesser ses travaux.

Tels sont aujourd'hui les principes admis en matière de dénonciation. On peut voir, par les explications qui précèdent, combien nous avions raison de dire que cette action était d'une appréciation délicate dans ses caractères distinctifs, et que souvent l'on pouvait la confondre avec sa grande sœur, la complainte

SECTION IV

DE LA RÉINTÉGRANDE.

Ainsi que nous l'avons fait pour les deux actions qui précèdent, nous devons, avant d'exposer les caractères spéciaux à la réintégrande, rechercher son origine, et, remontant à travers les siècles, suivre sa marche constante à côté de la complainte. Car, s'il nous est permis d'avoir un avis sur cette grave et délicate question, nous déclarons tout d'abord nous ranger à l'opinion des auteurs qui n'admettent pas l'éclipse de la réintégrande et sa confusion avec l'action possessoire type, c'est-à-dire avec la complainte. Nous pensons que la réintégrande diffère de la complainte, non seulement par la nature du fait que lui donne ouverture, mais encore par d'autres points essentiels que nous éclaircirons à mesure que les développements de notre sujet nous donneront l'occasion de le faire.

La réintégrande a certainement une origine romaine ; elle forme dans notre législation, sauf quelques différences, le pendant de l'interdit *unde vi*. Rappelons, en quelques mots, quels étaient à Rome les traits particuliers à cet interdit.

L'interdit possessoire *unde vi* était au nombre des interdits *recuperandæ possessionis* et, parmi eux, le plus important. Il permettait à celui qui avait été dépossédé par violence de se faire réintégrer dans sa possession. A l'époque classique, on distinguait deux sortes de violences : la violence armée (*vis armata*) et la violence sans armes (*vis quotidiana*); l'intérêt de cette distinction consistait en ce que celui qui avait eu recours à la violence armée était passible de l'interdit, sans pouvoir opposer les vices dont était entachée à son égard la possession de son adversaire, tandis que si le plaignant n'avait à lui reprocher que la violence sans armes, il y avait lieu de tenir compte des vices de la possession. Cette importante distinction disparut, nous le savons, sous Justinien, et les règles appliquées à la *vis armata* devinrent générales.

Pour triompher dans l'interdit *unde vi*, le demandeur devait remplir les conditions suivantes :

1° Il devait avoir eu la possession *ad interdicta* au moment de la violence qui l'avait déjeté.

2° Il devait prouver qu'il y avait eu violence *atrox*, lui faisant perdre la possession, et par suite lui empêchant d'invoquer les interdits *retinendæ possessionis*.

3° Il devait prouver que la violence provenait du défendeur, ou avait été exercée par son ordre ou avec son assentiment.

4° Il fallait que le lieu objet de l'interdit fût immobilier.

La tradition du droit romain se conserva probablement, sauf quelques modifications, dans les codes octroyés par les rois barbares à leurs sujets romains ; mais, au moment où la féodalité primitive se constitua, les préceptes de la *raison écrite* durent subir de rudes atteintes, sinon disparaître entièrement au milieu d'une société qui ne connaissait que la violence et la suprématie de la force. Il est difficile, en effet, de concevoir, en face des luttes incessantes des premiers siècles du moyen âge, une législation occupée de défendre par des lois effectives la possession acquise, et surtout de faire recouvrer judiciairement la possession perdue.

Quoi qu'il en soit, c'est dans le droit canonique que se développèrent d'abord les règles de la *réintégrande*, dont le nom fut emprunté au premier mot d'une décision contenue dans un recueil du droit canonique publié au XII° siècle en Italie (recueil connu sous le nom de Décret de Gratien) : « *Redinte-granda sunt omnia spoliatis vel ejectis episcopis præsentialiter ordinatione pontificum, et in eo solo, unde obcesserant, funditus revocandas, quacumque conditione temporis aut captivitate, aut dolo, aut violentia majorum, aut per quascumque causas, res ecclesiæ, vel proprias, aut substantias suas perdidisse noscuntur ante accusationem, aut regularem ad synodum vocationem eorum, et reliqua.* » Nous avons donné déjà l'explication de ce texte à propos des origines des actions possessoires.

Puis, les Décrétales des papes fixèrent par la suite les principes de la réintégrande, sans introduire de grandes modifications au droit de Justinien. Cependant, une de ces Décrétales, celle d'Innocent III, décida que cette action serait accordée non seulement contre le spoliateur, mais aussi contre tout possesseur qui, tenant la chose du spoliateur, aurait eu connaissance de la violence exercée, au moment de la transmission.

La théorie du droit canonique était résumée dans cette maxime célèbre : *Spoliatus ante omnia restituendus,* maxime qui, sainement entendue, n'a pas cessé d'être en vigueur jusqu'à nos jours, malgré les immenses progrès accomplis dans notre société pour faire respecter l'ordre matériel et les droits acquis.

Dans l'ordre des juridictions séculières, c'est à saint Louis que revient l'honneur d'avoir introduit la réintégrande. En effet, dans ses Établissements, à côté de la maxime du droit canonique, il pose cet autre principe : Nul ne doit en nulle cour plaider dessaisi. (Etablissements de saint Louis, livre I, chap. L, § 5.) C'était un grand progrès, puisque, dans les temps antérieurs, un usage ayant force de loi permettait à celui qui avait été dépouillé par violence, d'opposer la force à la force, et de se faire justice en reprenant l'objet dont il avait été privé, ou en s'emparant, à titre de représailles, de quelque bien du spoliateur à sa convenance.

D'après Beaumanoir, commentant la Coutume de Beauvoisis, on peut être troublé de trois manières dans sa possession : 1° par force ou violence, 2° par nouvelle dessaisine, 3° par nouveau trouble : « ces méfaits dont nous voulons traiter sont « divisés en trois manières, qui est savoir, force, nouvelle des- « saisine et nouveau trouble ». (Coutumes de Beauvoisis, chap. 12.) La force entraîne toujours dessaisine ou dépossession : « Nulle telle force n'est sans nouvelle dessaisine ». (Coutumes de Beauvoisis, chap. 22, n° 2.) Dans ce cas, on ne s'enquérait pas si la possession était bonne ou mauvaise, grande ou petite ; peu importait sa nature et sa durée, on pouvait intenter la complainte en cas de force.

Laissons de côté la définition des deux autres cas cités par Beaumanoir, et qui se rapportent à la seule complainte ; mais voyons la procédure : « On procède, nous dit le savant bailli, à peu près de même pour les trois cas. Le défendeur est ajourné à quinzaine s'il est gentilhomme, du jour au lendemain s'il ne l'est pas. S'il nie les faits qui lui sont imputés, le demandeur offre de faire la preuve. Il y a un délai, et, à son expiration, si le juge s'aperçoit que le demandeur a été dessaisi, avant d'entendre aucune défense, avant de statuer même sur l'action qui lui est soumise, il doit le faire remettre provisoirement en possession ; il examinera ensuite s'il remplit les conditions pour conserver cette possession, s'il y a en réalité nouvelle dessaisine ou nouveau trouble.

Il est facile de reconnaître, par cette citation, l'influence, dans l'ordre séculier, de la maxime du droit canonique : *Spoliatus*..... Et, même de nos jours, c'est encore ce qui pourrait se passer dans une instance possessoire. Le demandeur en réintégrande dépouillé pourrait se faire réintégrer dans sa possession, sauf au défendeur à exciper d'une possession annale, et à se faire ensuite maintenir au possessoire, si toutefois il remplit les conditions de la complainte.

Jusqu'à cette époque, on voit donc, d'après Beaumanoir, que

la complainte et la réintégrande se distinguaient l'une de l'autre, et par la nature du fait leur donnant ouverture, et par leurs conséquences. Mais, vers le quinzième siècle, sous l'influence d'une règle spéciale, établie par Simon de Bucy, premier président au Parlement, une confusion sembla s'opérer entre les deux actions. Sous le règne de Philippe de Valois, nous dit M. Bourbeau, il y avait, entre les formes de la procédure en réintégrande et celles qui s'appliquaient à la complainte, une différence notable. « En vertu d'un principe
« général, d'après lequel toute personne qui plaidait dessaisie
« devait fournir caution, l'action en réintégrande se compli-
« quait d'une obligation d'appleigement et de contre applei-
« gement, fort onéreuse pour les parties. En général, au
« contraire, la complainte en était dispensée, parce qu'elle
« suppose un simple trouble, et que le demandeur peut se
« dire saisi, quoique troublé dans sa possession. Comme on
« peut le voir, cette procédure particulière au cas de force et
« de nouvelle dessaisine, rappelait assez bien la procédure des
« interdits romains pour la *sponsio*. Cependant, il pouvait
« arriver que le possesseur annal fût lui-même expulsé, et,
« dans ce cas, forcé de plaider dessaisi ; il aurait été contraint
« de donner caution. Il semble, continue M. Bourbeau, que
« ce soit en vue de cette hypothèse que Simon de Bucy intro-
« duisit la règle que celui qui serait expulsé de son héritage
« n'en perdrait que la possession de *fait*, et qu'il en conserve-
« rait la saisine. La conséquence de cette règle était que la
« saisine de droit équivalait à la saisine de fait, pour dispenser
« de la caution ; qu'en d'autres termes, le possesseur annal
« n'était pas soumis à l'appleigement, soit qu'il eût été sim-
« plement troublé, soit qu'il eût perdu la détention matérielle
« de la chose......... Quoi qu'il en soit, il est probable que le
« principe en faveur du possesseur annal réputé saisi quoi-
« qu'ayant perdu la détention matérielle, s'il ne confondit pas
« les deux actions en une seule, dut apporter du moins quel-

« que confusion dans la pratique. On dut essayer de faire
« profiter de cette fiction favorable le simple détenteur
« expulsé ; et c'est ce qui explique comment la réintégrande,
« empruntant à la complainte ses formes moins sévères,
« fut considérée par quelques praticiens comme ayant perdu
« son originalité, et comme s'étant identifiée avec celle-ci. »
(Bourbeau, Justice de paix, page 490.)

C'est alors, pour ainsi dire, que nous voyons commencer cette
célèbre controverse sur le point de savoir si l'on doit considérer la réintégrande comme une action possessoire spéciale,
soumise à des conditions de recevabilité à part, ou si l'on
doit la confondre avec la complainte. Parmi les anciens jurisconsultes qui ont écrit sur la matière, les uns tenaient pour le
premier avis, les autres se rangeaient à l'opinion contraire.
C'est au milieu de ces divergences que fut promulguée la
grande ordonnance de 1667 sur la procédure civile. Bien
qu'elle eût distingué la complainte de la réintégrande et
reconnu à celle-ci le caractère répressif dont fut marquée son
origine, elle ne fit point cesser la controverse. Sous l'époque
révolutionnaire, la loi du 24 août 1790 plaça les actions possessoires dans les attributions des juges de paix ; mais, nous
l'avons déjà dit, cette loi garda le silence sur leurs dénominations et les conditions de leur exercice. Le Code de procédure
aurait pu trancher la question ; mais que dit son article 23 :
« Les actions possessoires ne peuvent être intentées que dans
« l'année du trouble, par ceux qui, depuis une année au
« moins, étaient en possession paisible..... » Rien n'indique
bien clairement dans ce texte que nos deux actions exigent les
mêmes conditions de recevabilité ; rien n'indique qu'elles soient
distinctes. On peut dire, cependant, qu'entre la loi du 24 août
et le Code de procédure, il avait été question de la réintégrande dans l'article 2060 du Code civil. Nous arrivons enfin
à la loi de compétence du 25 mai 1838. Cette fois la réintégrande a trouvé place dans le texte qui, avec la complainte et

et la dénonciation de nouvel œuvre, la met au nombre des actions possessoires.

Néanmoins, l'article 6, § 1, de la loi de 1838 n'éteignit pas les controverses ardentes que soulevait cette grande question ; car les partisans de l'une et de l'autre opinion ont cru trouver des arguments favorables à leur manière de voir dans les textes eux-mêmes. Quant à nous, nous dirons que le *texte* et le *texte* seul de la loi de 1838, mis en regard de la jurisprudence précédant sa promulgation, nous paraît décisif en faveur de ceux qui soutiennent que la réintégrande est une action possessoire spéciale, non soumise aux règles ordinaires, quant à sa recevabilité. Pour justifier notre opinion, nous nous appuyons sur ce simple fait que le législateur, quand il veut soit modifier une loi ancienne, soit en établir une nouvelle, ne fait que consacrer par un texte formel ce qui est déjà admis dans la jurisprudence. Cela en effet est tout naturel et répond à la mission dont ce législateur est chargé. Or, à l'époque de la promulgation de la loi de 1838, la jurisprudence de la Cour de Cassation consacrait déjà l'ancienne doctrine de la réintégrande, et il serait tout au moins singulier que les auteurs de la loi n'eussent pas tenu compte des décisions de la Cour suprême.

Pour éclairer cette intéressante discussion sur la nature de la réintégrande, nous croyons utile de reproduire les arguments employés par ceux qui assimilent presque complètement cette action à la complainte, et les motifs invoqués par ceux qui au contraire distinguent très nettement ces deux actions.

L'article 23 du Code de procédure, disent les premiers, règle les actions possessoires par une formule nette, précise, sans spécification aucune ; le silence de ce texte, quant à la réintégrande comme action distincte de la complainte, ne peut s'expliquer que par l'intention du législateur de ne plus faire cas d'une distinction désormais inutile, grâce au progrès de l'ordre social, pour assurer l'effet légal de la possession dans une juste mesure. Sans doute, dans les temps reculés, lorsque les droits du propriétaire ou du simple possesseur étaient exposés à des actes de violence fréquents, il était nécessaire d'emprunter au droit romain le remède de l'interdit *unde vi*, de le renforcer même et d'en étendre la portée ; et, sous l'empire de cette nécessité, le droit civil a pu, par une déviation de la maxime du droit canonique, prêter à la réintégrande un caractère tout spécial, celui d'une action personnelle en réparation de la violence, dont le succès n'empêchait pas celui qui succombait de réagir immédiatement par la voie de la complainte ; mais on ne saurait admettre qu'aujourd'hui encore, cette action pût se reproduire avec ce caractère : ce serait introduire en procédure une complication qui formerait anachronisme.

Les partisans de ce système invoquent aussi la tradition, en disant que, bien avant la rédaction du Code de procédure, la jurisprudence et une grande partie de la doctrine confondaient la complainte et la reintégrande ; d'ailleurs, ajoutent-ils, l'article 23 est le siège de la matière, et si ses rédacteurs ont négligé de faire une place à la réintégrande, on peut en induire qu'ils ont agi en parfaite connaissance de cause, et pour effacer toute distinction. L'argument tiré de l'article 2060 du Code civil ne touche pas les partisans de l'opinion que nous combattons ; ce texte, disent-ils, indique suffisamment qu'il s'occupe du cas où le dépossédé est le propriétaire, et non du cas où il s'agit d'une possession précaire comme celle du possesseur spolié. (En ce sens Troplong, n° 305 ; Boitard, tome II, n° 123.)

Ceux qui distinguent la complainte de la reintégrande répondent : La loi du 24 août 1790, en ne définissant pas le caractère des actions possessoires confiées aux juges de paix, se réfère par là même à l'ordonnance de 1667 : aussi l'article 2060 du Code civil suppose-t-il l'existence de la réintégrande. L'article 23 de procédure n'est applicable qu'aux actions possessoires ordinaires, qui, étant fondées sur une jouissance civile et légitime, doivent présenter une possession publique, paisible et non précaire, et non à l'action en réintégrande, qui, naissant d'une dépossession violente, a seulement pour but de rendre à celui qui a été dépouillé une jouissance matérielle et momentanée. Il serait contraire à l'ordre social que le demandeur, victime d'une violence ou d'une voie de fait, ne fût pas avant tout réintégré. Ces principes n'ont pas été modifiés par la loi de 1838, qui dit avec juste raison que l'action en réintégrande doit être fondée sur des faits commis dans l'année, mais sans exiger que celui qui l'intente ait la possession annale. (En ce sens Proudhon, *Domaine*, 1. 11, n° 490 ; Bourbeau, n°s 284 et suivants.)

Ce dernier système est aujourd'hui consacré par la jurisprudence constante de la Cour de Cassation, et il est généralement admis que l'action en réintégrande se distingue de l'action possessoire proprement dite par sa nature et par ses effets. Nous disons par sa nature : en effet, l'action possessoire naît d'un trouble quelconque ; elle est fondée sur une jouissance civile et légitime, elle doit présenter une possession annale, publique, paisible et à titre non précaire ; tandis que l'action en réintégrande naissant d'une dépossession par violence ou voie de fait, et fondée sur une jouissance matérielle, ne doit présenter qu'une simple détention au moment de l'acte violent, générateur et cause efficiente de l'action. Elle en diffère aussi par ses effets, car, en matière possessoire ordinaire, le jugement assure au possesseur une possession civile, légale, définitive, et qui ne peut être renversée qu'au pétitoire ; tandis qu'en matière de réintégrande, le jugement ne rend au détenteur que la jouissance provisoire de l'objet, laquelle peut être anéantie même au possessoire, et, justement, par la complainte utilement exercée.

C'est ainsi que s'exprimait la Cour de Cassation, dans un arrêt du 28 décembre 1826, et, depuis cette époque, nous l'avons dit plus haut, la Cour suprême n'a fait que développer le principe et la distinction affirmés dans l'arrêt précité.

Nous donnerons dans le chapitre suivant, qui traite des conditions de recevabilité des actions possessoires, de plus amples détails sur l'action en réintégrande. En terminant, nous adoptons, comme définition de l'action qui nous occupe, celle donnée par MM. Aubry et Rau (tome II, page 107) : « La réintégrande est une action au moyen de laquelle le possesseur ou même le *simple détenteur* est autorisé à demander le rétablissement de l'état de chose qui par violence ou voie de fait a été anéanti ou modifié à son détriment. »

CHAPITRE II.

Nous connaissons les diverses actions possessoires en usage dans notre législation moderne ; il nous faut rechercher maintenant les conditions de leur exercice.

Les actions posssssoires, nous dit l'article 23 du Code de procédure, ne seront recevables qu'autant qu'elles auront été formées, dans l'année du trouble, par ceux qui depuis une année au moins étaient en possession paisible par eux ou les leurs, à titre non précaire. Ce texte si concis, trop concis même, ne suffit pas pour éclairer notre matière : aussi, la doctrine et la jurisprudence sont unanimes pour reconnaître qu'il faut le compléter par les dispositions des articles 2228 et 2229 du Code civil. Rien du reste n'est plus facile que de démontrer les rapports intimes qui unissent entre eux ces divers textes. L'article 2228 définit la possession, l'article 2229 énumère les qualités que doit réunir la possession, base fondamentale de la prescription acquisitive. Or, nous avons dit, en commençant, que le droit de possession était l'image fidèle du droit de propriété ; cela est vrai, puisque la possession continuée pendant le temps légal mène à la propriété. La possession reconnue comme possession civile légale est une première étape en quelque sorte ; elle établit, au profit du possesseur, une forte présomption de propriété, elle lui donne le rôle facile de défendeur dans l'action pétitoire ; il est donc tout naturel d'appliquer à son acquisition les conditions et les règles énumérées dans l'article 2229.

Remarquons, en outre, que la possession, donnant ouverture aux actions possessoires, n'a pas besoin d'être accompagnée de la bonne foi. La condition de bonne foi n'est pas plus exigée dans notre hypothèse que dans celle de la prescription trentenaire. Cette circonstance de la bonne foi est indifférente, et le juge n'a pas à s'en inquiéter pour admettre ou rejeter la possession prétendue. La preuve, que le possesseur savait que la chose appartenait à un tiers, n'exerce aucune influence sur la décision, si d'ailleurs la possession qu'il invoque est qualifiée dans les termes de l'article 2229. La loi, en effet, n'exige la bonne foi que dans les prescriptions abrégées, comme celles de dix à vingt ans (art. 2262 du Code civil) ; c'est pourquoi l'usurpateur, dont la mauvaise foi n'est pas discutable , bénéficie incontestablement des actions possessoires, et l'utilité de la preuve de la mauvaise foi de l'adversaire n'existe qu'au point de vue de la restitution des fruits et de l'appréciation des dommages-intérêts.

Reprenons notre article 23. L'analyse de ce texte nous démontre que trois conditions sont exigées pour la recevabilité de l'action possessoire :

1° Il faut avoir la possession.

2° La possession doit être annale.

3° Il faut un trouble, ajoutons ou une spoliation dans le cas de la réintégrande.

Nous allons étudier ces différentes conditions, dans trois sections différentes.

SECTION I

DE LA POSSESSION CIVILE OU LÉGALE.

Nous avons dit, dans notre introduction, que la possession, dans son acception commune, vulgaire, était un pur fait, qu'elle signifiait la détention physique, matérielle d'un objet quelconque. Plus abstraite est la conception de la possession civile, la seule dont nous ayons à nous occuper ici.

La possession juridique est définie dans les articles 2228 et 2229 du Code civil. Nous y trouvons deux éléments constitutifs : un élément purement matériel, le fait de l'occupation, le *corpus*, comme disent les jurisconsultes, et un élément intentionnel, la volonté d'avoir la chose à titre de propriétaire, l'*animus* (*animus rem sibi habendi*). L'union de ces deux éléments est nécessaire pour acquérir la possession ; mais pour la conserver, le second, l'*animus*, suffit. Une fois acquise *corpore* et *animo*, la possession se conserve donc par la seule intention, *animo tantum* ; pourvu, toutefois, que cette possession intentionnelle ne vienne pas à être contrariée ou démentie par la possession réelle, effective, d'un tiers, ou par un abandon volontaire et suffisamment justifié. La possession enfin se perd volontairement et involontairement par la perte du *corpus* et de l'*animus*.

Volontairement : si, par exemple, je livre à une autre personne la chose que je possédais, et lorsqu'en même temps je cesse d'avoir la volonté de posséder ; dans ce cas, il y a pour moi perte de la possession par cela même qu'il y a acquisition au profit de celui auquel la chose a été transmise. Le moment précis de la perte de la possession, comme celui de l'acquisition, dépendront des faits de chaque espèce. Il est certain, en effet, que si le contrat, la convention, le fait juridique générateur fixaient un terme ou une condition pour la transmission de la chose, le vendeur, le donateur, l'échangiste, par exemple, en conserveraient la possession, qui ne passerait alors en la personne de l'acheteur, du donataire ou du coéchangiste, qu'à l'expiration du terme ou à l'événement de la condition. Mais si, en fait, le possesseur primitif détenait encore la chose malgré l'arrivée du terme ou de la condition, on devrait examiner le contrat pour savoir à laquelle des deux parties appartient la possession. Nous reviendrons sur cette curieuse hypothèse, quand nous parlerons de ceux qui peuvent intenter l'action possessoire.

Involontairement. — La possession se perd involontairement lorsqu'un tiers s'empare de la chose, sauf le droit pour l'ancien possesseur de se la faire restituer au moyen de l'action possessoire. La possession pourrait être aussi perdue par l'effet de circonstances fortuites ; cependant, pour perdre la possession malgré soi, il ne suffirait pas que la jouissance eût été amoindrie ou empêchée momentanément, si les obstacles provenaient de la nature des choses ou d'une force majeure. Ainsi, une inondation, l'occupation par l'ennemi interrompant provisoirement la détention d'un terrain, ne modifieraient en rien la possession, qui n'aurait pas cessé le jour où l'héritage redeviendrait libre. C'est pourquoi il a été jugé, en ce sens, que les terrains submergés par des inondations n'en continuent pas moins d'appartenir à leur ancien possesseur, du jour où, par suite des retrait des eaux, ils sont redevenus susceptibles de possession et de jouissance. (Cass. 10 février 1869.) Ceci touche à la continuité de la possession, à l'explication de laquelle nous arrivons.

Cet aperçu rapide de l'acquisition, de la conservation et de la perte de la possession nous a paru une entrée en matière indispensable pour étudier les qualités constitutives de la possession civile.

Aux termes de l'article 2229 du Code civil, pour pouvoir prescrire, et aussi pour donner ouverture aux actions possessoires, il faut une possession continue et non interrompue, paisible, publique, non équivoque et à titre de propriétaire.

Reprenons chacune de ces conditions séparément.

La possession doit être continue. — Il importe tout d'abord d'observer que la continuité exigée pour la possession par l'article 2229 du Code civil ne cadre pas avec la continuité présentée par le même Code, comme caractère distinctif d'une

certaine classe de servitudes (art. 688). Les servitudes, en
tant que droits réels immobiliers, sont susceptibles de possession, et nous verrons qu'une servitude discontinue, par exemple
une servitude de passage, peut être possédée d'une manière
continue dans le sens de l'article 2229, si toutefois elle est
appuyée sur un titre.

La possession est continue quand les actes qui la constituent sont exercés aussi souvent qu'ils peuvent et doivent
l'être. Il n'est pas nécessaire, pour cela, que le possesseur ait
été en contact permanent avec la chose, car à ce compte il
n'y aurait pas de possession possible ; il suffit qu'il ait accompli régulièrement les divers actes de jouissance dont la chose
est susceptible suivant sa nature, qu'il se soit comporté comme
l'aurait fait un propriétaire soigneux et diligent.

La possession, nous ne pouvons cesser de le répéter, est
l'image fidèle de la propriété : il est donc tout naturel de lui
appliquer les mêmes règles. Il suit de là que la possession
peut être continue, bien que le possesseur n'ait accompli d'actes de jouissance qu'à des intervalles éloignés. Ainsi, ma
possession sur un pré qu'on ne fauche qu'une fois par an sera
continue, si je l'ai fauché une fois dans l'année. En sens
inverse, s'il s'agit d'une pièce de terre où l'on fait habituelle-
ment deux récoltes par an, je ne pourrai pas dire que ma possession a été continue, si, après avoir fait une récolte, j'ai
négligé de faire l'autre. Supposons encore un étang, dont la
pêche ne doit se faire que tous les deux ans : ma possession sera
également continue, si j'ai fait la dernière pêche à l'époque ha-
bituelle ; elle le sera de même s'il s'agit d'un bois taillis, dont les
coupes ne se font que tous les dix ou vingt ans, si je me suis
conformé à l'ordre et à la quotité des coupes, et si, dans l'intervalle, je me suis comporté comme un propriétaire, faisant
entretenir les fossés, les haies qui entourent le bois, ou faisant
dresser des procès-verbaux contre les déprédateurs. On pourrait à loisir multiplier les exemples, et les appuyer au besoin

sur de nombreux arrêts de la Cour de cassation. En un mot, la possession est continue, quand elle a été exercée dans toutes les occasions et à tous les moments où elle devait l'être, et, sous ce rapport, notre jurisprudence actuelle est en parfaite harmonie avec la plupart de nos anciennes Coutumes et avec nos anciens auteurs. Ecoutons à ce sujet Domat (*Lois civiles*, partie I, livre III, titre 9, sect. 1, n° 6) : « Quoique la possession « renferme la détention de ce qu'on possède, cette détention « ne doit pas s'entendre de sorte qu'il soit nécessaire qu'on « ait toujours eu sous la main ou à sa vue les choses dont on a « la possession. »

Néanmoins, pour être protégée par la complainte, il est nécessaire que la possession se soit manifestée par des actes successifs assez nombreux pour révéler chez leur auteur l'intention de posséder. S'il est vrai de dire que la continuité de la possession n'a rien d'absolu, qu'elle doit s'apprécier plus ou moins rigoureusement, suivant la nature du droit auquel on prétend et la jouissance dont il est susceptible ; du moins, faut-il toujours, pour que la possession puisse produire un effet utile, qu'elle se soit manifestée par des actes suffisamment répétés, pour avertir le propriétaire qu'elle menace son droit et le mettre en demeure de la contredire. C'est par application de ces principes que, par arrêt du 12 décembre 1860, la Cour de cassation a décidé que, si les actes invoqués par le demandeur pour établir sa possession ne sont pas très nombreux, s'ils sont séparés par de longs intervalles et peuvent s'expliquer par la tolérance d'un propriétaire ou possesseur absent ou négligent, sans que l'on doive nécessairement y voir l'exercice d'un droit prétendu ; le juge peut reconnaître que la possession du complaignant manque de continuité et ne doit pas donner ouverture à l'action possessoire. En résumé, pour apprécier la continuité de la possession, le juge devra tenir compte des différentes circonstances qui sont appelées à exercer une grande influence sur sa décision, et, par exemple, de la nature des immeubles auxquels s'applique cette possession.

Nous savons que la possession se continue par la seule intention. Il y a lieu, toutefois, de ne pas se laisser aller à des conséquences extrêmes dans l'application de ce principe : ainsi nous ne saurions admettre cette opinion d'après laquelle l'ancien propriétaire ou possesseur qui a laissé plusieurs années ses champs sans culture, sa maison en ruines ou sans locataires, pourrait, en se disant possesseur annal, agir en complainte contre l'auteur d'un trouble. (Curasson, titre 3, page 119.) M. Bourbeau réfute du reste cette doctrine dans des termes qui ne supportent pas de réplique. « Celui, dit-il, qui omet « les actes nécessaires pour que la possession soit utile, loin « d'être présumé vouloir retenir la possession, est présumé « au contraire vouloir l'abandonner. Prétendre que la pos- « session aura été conservée par cela seul que, dans ce long « intervalle de temps, il n'y aura pas eu d'actes de possession « faits par des tiers sur le fonds abandonné par l'ancien pos- « sesseur, c'est confondre le vice résultant de la discontinuité, « vice qui remonte à la faute, à la négligence, à la timidité du « possesseur lui-même, et le vice provenant de l'interruption « qui a sa source dans le fait d'un tiers. » (Bourbeau, n° 325.)

Nous n'acceptons pas non plus, du moins sans réserve, la théorie émise par M. Troplong, que la possession se conserve et se continue par des vestiges. Il n'y a pas là en effet une question de droit, mais bien une simple question de fait qu'il faudra résoudre suivant les circonstances, car, si des ruines peuvent, dans certains cas, révéler l'intention de conserver le droit qu'on avait eu, elles peuvent aussi démontrer plutôt l'abandon du droit que le maintien de son exercice.

Toute la difficulté sur ce point étant réduite à une question de fait, il s'ensuit que, lorsque le juge, usant de son droit souverain d'appréciation, déclare que les faits allégués comme possessoires (les vestiges, par exemple) ne constituent pas une interpellation suffisante au propriétaire et n'établissent pas ainsi la preuve de la possession et de ses caractères légaux ; sa décision échappe sur ce point à la censure de la Cour de cassation. C'est une application particulière de ce principe général que le juge est souverain appréciateur des caractères de la possession.

La possession doit être non interrompue. — La seconde qualité de la possession exigée par l'article 2229, c'est qu'elle ne soit pas interrompue.

Il ne faut pas confondre la non-continuité avec l'interruption. La possession cesse d'être continue, quand il y a cessation absolue des actes de maître, des actes de possession, quand je néglige, par exemple, de cultiver le champ dont je suis possesseur, quand je fais murer la porte donnant accès au passage qui m'est dû ; elle est interrompue quand des actes contraires à ma possession sont exercés par un tiers, si, par exemple, ce tiers cultive mon champ, s'il rend impraticable le terrain sur lequel s'exerce mon droit de passage.

L'interruption produit nécessairement la discontinuité, mais elle provient d'un tiers ; la discontinuité au contraire est le fait du seul possesseur.

Il existe aussi une différence considérable entre l'interruption et la suspension : l'une efface absolument la possession antérieure, l'autre ne fait qu'en arrêter ou suspendre le cours. Ainsi, un droit de passage qui s'exerçait à titre d'enclave en traversant un pont, était devenu impossible à exercer par suite de l'écroulement fortuit de ce pont ; ce fait, purement accidentel et étranger à la volonté des parties, n'a pas empêché de joindre à la possession antérieure celle qui suivit le rétablissement du pont. On a considéré qu'il n'y avait que suspension de l'exercice du droit, et non interruption. (Cass, 29 décembre 1849.) Cette décision, quoique donnée en matière de prescription, pourrait sans aucun doute être invoquée en matière possessoire, car les mêmes principes sont applicables dans les deux cas.

On reconnaît, aux termes de l'article 2242 et suivants du

Code civil, deux sortes d'interruption: l'interruptino naturelle et l'interruption civile. L'interruption naturelle a lieu lorsqu'il y a privation de jouissance par le fait d'un tiers (2243) ; il y a interruption civile lorsque le tiers proteste par les voies légales, c'est-à-dire par des actes judiciaires ou extra-judiciaires, contre la possession exercée, ou, encore, lorsque le détenteur reconnaît le droit d'un autre à la chose détenue.

Reprenons ces causes d'interruption spécifiées par le Code civil en vue de la prescription acquisitive ou libératoire, et voyons, parmi les règles qu'il édicte, celles qui doivent, d'après les principes à nous connus, s'appliquer à la possession donnant naissance aux actions possessoires.

Il y a interruption naturelle, aux termes de l'article 2243, lorsque le possesseur est privé pendant plus d'un an de la jouissance de sa chose, soit par l'ancien propriétaire, soit même par un tiers. Il est bien évident que, dans cette hypothèse, l'action possessoire ne peut plus être intentée, car, suivant l'article 23 du Code de procédure, elle doit être exercée dans l'année du trouble. Par suite, une privation momentanée de jouissance n'interromprait pas la possession, qui, selon nous, ne peut l'être que dans les cas limitativement désignés, et par les actes spécifiés par la loi. Toutefois, un trouble qui, d'après l'article 2243, ne pourrait pas interrompre la possession ne sera pas toujours dépourvu d'effet ; il pourrait, suivant les circonstances, empêcher la possession d'être paisible, et, de cette façon, priver le possesseur du droit d'exercer l'action possessoire. Sur ce point les auteurs sont à peu près unanimes.

L'interruption civile consiste dans des actes rigoureusement déterminés par la loi et qui s'adressent à la personne même du possesseur sans atteindre la chose d'une façon directe.

Une citation en justice, un commandement ou une saisie signifiés à celui qu'on veut empêcher de prescrire, forment l'interruption civile, nous dit l'article 2242 du Code civil. Le commandement et la saisie signifiés se rapportent à la prescrip-

tion libératoire et n'ont pas d'application en matière possessoire ; reste la citation.

L'interruption civile résulte donc d'une demande en justice :
supposons, par exemple, que je sois en possession d'un immeuble
depuis onze mois ; un tiers intente contre moi l'action en
revendication ; je ne pourrai plus exercer l'action possessoire,
lors même que, le procès étant pendant, je viendrais à avoir
une possession plus qu'annale. A partir de la demande en justice, ma possession a été interrompue, elle a cessé d'être légale,
et il ne m'est plus permis de la compter.

Néanmoins, il est facile de comprendre qu'il serait injuste
de faire souffrir le possesseur d'une demande imprudente ou
ridicule. Si donc l'assignation est nulle pour vices de forme,
si le demandeur se désiste, s'il laisse périmer l'instance, ou si
enfin sa demande est rejetée ; l'interruption sera regardée
comme non avenue (2249), et, dans ces différentes hypothèses,
le possesseur aura le droit de compter sa possession du jour où
elle a commencé.

Remarquons que la possession serait également interrompue
par une citation devant un juge ou devant un tribunal incompétent. Dans ce dernier cas, on n'a pas voulu qu'une erreur
sur la compétence, erreur excusable quelquefois, pût avoir
pour conséquence de faire perdre à la demande son effet interrup-
tif. Il pourrait en effet en résulter pour le demandeur un grave
préjudice en le forçant de recourir à l'instance pétitoire pour
faire reconnaître son droit, tandis qu'il avait peut-être le
moyen de triompher au possessoire, en le supposant, par
exemple, possesseur annal.

Une différence capitale existe entre les deux sortes d'interruption de la possession. L'interruption naturelle est absolue,
en ce sens que les actes matériels de possession ou de jouissance exercés sur la chose détenue par un fermier, un usufruitier ou tout autre détenteur précaire, sont opposables à celui
pour qui la chose est possédée, car les actes sont dirigés contre

la chose et non contre la personne. De plus, la loi, en imposant aux fermiers et aux usufruitiers l'obligation, à peine de dommages-intérêts, de prévenir le bailleur ou le nu-propriétaire des usurpations commises sur le fond, a pourvu aux intérêts de ces derniers (art. 614 et 1764 du Code civil). L'interruption civile, au contraire, est relative, en ce sens que s'il n'est pas douteux qu'elle doive produire quand elle s'adresse au détenteur précaire *administrateur* de la chose, le même effet que lorsqu'elle s'adresse au possesseur véritable, il n'en saurait être ainsi lorsque les actes générateurs de l'interruption civile, une citation, par exemple, sont signifiés au détenteur précaire, auquel il n'appartient pas d'agir pour autrui, quant à la chose détenue. Ce qui revient à dire que la demande en justice formée contre un tuteur, par exemple, interromprait la possession à l'égard du mineur ou de l'interdit, tandis que la même demande formée contre l'usufruitier ou le fermier ne produirait aucun effet à l'égard du nu-propriétaire ou du bailleur.

Il en résulte que les actes qui ne frappent pas directement le contradicteur véritable, bien qu'ils doivent lui être dénoncés par ses ayant-cause, devront être appréciés au point de vue du caractère paisible de la possession, et là encore se manifester le pouvoir discrétionnaire du juge.

L'interruption naturelle est encore absolue, en ce sens qu'elle pourra être opposée au possesseur de la chose par tout intéressé ; l'interruption civile est encore relative, en ce sens qu'elle ne pourra être opposée que par l'auteur même des actes interruptifs.

La loi fait en dernier lieu résulter l'interruption de la reconnaissance, faite par le possesseur actuel, du droit d'autrui (art. 2248 du Code civil). Cette reconnaissance du détenteur n'a pas à revêtir de formes spéciales, il suffit qu'elle soit claire et n'a pas besoin d'être acceptée. Elle constitue en effet, non pas une convention, mais un simple aveu de la précarité ou du caractère de tolérance qui vicient la possession exercée ; c'est donc un acte unilatéral. Il en résulte qu'il profite à tous, même à ceux pour lesquels il n'a pas été fait, sauf, bien entendu, le cas où la reconnaissance serait faite par un incapable.

La possession doit être paisible. — Cette troisième condition de la possession civile est exigée à la fois par l'article 23 du Code de procédure et par l'article 2229 du Code civil.

Que faut-il entendre par possession paisible ? Cette qualification donnée à la possession, nous dit judicieusement M. Bourbeau, comporte deux significations : « 1º on doit entendre par possession paisible, celle qui s'établit et s'exerce sans violence (les actes de violence, dit l'article 2233 C. civ., ne peuvent fonder une possession capable d'opérer la prescription) ; 2º la possession doit en outre être paisible, en ce sens que, pendant sa durée, elle ne doit être l'objet ni d'agressions, ni de troubles. Dans la première acception, on dit que la possession est activement paisible ; — dans la seconde, qu'elle est paisible passivement. » (Bourbeau, nº 312.)

Il est malaisé de définir la violence susceptible de vicier la possession dans son origine ou dans le cours de sa durée ; cependant, on peut, en se reportant aux articles du Code civil relatifs à la violence, essayer de jeter un peu de lumière sur ce sujet, et puisque dans ces articles nous trouvons une définition générale de la violence, il nous faut bien l'admettre, le Code n'en donnant pas d'autres. En conséquence, nous dirons que celui qui s'empare d'un immeuble et le conserve par la violence, n'acquiert aucune possession utile à prescrire ; et, ici, il faut entendre, par violence, toute usurpation ou anticipation pratiquée dans les circonstances prévues par les articles 1110 et suivants du Code civil. La violence constituerait un vice de la possession, alors même qu'elle n'aurait pas été exercée directement par l'usurpateur (art. 1111) ; il en serait de même si les actes constitutifs de la violence étaient de nature à faire impression sur une personne raisonnable et à lui inspirer la crainte *présente* d'exposer sa fortune ou elle-même à un mal plus ou moins considérable. On aurait du reste, en cette matière, égard à l'âge, au sexe et à la condition des personnes (art. 1112). Enfin, la violence entacherait la possession non seulement si elle avait été exercée sur le possesseur évincé, mais encore si elle l'avait été sur son épouse, sur ses descendants ou ses ascendants (art. 1113).

Il faut remarquer que si la prise de possession s'effectuait sans violence apparente, mais en vertu d'un titre d'acquisition consenti sous l'empire de la menace, ce titre serait, sans aucun doute, rescindable par application des articles 1112 et suivants ; mais que la possession, dans ce cas, ne serait pas regardée comme violente.

Le Droit romain considérait la violence comme un vice dont la possession ne pouvait être purgée que par la réintégration effective du possesseur expulsé. Le Code civil n'a pas admis ces principes sévères, puisque son article 2233 dispose que la possession entachée de violence redevient utile, dès que cette violence a cessé. Mais quand pourra-t-on dire que la violence a disparu pour laisser place à une possession utile? C'est là une pure question de fait dont le juge du fond sera l'appréciateur souverain.

Pour que la possession soit déclarée paisible, il ne suffira pas qu'elle se soit établie et maintenue sans violence ; il faudra, de plus, qu'elle n'ait été de la part des tiers l'objet d'aucune agression. Souvent, il est vrai, il sera difficile de reconnaître si la possession a été réellement troublée, car certainement quelques actes isolés de contradiction, sur-le-champ réprimés, ne sauraient avoir pour effet d'entacher la possession au point de la faire déclarer non paisible ; mais, aussitôt que le possesseur se trouve en butte à des entreprises nombreuses et menaçantes, il doit s'adresser à la justice, s'il ne veut pas s'exposer plus tard à voir contester le caractère paisible de sa possession. Sous ce rapport, nous rencontrons encore une de ces questions de fait soumises à l'appréciation du juge.

Il faut observer, enfin, que le vice résultant d'une possession troublée n'est que relatif, ce qui veut dire que la possession doit être considérée comme paisible, si le trouble dont elle a été l'objet émane d'un tiers étranger au procès.

La possession doit être publique. — « La possession est publique lorsque tout intéressé peut la contester, lorsqu'elle a lieu au su et au vu de tous ceux qui l'ont voulu voir et savoir. » (Coutume de Melun, art. 170.) De même la Coutume d'Orléans décide que : « fouillement en terre, grattement et démolition de murailles, et autres œuvres faites clandestinement pur l'un des voisins au desceu de l'autre, n'attribuent pas, par quelque laps de temps que ce soit, droit de possession à celui qui aura fait lesdites entreprises. »

On donne à notre époque et à l'école, comme exemple de possession clandestine, le fait d'avoir creusé une cave sous le terrain de mon voisin ou d'avoir agrandi la mienne dans les mêmes conditions. Si rien ne vient révéler au voisin l'existence de cette cave, je ne pourrai pas exercer l'action possessoire contre lui, quelque longue que soit ma possession ; mais, si je viens à éclairer cette cave au moyen de soupiraux qui peuvent être aperçus par le voisin, ma possession cessera, à partir de ce moment, d'être clandestine, elle deviendra publique à son égard, et, si je viens à être troublé, je pourrai intenter la complainte en admettant toutefois que j'ai la possession annale.

Cet exemple prouve que la possession clandestine à l'origine peut par la suite devenir publique, si elle se manifeste par des actes susceptibles d'être connus des intéressés.

Pour que la possession puisse conduire à la prescription et aussi donner ouverture à l'action possessoire, il n'est pas nécessaire, ainsi que cela semblerait résulter du texte précité de la Coutume de Melun, qu'elle ait été exercée au vu et au su de tous ; il suffit qu'elle l'ait été au vu et au su de ceux à qui la prescription ou l'action possessoire est opposée. En un mot, le vice résultant de la clandestinité de la possession, comme celui résultant de la violence, est essentiellement relatif ; il ne peut être invoqué que par ceux à l'égard desquels la possession est clandestine. Ainsi, en reprenant votre exemple, si les jours percés pour éclairer la cave creusée sous le terrain du voisin, ont pu être aperçus de ce voisin, l'action possessoire pourra être intentée, quand bien même ces jours auraient été cachés à tout autre qu'à l'intéressé, et, en sens inverse, l'action en complainte ne pourrait être exercée, si les jours, visibles pour tout le monde, ne l'étaient pas en fait par l'effet d'une disposition particulière des lieux, pour le propriétaire victime de l'usurpation.

Remarquons, aussi, qu'il n'est pas nécessaire que la possession de celui qui prescrit ait été *positivement connue* de celui contre lequel court cette prescription ; il suffit qu'il ait été mis à même de la connaître par des signes extérieurs qui en révélaient l'existence. La loi n'étend pas sa protection sur les propriétaires insouciants ou négligents.

La possession doit être non précaire, à titre de propriétaire. — Nous trouvons la première expression dans l'article 23 du Code de procédure, la seconde dans l'article 2229 du Code civil. Elles ont à peu près la même portée ; cependant, il nous semble que le terme « à titre de propriétaire », a plus d'énergie, plus d'étendue que celui de « à titre non précaire » ; toutes les fois que l'on rencontre ces mots de « propriété, propriétaire », ils éveillent dans l'esprit l'idée de l'absolu dans les actes qu'ils caractérisent, tandis que l'expression de « non-précarité » conserve quelque chose d'assez vague et d'indéfini.

Quoiqu'il en soit, ces deux formules et les textes qui les énoncent doivent certainement se compléter les uns par les autres, et l'on ne saurait soutenir, en invoquant l'article 23, qu'en matière possessoire il suffit que la possession ne soit pas précaire, sans avoir besoin d'y ajouter les autres conditions énumérées au Code civil. Tout le monde est d'accord, nous l'avons déjà dit, pour reconnaître que c'est à l'article 2229 qu'il faut se reporter pour trouver les caractères constitutifs de la possession civile.

Cette qualité, la non-précarité, est de toutes celles exigées pour intenter l'action possessoire la plus importante : aussi nous faut-il l'étudier avec soin.

En Droit français, l'expression de précarité a une signification beaucoup plus large, beaucoup plus étendue qu'en Droit romain. Nous avons vu qu'à Rome, le contrat de précaire était une convention par laquelle une personne, cédant aux prières d'une autre, lui confiait à titre de prêt gratuit un objet quelconque, sous la condition de pouvoir le reprendre à son gré. Cette institution du précaire était, sans contredit, une des plus curieuses de la législation romaine, et il nous est difficile aujourd'hui de concevoir ces concessions bénévoles et gratuites, révocables à la volonté du concédant. A peine pourrait-on les comparer aux concessions de fiefs et de censives que l'on rencontre au moyen âge, et qui, du reste, devinrent bientôt de véritables contrats bilatiraux, dans lesquels concessionnaires et concédants avaient des obligations réciproques empêchant la concession d'être révoquée arbitrairement. A notre époque, nous ne voyons que le commodat qui pourrait avoir quelques rapports éloignés avec le précaire romain. Nous savons qu'à Rome, le concédant avait, pour se faire restituer l'objet du précaire, un interdit *recuperandœ possessionis*, l'interdit *de precario* ; le précariste, de son côté, pouvait, en cas de trouble à sa jouissance, recourir à l'interdit *uti possidetis* et à l'interdit *unde vi*, en cas de spoliation, mais seulement vis-à-vis des tiers. Enfin on pouvait donner à précaire, soit des meubles, soit des immeubles, et l'interdit s'accordait pour ces deux classes de biens.

En Droit français, on entend par possesseurs ou détenteurs précaires dans un sens général, tous ceux qui possèdent en vertu d'un titre qui les oblige à reconnaître les droits d'un

10

maître. Dans cette acception, l'usufruitier, l'usager sont des possesseurs précaires ; le fermier, le locataire, le dépositaire, l'emprunteur à usage, le mandataire, etc.... sont aussi des détenteurs précaires ; de même encore, le mari par rapport aux biens de sa femme, le tuteur par rapport aux biens du mineur ou de l'interdit, et certains autres administrateurs du bien d'autrui, peuvent être considérés comme possédant à titre précaire.

Cependant, pour les personnes qui ont un *jus in re* sur le fonds, comme l'usufruitier par exemple, il y a une importante distinction à faire. Elles possèdent précairement le fonds, la chose elle-même, mais elles possèdent à titre de propriétaire, elles ont la possession légale de leur droit, du démembrement de propriété qui leur appartient, et par suite pourront, pour le défendre contre les entreprises des tiers, invoquer l'action possessoire. Cette distinction n'est pas une pure abstraction, une subtilité ; l'usufruitier troublé dans l'exercice de son droit soit par un tiers, soit même par le propriétaire, pourra, nous venons de le dire, avoir recours à l'action possessoire ; mais le jugement qui le maintiendrait en possession au lieu de le faire présumer propriétaire, comme celui qui maintiendrait le possesseur du fonds, le fera seulement présumer usufruitier.

Dans un sens plus restreint, on appelle précaire la possession des choses qui ne sont pas dans le commerce et qui, aux termes de l'article 2226 du Code civil, ne peuvent s'acquérir par la prescription. De même on pourrait aussi donner la qualification de précaire à la possession appliquée aux servitudes discontinues et continues, mais non apparentes, non appuyées sur un titre ; néanmoins, nous préférerions donner à cette sorte de possession le nom de possession de tolérance. Les détails sur ce point délicat seront fournis au chapitre IV, où nous traiterons des choses qui peuvent être l'objet d'une action possessoire.

D'après ce qui précède, on peut définir la possession précaire : celle qui s'exerce non pas pour le compte du détenteur de la chose, mais pour le compte d'un autre. Il est presque inutile de dire que nous n'envisageons la chose que par rapport à un immeuble ou à un droit réel immobilier, puisque la possession d'un simple droit personnel, pas plus que celle d'un objet mobilier, ne peut, dans notre droit actuel, donner naissance à l'action possessoire.

La précarité est donc un obstacle à l'acquisition d'un droit réel quelconque, et, par suite, la possession entachée de ce vice ne sera pas protégée par l'action en complainte. Nous n'en dirons pas autant pour la réintégrande. On se souvient en effet que nous sommes de l'avis de ceux qui présentent cette action comme une action possessoire spéciale, dispensée des formes sévères de la complainte ; c'est pourquoi, appuyé sur un arrêt récent de la Cour de cassation, nous croyons que la réintégrande pourrait être intentée valablement par un fermier contre un tiers qui l'aurait violemment privé de sa jouissance. (Cass. 22 janvier 1878.)

Maintenant, dans une instance liée au possessoire, est-ce à celui qui allègue la précarité de son adversaire à fournir la preuve, ou bien est-ce au possesseur à prouver qu'il possède à titre de propriétaire ? En règle générale, on est présumé posséder pour soi-même ; il en résulte que c'est à celui qui oppose l'exception de précarité à en fournir la preuve (article 2230 du Code civil). Réciproquement, lorsque la possession est démontrée n'avoir été que précaire à son origine, elle est présumée continuer au même titre : aussi est-ce à celui qui prétend que le vice originel est purgé à prouver son allégation (article 2231 du Code civil) : c'est le cas de l'interversion auquel nous allons consacrer quelques explications.

Si la possession précaire est inutile tant qu'elle conserve ce caractère, il est intéressant de rechercher de quelle manière ce vice prend fin pour faire place à une possession utile, à la possession juridique. L'article 2238 du Code civil fournit la ré-

ponse à cette question, en disposant que les détenteurs précaires peuvent prescrire lorsque le titre de leur possession se
trouve interverti. L'interversion du titre est donc le moyen
légal de convertir en une possession utile une possession vicieuse à son origine. Le même article nous indique dans quels
cas il y a interversion. Elle peut provenir soit d'un tiers, soit
du détenteur précaire. M. Bourbeau en donne une définition
encore plus complète : « L'interversion de possession est le fait
« juridique qui se produit lorsque celui qui détient la chose
« en vertu d'un titre précaire, donne à sa possession une
« cause nouvelle qui en efface le vice, ou se trouve investi soit
« par un tiers, soit par la loi elle-même d'un titre nouveau en
« vertu duquel il exerce désormais la possession à titre de pro-
« priétaire. » (Bourbeau, 124.) Nous voyons, par ces définitions, qu'aucune interversion n'est possible tant que dure la
possession vicieuse. Ainsi, par exemple, le concessionnaire du
domaine public ne sera jamais qu'un détenteur précaire à
l'égard de l'administration, quels que soient les actes qu'il ait
accomplis, parce que la chose est hors du commerce et non
susceptible de possession utile à prescrire. De même, le tuteur
pendant la minorité, le mari pendant le mariage ne sauraient
donner à leur possession une cause nouvelle.

Les causes d'interversion étant limitativement déterminées
par la loi, il s'en suit que le juge doit exiger la preuve de l'une
d'elles sans avoir le droit d'en admettre une autre. Reprenons
notre article siège de la matière. L'interversion s'opère, nous
dit-il, soit par une contradiction opposée au droit du propriétaire, soit par le fait d'un tiers.

Il y a interversion par la contradiction que le détenteur oppose au droit du propriétaire ou possesseur, lorsque ce dernier est mis en demeure, par des actes dont la nature lui indique clairement la prétention du détenteur, de faire valoir ses
prétendus droits. L'interversion doit donc reposer, non pas
seulement sur une intention, mais sur un fait matériel patent,

ayant pu être connu du propriétaire et complètement dégagé
de toute connexité avec l'exercice du droit primitif : comme
si, par exemple, l'usufruitier d'un bois taillis, après avoir
changé l'ordre et la quotité des coupes, en arrachait une partie et donnait pour raison au nu-propriétaire qui l'interpelle
à l'occasion de ce fait, qu'il n'a fait, en agissant ainsi, qu'user
de son droit, parce qu'il est lui-même propriétaire du bois
taillis ; comme si encore, suivant l'hypothèsee cité par d'Ar-
gentré, le fermier chassait le maître du domaine ou lui en
interdisait l'entrée, en agissant lui-même en maître de la
chose.

On dit qu'il y a interversion par le fait d'un tiers, lorsque
ce tiers a transféré la possession au détenteur précaire par un
acte translatif quelconque, vente, legs ou donation. On présente
d'ordinaire le cas où un fermier achète la chose louée, soit du
bailleur lui-même, soit d'un étranger. Dans ces deux hypothèses, la possession du fermier devient utile, car s'il a acheté
d'un tiers, il pourra sans doute être de mauvaise foi ; mais
nous savons que la possession requise pour intenter l'action
possessoire n'a pas besoin d'être accompagnée de la bonne
foi. Si d'un autre côté il avait acheté de son bailleur, il ne
faudrait pas, bien entendu, qu'il eût continué à jouir comme
par le passé et à conserver vis-à-vis de son ancien propriétaire
les rapports antérieurs, en acquittant, par exemple, les fermages, puisqu'alors il reconnaîtrait, en agissant ainsi, le droit
du bailleur.

Une importante question nous reste à examiner : le vice de
précarité est-il absolu ou simplement relatif comme le vice de
violence et de clandestinité ? L'expression de « possession
précaire » est tellement vague, qu'il est difficile de répondre
sans user de distinctions.

En droit romain, le vice de précarité était purement relatif,
puisque l'interdit *uti possidetis* était accordé au précariste
troublé dans sa possession par tout autre que le concédant ;

mais, en droit français, la qualification de détenteur précaire étant donnée à une foule de possesseurs dont les titres ont des origines diverses, il s'ensuit qu'on ne doit pas leur appliquer uniformément les mêmes principes. Chez nous, les détenteurs précaires se divisent en deux classes distinctes : 1° ceux qui détiennent la chose pour le compte d'autrui et n'ont sur elle aucun droit réel, tels sont les fermiers, dépositaires, administrateurs ; 2° ceux qui, tout en détenant l'immeuble pour le compte d'un autre, ont en même temps sur cet immeuble et pour leur propre compte un droit réel résultant d'une transmission par contrat ou autrement : tels sont les usufruitiers. S'agit-il de la précarité basée sur une simple détention résultant d'une convention qui ne crée entre les parties que des rapports purement personnels : le vice est absolu et peut être opposé par tout intéressé. Cette interprétation comprend les fermiers, dépositaires, tuteurs, maris. Le fermier ne saurait donc exercer la complainte à l'occasion de l'immeuble qu'il détient en cette qualité ; sa détention est précaire *erga omnes*, parce que le bail ne confère au preneur qu'un droit personnel ; rappelons que la jurisprudence lui accorde la réintégrande. De même le vice de précarité est un obstacle absolu à la possession que le tuteur voudrait prétendre sur les biens du mineur ou de l'interdit, puisque le tuteur est précisément chargé de les administrer. Tant que dure la tutelle, ce principe ne saurait être discuté ; le cadre restreint de notre étude ne nous permet pas d'examiner la question de savoir si, lorsque le mineur est devenu majeur, l'ancien tuteur serait fondé à se prévaloir de la possession qu'il aurait conservée.

S'agit-il au contraire d'une possession à laquelle est attaché un caractère de réalité : la précarité n'est plus que relative et ne met obstacle à l'exercice de la complainte que si l'action se déroule entre les parties. A l'égard des tiers, l'action possessoire sera admise, sans que ces derniers puissent se prévaloir du vice de la possession de leur adversaire : tels sont, par exemple, l'usufruitier et le concessionnaire du domaine public. Ceux-ci possèdent *réellement* dans les limites du droit qui leur a été concédé, et ils ont le droit de faire respecter leur possession contre les entreprises des tiers. Mais ils ne pourraient invoquer cette possession contre leurs concédants, nu-propriétaire ou domaine public. C'est ce qu'on exprime en disant que la possession pour être utile doit être exercée *nec vi, nec clam, nec precario ab adversario*. Nous retrouverons l'application de cette formule, quand nous expliquerons que l'exception de domanialité ne peut être opposée au complaignant que par le domaine lui-même.

La dernière qualité exigée pour la possession civile par l'article 2229, c'est qu'elle ne soit point équivoque. Ce vice de la possession ne nous paraît pas susceptible d'une définition bien précise ; cependant on peut dire que la possession est équivoque, lorsqu'on ne sait pas si les actes qui la constituent ont été exercés à titre de propriétaire, ou s'ils n'ont été souf-ferts qu'à titre de bon voisinage et de familiarité.

Les actes de pure faculté et ceux de simple tolérance, aux termes de l'article 2232 du Code civil, ne peuvent fonder ni possession ni prescription ; ces actes ne peuvent par conséquent servir de base à l'action possessoire. Les actes de pure faculté sont difficiles à bien préciser : ce sont ceux, par exemple, que chacun est libre d'exercer ou de ne pas exercer, comme serait le droit d'irrigation sur les cours d'eau non navigables ni flot-tables (article 644 du Code civil) ou le droit de bâtir sur son terrain. Les actes de tolérance sont d'une conception plus facile : ce sont ceux que l'on exerce sur une propriété avec l'agrément du propriétaire, comme le fait de passer sur le champ du voisin pour aller cultiver le nôtre, ou le fait d'aller puiser à sa fontaine, ou encore de mener nos bestiaux à l'a-breuvoir de ce voisin.

La condition que la possession ne soit pas équivoque semble donc au premier abord se confondre avec la suivante : que la pos-

dession soit exercée à titre de propriétaire, car celui qui exerce
ses actes de tolérance n'entend pas agir comme propriétaire.
Néanmoins cette condition impose au juge une règle spéciale.
Quand il peut y avoir doute sur la nature des actes, quand on
ne sait pas si ce sont des actes de propriétaire ou des actes de
simple tolérance, la possession ne doit pas être reconnue suffisante pour fonder l'action possessoire, et le doute doit s'interpréter contre le détenteur.

Enfin la possession est encore équivoque, si elle peut être
invoquée simultanément par deux personnes qui auraient
exercé des actes de possession. Dans ce cas, la jurisprudence
décide que le juge, ne pouvant reconnaître à laquelle des deux
parties appartient la possession de la chose litigieuse, a la
faculté de les renvoyer à se pourvoir au pétitoire, soit purement
et simplement, soit en ordonnant le séquestre, soit en accordant la récréance à l'une d'elles jusqu'après le jugement sur
le pétitoire.

Terminons cet examen des qualités exigées pour la possession
civile, par cette observation générale : qu'une possession peut
remplir toutes les conditions voulues pour permettre l'exercice
de l'action, sans que le complaignant ait la détention matérielle
de la chose. En effet, la règle du droit romain que l'on conserve la possession *corpore alieno* n'a jamais cessé d'être en
vigueur, et nous avons l'article 23 du Code de procédure qui
la confirme expressément, en disant que l'action peut être
exercée par ceux qui sont en possession par eux ou les *leurs*.
Il importe donc peu, au point de vue qui nous occupe, que l'on
soit en possession par soi-même ou par un usufruitier ou un
fermier, etc.

SECTION II

DE L'ANNALITÉ.

C'est dans l'article 23 du Code de procédure que se trouve
éditée cette importante règle de l'annalité de la possession :
« L'action possessoire n'est recevable qu'autant qu'elle a été
formée par ceux qui depuis une année au moins..... »

Il ne faudrait point chercher l'origine de l'annalité dans le
droit romain où l'interdit *uti possidetis* était accordé à celui
qui possédait au moment même de l'interdit ; pourvu qu'il
n'eût pas acquis sa possession sur son adversaire *vi, clam aut
precario*, l'eût-il d'ailleurs enlevé par violence à un autre, ou
l'eût-il obtenu d'un tiers à titre précaire. Cette condition de
l'annalité a une origine toute nationale, elle remonte fort loin
dans la nuit des temps, et nous avons montré dans l'introduction
que la possession d'an et jour a exercé la plus grande influence
dans nos anciennes Coutumes.

Toujours fidèle à notre principe fondamental, que le droit de
possession est le reflet du droit de propriété, nous en tirons
cette conséquence, que l'article 23 du Code de procédure est en
étroite corrélation avec les principes admis dans le Code
civil, et notamment avec l'article 2243, qui déclare qu'il n'y a
interruption naturelle de la prescription que lorsque le possesseur est privé pendant plus d'un an de la jouissance de la
chose. En effet, de même qu'en matière possessoire, la loi n'a
voulu donner d'autorité qu'à la possession annale, et l'usurpation passagère d'un fonds ou des troubles momentanés ne
doivent point priver le possesseur en voie de prescrire des
avantages et des effets de la possession, sauf à rendre cette
possession non paisible. Remarquons que ce principe de l'annalité n'a d'application qu'en matière de complainte, car nous
admettons que la réintégrande pourrait être accordée, suivant

les circonstances, au spoliateur contre l'ancien possesseur, quitte à celui-ci à se faire rétablir par une demande distincte et séparée en complainte.

Qui ne voit du reste l'harmonie parfaite établie entre l'annalité de la possession et la prescription de l'action ? Supposez un tiers ayant joui pendant un an du fonds litigieux : la prescription est interrompue (2243) : par suite la possession est perdue pour l'ancien possesseur et du même coup acquise au nouveau possesseur annal.

L'action en complainte n'est donc fondée que dans le cas où le demandeur justifie d'une possession ayant duré une année entière. Cette possession s'appelle possession d'an et jour, pour bien démontrer que l'année doit être entièrement accomplie ; ceci est de tradition : nos anciennes Coutumes exigeaient la possession d'an et jour, depuis une année au moins, dit l'article 23. Cette année se compte en prenant pour point du départ le trouble qui donne naissance à l'action et en remontant en arrière. L'instant du trouble est donc, comme on peut le voir, un point de repère dont la détermination a une extrême importance dans l'instance possessoire, puisqu'il servira tout à la fois à fixer la durée de la possession du demandeur et à régler le moment précis où commencera la prescription de l'action. Dans le décompte du délai, il ne faut pas comprendre le jour du trouble ; mais il faut que le dernier jour de l'année se soit écoulé. (Art. 2260 et 2261 du Code civil.)

Le juge du possessoire doit limiter son examen à la constatation des actes de jouissance accomplis dans l'année qui a précédé le trouble ; par suite l'action en complainte pourrait être déclarée non recevable, si l'enquête démontrait qu'aucun acte de jouissance n'a été accompli dans l'année antérieure à l'entreprise incriminée. (Cass. 16 décembre 1885.) C'est aussi dans l'année qui a précédé le trouble qu'il faut apprécier les caractères de la possession, et voir si les conditions de l'article 2229 ont été remplies ; car, si la possession avait été vicieuse durant cette période, le juge pourrait et devrait rejeter la demande, alors même que le complaignant aurait fait, dans les années précédentes, des actes de possession utile. (Cass. 2 août 1875.)

Néanmoins, la condition d'annalité n'est pas une règle entièrement absolue ; elle comporte, suivant les cas, différentes exceptions que l'on peut justifier en s'appuyant plutôt sur l'esprit que sur la lettre de la loi. Expliquons-nous. Nous avons dit, en traitant de la continuité, qu'en droit, la possession s'exerce suivant la nature de l'objet auquel elle s'applique; il n'est donc pas nécessaire que les actes matériels, constitutifs ou indicatifs de la possession annale, aient été, dans tous les cas, positivement accomplis dans l'année qui a précédé le trouble ; il suffira évidemment qu'ils aient été exercés lorsqu'il y avait possibilité de le faire, et utilité pour le possesseur selon la destination principale de l'immeuble. C'est pourquoi il a été jugé que le demandeur en complainte est recevable à invoquer des faits de possession remontant à plus d'un an avant le trouble, s'il a été dans l'impossibilité de jouir des terrains litigieux par suite de l'occupation militaire qui en avait été faite au nom de l'État. (Cass. 19 juillet 1875.) Nous avons aussi donné à la section 2ᵉ et à propos de la continuité l'exemple du possesseur d'un bois taillis qui aurait fait la dernière coupe du bois en temps utile.

La règle de l'annalité doit encore, selon nous, s'entendre *lato sensu*, en matière de servitudes discontinues dont la nature n'est pas d'être exercées nécessairement tous les ans. Dans ce cas, le demandeur ne serait pas tenu de prouver qu'il a usé de la servitude dans l'année qui a précédé le trouble dont il se plaint, s'il établissait qu'il en avait, depuis plus d'une année, la possession paisible et à titre de propriétaire. Ainsi, il nous semble que la maintenue possessoire d'un droit de passage à titre d'esclave, devrait être prononcée par le juge, alors même que les faits de passage remonteraient à plus d'une année, si le complaignant prouvait avoir usé de son droit chaque fois qu'il en a eu besoin pour la culture du fonds enclavé et sans avoir été contredit par le propriétaire du fonds servant. Il résulte de cette manière large d'entendre l'annalité, que, dans certaines circonstances, que le juge appréciera, la possession d'un droit une fois acquise se conserve quel que soit l'intervalle séparant les actes de jouissance, s'il n'est pas prouvé que le complaignant l'a abdiquée soit par un abandon tacite, soit par une renonciation explicite, et que l'année au bout de laquelle la possession serait perdue ne commence à courir que du jour où cette possession, pouvant être utilement exercée, ne l'aurait pas été.

De quelle façon le complaignant prouvera-t-il l'annalité de sa possession ? La preuve de la possession annale se fait dans les termes du droit commun, et le plus généralement à l'aide d'une enquête, d'une expertise ou d'un constat. Elle est, bien entendu, à la charge du demandeur. Cette preuve peut aussi résulter de l'aveu du défendeur : l'article 1356 du Code civil est en effet rédigé en termes généraux qui le rendent applicable à toutes les instances sans aucune distinction.

Le juge d'ailleurs a plein pouvoir pour apprécier les éléments constitutifs de la possession annale; il déclare d'une manière souveraine que les actes sont concluants, ou au contraire qu'ils ne peuvent servir de base à l'action, soit parce qu'ils sont peu nombreux, soit parce qu'ils présentent un caractère équivoque : sur ce point, la doctrine et la jurisprudence sont d'accord ; par suite, les appréciations du juge, portant sur les caractères constitutifs de la possession annale, échappent à la censure de la Cour de cassation. Toutefois, il doit prendre garde, dans cette appréciation des faits, à ne pas sortir de sa compétence, et il ne saurait, sans violer l'article 25 du Code de procédure, déduire l'existence de la possession annale soit d'un titre, soit d'une présomption de propriété.

La preuve de la possession annale nous amène à nous poser

cette question fort controversée aussi bien dans l'ancien droit que dans la doctrine moderne. Dans l'action en complainte et sous l'empire de l'article 23 du Code de procédure, doit-on dans tous les cas exiger du détenteur la possession annale, aussi bien quand il plaide contre un adversaire auteur du trouble qui n'a aucun droit sur la chose, qui ne peut se prévaloir de l'annalité, que dans le cas où il plaide contre l'ancien possesseur annal ou même contre le propriétaire ? La question, disons-nous, était déjà discutée dans notre ancien droit, où certains auteurs n'admettaient la nécessité de la possession annale à l'effet d'intenter la complainte, que lorsqu'on agissait contre le précédent possesseur d'an et jour. Contre le tiers qui n'avait aucun droit sur la chose, on pouvait agir, lors même qu'on ne pouvait opposer que la détention matérielle de cette chose. C'est ce que décidait en termes formels le jurisconsulte Duparc-Poullain. « Pour pouvoir former « l'action de complainte ou de réintégrande, faut-il avoir pos- « sédé par an et jour, ou bien la possession la plus courte « avant le trouble peut-elle suffire ? Il faut distinguer : si le « trouble a été fait par un tiers qui n'avait dans la chose ni « droit ni possession, le possesseur n'est pas obligé de prouver « sa possession annale avant le trouble : il suffit de prouver « qu'il possédait et qu'il a été troublé ; mais si c'est le pro- « priétaire ou le précédent possesseur qui est rentré dans sa « possession, le demandeur est obligé de prouver la possession « annale avant le trouble, sans quoi son action ne peut être « reçue, puisqu'au moment du trouble dont il se plaint l'ac- « tion de réintégrande compétait au précédent possesseur. »

Cette solution, toute d'équité et fort séduisante en soi, est encore adoptée par quelques auteurs. Nous citerons Bélime (Traité du Droit de possession) et Carré (Lois de procédure civile, partie I, livre I). L'opinion émise par les anciens auteurs s'appuyait sur le silence gardé par l'ordonnance de 1667 quant à l'annalité ; mais, aujourd'hui, il nous semble qu'elle

doit être repoussée en présence du texte formel de l'article
23, lequel exige, sans faire aucune distinction, la possession
annale. Par suite, il nous paraît impossible d'admettre la théorie hardie soutenue par Carré, et d'après laquelle, lorsqu'un
texte de loi paraît blesser l'équité, on doit présumer que telle
n'a pas été l'intention du législateur. Qui ne voit en effet à
quelles conséquences pourrait entraîner une pareille doctrine ?
Notre éminent jurisconsulte M. Bourbeau a réfuté l'opinion
que nous combattons en termes si nets et si clairs, qu'à nos
yeux rien ne peut ébranler son argumentation. (Voir Bourbeau, page 527, *Justices de paix.*)

La possession annale de l'objet litigieux est donc exigée,
dans tous les cas, du demandeur, pour lui permettre d'intenter l'action en complainte ; il en est autrement en matière de
réintégrande, et c'est ici le lieu de fournir sur ce point des
explications. Nous avons soutenu, en établissant la nature et
les caractères de la réintégrande, que cette action était affranchie en grande partie des formes rigides de la complainte ;
aussi, la condition de l'annalité chez le possesseur, indispensable pour la recevabilité de la complainte, ne l'est plus au
contraire quand il s'agit de réintégrande, et il nous paraît
facile de justifier l'admission de cette sorte de privilège.

La réintégrande se distingue de la complainte, surtout
par son caractère répressif et pénal : c'est en quelque sorte
une mesure d'ordre public destinée à empêcher les rixes et les
violences ; elle a pour fondement la célèbre maxime *Spoliatus
ante omnia restituendus*, et le principe qui en découle qu'on
ne peut se faire justice à soi-même. D'ailleurs, la jurisprudence
constante de la Cour de cassation applique fidèlement ces principes en n'exigeant, pour l'admission de la réintégrande, que
ces deux éléments : 1° détention matérielle de l'objet litigieux
au moment de la dépossession ; 2° dépossession violente du
demandeur. De ces termes si clairs « détention... au moment de
la dépossession », il est tout naturel de tirer cette conséquence

qu'aucune condition de temps ni de durée dans sa possession n'est exigée du demandeur en réintégrande, et, en fait, la Cour ne semble pas très rigoureuse sur le temps nécessaire pour que la détention soit acquise et puisse servir de base à l'action. Il a été jugé notamment qu'une possession remontant à quelques jours et même seulement à 24 heures suffisait à justifier l'action en réintégrande, pourvu que cette possession se fût exercée sans violence ni clandestinité. (Cass. 23 novembre 1846. Cass. 27 février 1878.)

Il en résulte, toujours d'après la jurisprudence de la Cour suprême, que si l'action en réintégrande n'a pas besoin, pour être exercée, de s'appuyer sur une possession qui réunisse toutes les conditions prescrites par l'article 23 du Code de procédure, il n'est pas moins certain qu'elle ne peut avoir pour élément constitutif une détention qui serait le produit d'une voie de fait ou furtive ou violente. En ce cas, il appartiendrait au juge de la cause de rechercher et de déclarer l'origine ou le caractère de la détention. Mais si, à l'usurpation violente ou clandestine succédait une période de calme suffisamment prolongée, le vice initial de la possession disparaîtrait, et l'usurpateur pourrait faire protéger sa possession devenue paisible contre tout agresseur et même contre celui qui aurait été primitivement dépossédé.

En résumé, sauf ces conditions de tranquillité et de publicité, la détention du demandeur en réintégrande n'est soumise, pour l'admission de l'action, à aucune des conditions exigées par les articles 23 du Code de procédure et 2219 du Code civil.

La condition de l'annalité fait naître dans notre esprit une autre question. Que deviendra, entre les mains de ses divers ayant-cause, la possession du possesseur primitif ? C'est la question de continuation et de la jonction des possessions.

Les successions d'une part, et les divers actes juridiques d'aliénation, ventes, donations, échanges, de l'autre, amènent à chaque instant des changements dans la personne des détenteurs. Ils font disparaître un possesseur primitif pour mettre à sa place un nouveau possesseur dont la possession mérite d'être protégée au même titre que celle du prédécesseur. La loi doit sa protection aux successeurs ou ayant-cause : s'il en était autrement, il n'y aurait plus pour ces derniers de sécurité, car ils seraient obligés d'attendre qu'ils eussent accompli par eux-mêmes le temps voulu pour posséder ou pour prescrire, et se trouveraient par là à la discrétion des tiers qui pourraient paralyser leur puissance, sans qu'ils aient aucun moyen de se défendre.

Pour éclairer notre sujet, prenons, par exemple, l'hypothèse d'une vente d'immeuble, et supposons que l'acquéreur vienne à être troublé dans sa jouissance avant que sa possession personnelle ait une année d'existence. Si cet acquéreur veut employer la voie expéditive de la complainte, il sera obligé de faire preuve d'une possession annale ; mais s'il ne lui est permis que d'opposer sa possession personnelle, cette voie lui sera fermée, puisque nous le supposons en possession depuis moins d'un an. Il ne lui restera donc plus que la ressource de l'action pétitoire ou la faculté de se retourner contre son vendeur pour lui demander garantie contre la menace d'éviction ; encore ce dernier moyen pourrait être rendu illusoire par une stipulation de non-garantie. Quant au successeur troublé dans sa jouissance d'un immeuble de la succession, avant d'avoir une possession annale personnelle, nous ne voyons pour lui aucun moyen de se défendre au possessoire, s'il ne lui est pas permis d'ajouter à sa possession celle de son auteur.

C'est pour remédier à ces inconvénients que la loi permet de joindre sa possession à celle de son auteur, de quelque manière qu'on lui ait succédé, soit à titre universel ou à titre particulier, soit à titre lucratif ou onéreux (art. 2235 du Code civil et 23 du Code de procédure). Mais la jonction de possession ne produit pas les mêmes effets à l'égard de tous ceux qui ont le droit de l'invoquer. Il convient de distinguer en effet les successeurs à titre universel des successeurs à titre particulier.

Les successeurs universels continuent la personne du défunt (*heres et defunctus una eademque persona esse intelliguntur*) ; ils sont, aux termes de l'article 724 du Code civil, saisis de plein droit de tous les droits du défunt en vertu de la maxime : « Le mort saisit le vif ». Or, la possession qu'avait leur auteur est certainement au nombre de ces droits ; ils continuent donc sa possession et possèdent de la même manière, c'est-à-dire que la possession continuée par les successeurs universels le sera avec les vices ou les qualités qu'elle avait entre les mains du possesseur primitif. Si, par exemple, la possession du défunt était entachée de précarité, elle conservera la même nature, quelle que soit la possession des successeurs ; c'est ce qu'exprime l'article 2237 du Code civil. Il ne faudrait pas cependant entendre cette règle dans un sens trop absolu, et il importe de distinguer entre les vices que l'auteur n'aurait pu effacer lui-même parce qu'ils tiennent au principe de la possession, tels que la précarité, et ceux qui se rattachent à la nature des actes extérieurs de la possession exercée, tels que la violence ou la discontinuité. Quant à ces derniers, le successeur universel pourra sans aucun doute commencer une possession utile, au moyen d'actes nouveaux exempts du vice qui affectait la possession de son auteur, puisque celui-ci eût pu recommencer lui-même une possession efficace. Les ayant-cause universels sont les héritiers légitimes ou naturels, et les légataires ou donataires universels.

Le successeur à titre particulier, au contraire, commence une possession nouvelle. Mais il a le choix, ou de se contenter de sa propre possession qui lui sera utile si elle est suffisamment prolongée et revêtue des caractères légaux, ou de réunir à la sienne la possession de son auteur, si toutefois cette dernière s'est exercée dans les conditions requises. Il peut disjoindre sa possession, dit fort judicieusement M. de Wodon, par le motif que le titre particulier est en lui-même une cause d'interversion (art. 2239 du Code civil). Il peut la joindre par le motif que la loi prévoit la transmission de la possession aussi bien que celle de la propriété. Les successeurs à titre particulier sont les légataires ou donataires à titre particulier, les acquéreurs et tous ceux auxquels la transmission de la chose est faite par convention spéciale.

SECTION III

POUR QUE L'ACTION POSSESSOIRE SOIT RECEVABLE, IL FAUT UN TROUBLE OU UNE SPOLIATION.

En traitant de la complainte, au chapitre Ier, nous avons défini le trouble, nous n'y reviendrons donc pas ; il nous reste à dire ce que l'on entend par spoliation, et à voir quels sont les actes que l'on devra considérer comme ayant amené la dépossession au point de vue juridique.

Pour mettre en mouvement l'action possessoire, avons-nous dit, il suffit de démontrer l'existence d'un trouble, c'est-à-dire d'un fait portant atteinte, soit directement, soit indirectement, à la possession ; le trouble pourrait même résulter d'une simple menace dirigée contre la possession du demandeur ou d'un simple acte de procédure signifiée à sa personne. Mais ceci ne regarde que la complainte. Il faut plus qu'un trouble pour justifier l'exercice de la réintégrande, et la jurisprudence exige que le demandeur ait été dépossédé, c'est-à-dire dépouillé entièrement, et d'une manière qui semble définitive, de l'objet litigieux.

Il est quelquefois assez difficile de décider, d'après les circonstances de la cause, s'il y a simple trouble ou dépossession ; ce sera presque toujours une question de fait soumise comme telle à l'appréciation du juge, et sur ce point délicat la Cour de cassation elle-même a rendu plusieurs décisions qui paraissent contradictoires. Ainsi, dans un arrêt du 12 août 1874, elle avait jugé qu'il n'y avait pas dépossession dans le fait par le défendeur d'avoir fait enlever par des ouvriers la paille accrue sur un terrain dont le demandeur avait la détention actuelle ; tandis que dans un autre arrêt du 22 janvier 1878 elle a considéré comme dépossédé, celui dont le pré avait été fauché et la récolte enlevée par un tiers. L'analogie pourtant nous semblerait frappante entre les deux espèces. Quoi qu'il en soit, il y a bien plutôt en cette matière, nous le répétons, une question de fait qu'une question de droit, et la jurisprudence nous fournirait, non des principes certains, mais seulement des espèces.

Quant à donner une définition exacte de la violence ou voie de fait, la chose n'est guère possible : ni la violence, ni la voie de fait n'ont été définies par la loi ; il appartiendra donc au juge d'apprécier le caractère des actes incriminés pour décider ensuite s'ils donnent ouverture à la complainte ou à la réintégrande.

De la prescription des actions possessoires.

Nous savons quelles conditions doit réunir la possession pour servir de base à l'action possessoire. L'action est née ; il nous reste à voir dans quel délai elle devra être intentée, sous peine de déchéance ou de prescription. Aux termes de l'article 23 du Code de procédure, les actions possessoires doivent être intentées dans l'année du trouble, ajoutons de la violence ou de la voie de fait amenant la spoliation : c'est-à-dire que la prescription de l'action est d'un an. Quelques explications sur ce point nous semblent nécessaires.

Le délai d'un an donné au possesseur troublé ou spolié pour exercer son action se rattache étroitement à la nécessité d'une

possession annale, condition indispensable pour donner naissance à l'action : cette prescription en effet ne pouvait avoir
une durée plus longue, puisqu'aussitôt qu'une année s'est
écoulée depuis le trouble, c'est au nouveau possesseur que l'action appartient.

L'origine de la prescription annale paraît être toute romaine, car à Rome les interdits en général étaient annuels et
ne se donnaient que par exception *post annum*. En droit
français, la règle est absolue et l'action possessoire ne peut jamais être exercée quand il s'est écoulé plus d'un an après le
trouble. Si le trouble a fait cesser la possession du demandeur,
ce dernier ne pourra donc plus agir au bout d'une année, car
son adversaire aura pour lui la possession annale ; si au contraire le trouble n'a pas fait cesser la possession ou si le demandeur l'a recouvrée après l'avoir perdue pendant quelque
temps, le fait de trouble sera considéré comme prescrit et
ne pourra donner lieu à aucune action.

Il importe peu que le possesseur n'ait pas eu connaissance
du trouble ; le délai n'en court pas moins contre lui du jour
même de ce trouble. Il n'est pas excusable, car un administrateur soigneux doit surveiller ses affaires et savoir si nul
n'empiète sur son droit. Dans le cas, du reste, où le fonds litigieux serait occupé par un usufruitier ou cultivé par un fermier, le possesseur se trouverait garanti par la responsabilité
que la loi impose à l'usufruitier et au fermier. (Art. 614 et
1768 du Code civil.)

On s'est demandé si la prescription de l'action possessoire
courait contre les mineurs et les interdits. Les auteurs sont à
peu près unanimes pour soutenir l'affirmative (en ce sens Caron, Action possessoire, n° 791 ; — Dalloz (Action possessoire,
n° 886). La seule objection, bien faible il est vrai, que l'on
puisse faire contre cette solution, vient de ce que, aux termes de
l'article 2252 du Code civil, la prescription ne court pas
contre les mineurs et les interdits, sauf ce qui est dit à l'article

2278 et à l'exception des autres cas déterminés par la loi. — Or, peut-on dire, ce dernier article ne fait courir contre les mineurs et les interdits que certaines prescriptions particulières, parmi lesquelles on ne trouve pas celle de l'article 23. Nous nous empressons de faire remarquer que cette objection n'a pas de bases sérieuses ; la loi en effet a voulu restreindre dans un délai très court l'exercice de l'action possessoire, et son but serait manqué si la complainte pouvait être intentée par un mineur ou un interdit un grand nombre d'années après le trouble. L'intérêt de ces incapables est d'ailleurs sauvegardé par la responsabilité de leurs tuteurs ; de plus, l'action possessoire est, comme nous le verrons, un acte essentiellement conservatoire, un acte de pure administration, qui en conséquence ne doit souffrir aucun retard dans son exécution.

APPENDICE.

Sous forme d'appendice, nous traitons ici, à la suite des conditions requises pour l'action possessoire, deux questions dont la place véritable serait dans notre dernier chapitre consacré à la procédure et aux mesures d'instruction ; mais leurs rapports étroits avec ce qui précède nous engagent à les présenter comme une sorte de complément nécessaire au chapitre II. Nous voulons parler de la demande reconventionnelle en maintenue possessoire et de l'antique récréance.

De la demande reconventionnelle possessoire. — La demande reconventionnelle ou reconvention est la demande formée par un défendeur contre un demandeur au cours de l'instance, à l'effet d'anéantir ou de restreindre les conséquences de l'action dirigée contre lui. Dans l'instance possessoire, la demande reconventionnelle peut se présenter sous deux aspects.

1° Le défendeur appelé à répondre d'un fait de trouble demande à se justifier par la preuve qu'il a lui-même la possession annale de la chose litigieuse. Le juge par ce fait se trouve saisi d'une double action en complainte, et il est évident qu'il aura à se prononcer sur ces deux demandes pour adjuger le bénéfice de la possession à celle des deux parties qui aura fourni la preuve. Il ne saurait y avoir de difficultés à cet égard. Ces deux actions s'excluant, le rejet de l'une emportera nécessairement l'admission de l'autre, sans qu'il y ait besoin de donner de motifs particuliers à chacune.

2° La demande principale peut être une action en réintégrande, à laquelle sera opposée reconventionnellement une demande eu complainte : c'est là le cas le plus fréquent et celui qui au point de vue de la doctrine présente le plus d'intérêt. Pour bien mettre ce point en lumière, prenons une espèce : *Primus* est depuis plus d'un an en possession paisible d'un immeuble ou d'un droit réel, d'un *jus in re* susceptible de possession ; *Secundus*, sans violence ni voie de fait, s'empare d'une portion de l'immeuble ou exécute sur le fonds de *Primus* des travaux de nature à nuire à l'exercice d'une servitude.

Pendant un temps plus ou moins long, mais toutefois pendant moins d'une année, personne ne trouble *Secundus* dans son usurpation. Tout à coup *Primus*, d'abord négligent, s'aperçoit de ce qui se passe à son préjudice, et croyant prendre le chemin le plus court (sans forme de procès), expulse violemment l'intrus. *Secundus*, dont la possession réunit les deux éléments exigés pour l'admission de la réintégrande : 1° détention matérielle sans laps de temps, 2° expulsion violente, intente l'action qui lui compète. En vertu de la maxime à nous connue : *spoliatus ante omnia restituendus*, il doit triompher et être réintégré par le juge du possessoire. Mais *Primus*, l'ancien possesseur annal, lui oppose une exception d'une nature spéciale et la traduit par une demande reconventionnelle en maintenue possessoire. Quel devra être le sort de ce moyen de défense dans l'hypothèse où nous nous sommes placés ? Le juge de paix devra-t-il admettre la complainte introduite sous forme reconventionelle et la juger avec l'action en réintégrande dans une seule et même instance? Si le détenteur spolié, demandeur en réintégrande, acceptait le débat sur la question de possession annale, il n'est pas douteux que le juge de paix n'ait le droit et le devoir d'en vérifier l'exactitude, car il est compétent pour statuer sur l'une et l'autre demande, et le spolié faisant dépendre de la preuve d'une possession annale les réparations qui lui sont dues, est censé renoncer à se prévaloir des conséquences rigoureuses de la spoliation qu'il a subie. Mais, si le demandeur en réintégrande refusait de suivre son adversaire sur ce terrain, le juge de paix, en vertu d'une règle de la même nature que celle qui interdit le cumul du possessoire et du pétitoire, règle admise dans la doctrine et une grande partie de la jurisprudence, devrait se borner à prononcer sur la réintégrande ; et le défendeur n'aurait plus que la ressource d'introduire une demande distincte et séparée en complainte, dans laquelle il devra réussir, puisque nous l'avons supposé possesseur annal.

La régularité de cette procédure est appuyée par plusieurs arrêts de la Cour de cassation, dont la jurisprudence sur ce point est constante. Nous croyons utile de reproduire en entier un de ces arrêts, remarquable en ce qu'il contient une véritable exposition des principes sur la matière. « Attendu, en droit, « dit la Cour, que nul ne peut se faire justice à soi-même, « que celui qui a été dépossédé par violence ou voie de fait « doit avant tout rentrer dans sa possession, que c'est sur ces « principes conservateurs de l'ordre social et de la paix « publique que repose l'action en réintégrande ; que cette « action, généralement admise dans l'ancienne législation « française, loin d'avoir été abrogée par la nouvelle, est reconnue « et consacrée par une disposition formelle de l'article 2060 du « Code civile ; que l'article 23 du Code de procédure, sainement « entendu, ne doit être appliqué qu'aux actions possessoires « ordinaires, à l'égard desquelles c'est le droit ou la qualité,

« et non pas le fait de la possession, que l'on considère ; qu'il
« suffit, pour faire admettre l'action en réintégrande, que le
« demandeur prouve sa possession actuelle et matérielle au
« moment de la violence ou voie de fait dont il se plaint ; que,
« sans doute, cette action ne prive pas le défendeur du droit de
« se pourvoir lui-même par action en complainte possessoire,
« en vertu de sa possession plus qu'annale pour le trouble
« qu'il a éprouvé, et qu'il n'a pas légalement fait cesser par
« sa voie de fait, dont la répression est l'objet de la demande en
« réintégrande ; que, par conséquent, quelle que puisse être la
« décision sur l'action du défendeur en complainte possessoire,
« l'action en réintégrande ne peut être écartée, quand le double
« fait de la possession actuelle et matérielle et de la dépossess-
« sion par voie de fait est établi. » (Cass. 5 avril 1841.)

De la récréance. — Dans l'ancien droit, les auteurs exposent
qu'il existait, principalement en matière bénéficiale, une action
possessoire dite récréance (*res credita*), laquelle avait pour but,
en cas de possession douteuse, de faire attribuer provisoirement
cette possession à l'une des parties jusqu'à la solution définitive.

Cette action pouvait s'intenter soit par voie principale, soit
conjointement avec l'action possessoire proprement dite et par
conclusions subsidiaires ; elle pouvait aussi se produire au
pétitoire sous forme incidente. Le juge avait en outre le droit
d'ordonner le séquestre. Ces deux mesures différaient en ce
que le séquestre avait pour effet de remettre la possession
de l'objet litigieux entre les mains d'un tiers, tandis que dans
la récréance la possession intérimaire était confiée à l'une des
parties.

Lorsque les enquêtes sont contraires, nous dit Pothier, « de
« manière que le juge ne puisse connaître laquelle des deux
« parties qui se disputait la possession de l'héritage a cette
« possession, le juge en ce cas, sans rien statuer sur la posses-
« sion, ordonne que les parties instruiront au pétitoire ; et
« l'héritage sera déclaré appartenir à celle des parties qui,

« sur l'instance au pétitoire, **aura** le mieux établi son droit
« de propriété.

« Quelquefois le juge ordonne que la possession sera
« séquestrée pendant le procès sur le pétitoire......

« — « Quelquefois le juge accorde la récréance à l'une
« parties, c'est-à-dire une possession provisionnelle pendant
« le procès au pétitoire. Cette récréance n'a d'autre effet
« que de donner à la partie à qui elle a été accordée le droit
« de jouir de l'héritage contentieux pendant le procès au
« pétitoire, à la charge d'en rendre compte à l'autre partie,
« dans le cas auquel cette partie obtiendrait au pétitoire ; mais
« cette récréance n'a pas l'effet qu'aurait la sentence de pleine
« maintenue, de déclarer possesseur celui qui l'a obtenue, et
« de le faire présumer propriétaire, sans qu'il eût besoin de
« prouver son droit de propriété. Au contraire, la sentence de
« simple récréance laisse la possession *in incerto*, et ne déclare
« point possesseur celui qui l'a obtenue ; elle ne dispense pas
« par conséquent d'établir sur l'instance pétitoire, le droit de
« propriété qu'il prétend avoir de l'héritage contentieux. »
(Pothier, *Traité de la possession*, n° 105.)

Le juge de paix a-t-il encore aujourd'hui, au cas où, aucune
des parties ne justifiant de sa possession annale, il lui serait
impossible de prononcer la maintenue, le droit d'accorder la
récréance ou de nommer un séquestre ? Ou bien doit-il
renvoyer purement et simplement les parties à se pourvoir au
pétitoire, sans disposer de ce que deviendra pendant l'instance
l'objet litigieux ? En ce qui concerne le séquestre, il est hors
de doute que cette mesure peut être appliquée encore aujour-
d'hui : à cet égard, les termes de l'article 1961 du Code civil
ne laissent place à aucune hésitation ; mais nous pensons que
cette mise en séquestre aurait, à notre époque, le même effet
que du temps de Pothier, c'est-à-dire de confier à un tiers
l'objet litigieux jusqu'à la solution du procès au pétitoire.

Quant à la récréance, les auteurs ne sont pas d'accord pour

l'admettre ou la rejeter. Il nous paraît tout d'abord incontestable que cette mesure ne saurait être demandée, comme sous l'ancien droit, par voie principale ; mais certains auteurs l'autorisent par voie incidente, soit au possessoire, soit au pétitoire, tandis que le plus grand nombre la repoussent d'une façon absolue. Parmi ces derniers, M. Caron refuse même au juge de paix le droit d'ordonner le séquestre. (Car. *Actions possessoires*, n°s 398 et suivants.) Il suffit, dit–il, que le demandeur ne fasse pas la preuve de sa possession annale, lors même que le défendeur, ayant prétendu lui-même qu'il possédait, n'aurait pas pu le prouver, pour que le juge de paix déboute le demandeur (*actore non probante, reus absolvitur*).

Cette doctrine nous semble inadmissible par ses conséquences. En effet, il est bien vrai que, lorsque le défendeur, sans prétendre à la possession, se borne à nier celle de son adversaire, le juge de paix doit purement et simplement débouter ce dernier de sa demande, s'il ne parvient pas à prouver sa possession ; mais les choses, à notre avis, ne sauraient se passer ainsi, quand le contraire arrive, c'est-à-dire quand le défendeur prétend lui-même à la possession et ne peut fournir davantage la preuve à laquelle il s'est engagé. Dans cette hypothèse, l'on ne voit pas, si aucune des parties ne peut parvenir à justifier sa prétention, pourquoi le juge de paix se prononcerait plutôt en faveur du défendeur qu'en faveur du demandeur. Il nous paraît alors nécessaire, pour éviter les conflits et dans l'intérêt de l'ordre public pour ainsi dire, que l'objet en litige soit attribué, au moins provisoirement, à l'un des adversaires ; à moins que le juge ne prenne le parti d'ordonner le séquestre.

Nous admettons donc pour le juge de paix le droit d'accorder la récréance, en face d'une prétention du défendeur à la possession et d'enquêtes contradictoires, qui ne lui permettent pas de se prononcer sur la maintenue entre les deux parties.

La jurisprudence de la Cour de cassation sur ce point particulier est un peu confuse. Néanmoins, on peut tirer des différents arrêts de la Cour suprême cette conséquence : que le juge auquel les preuves fournies par l'une et l'autre partie ne semblent pas concluantes, a le droit de les renvoyer à se pourvoir au pétitoire. Quant à la possession, toujours d'après la Cour, il a le choix, ou de la déclarer indivise, ou de l'accorder à l'un des adversaires, ou enfin de désigner un séquestre. Il a même été décidé que, lorsque le juge se trouve dans l'impossibilité de distinguer à qui revient la possession, il peut se borner à renvoyer l'affaire devant le juge du fond. (Cass. 5 novembre 1860. Cass. 22 juillet 1868.)

Quoi qu'il en soit, remarquons en terminant que la récréance accordée devait produire aujourd'hui les mêmes effets que du temps de Pothier ; elle laisserait la possession *in incerto* et ne créerait aucune présomption en faveur de la partie qui l'aurait obtenue. Elle ne ferait que lui laisser la jouissance de la chose pendant le procès au pétitoire, à la charge d'en rendre compte à l'autre partie, dans le cas où celle-ci viendrait à triompher. Enfin les deux adversaires se trouveraient dans la même situation au point de vue de la preuve de la propriété.

CHAPITRE III

DE L'EXERCICE DE L'ACTION POSSESSOIRE.

Cette partie de notre travail, pour être traitée avec méthode, doit se diviser en deux sections : dans la première, nous parlerons de ceux qui exercent l'action possessoire en leur propre nom ; dans la seconde, de ceux qui l'exercent pour le compte d'autrui.

SECTION I

DE L'EXERCICE DE L'ACTION POSSESSOIRE.

Il va sans dire que l'action possessoire peut être exercée par le possesseur annal, propriétaire ou non, quand sa possession réunit les qualités déterminées au précédent chapitre.

Au point de vue du possessoire, que dire de l'étranger ? De même que la propriété, la possession qui en est l'image dépend du statut réel (art. 3 du Code civil) ; l'étranger est donc capable de posséder des immeubles situés en France, dans les mêmes conditions que le Français ; et il n'est soumis à aucune règle spéciale pour l'acquisition de la possession qui, en conséquence, reste sous l'empire du droit commun.

La seule différence entre l'étranger et le Français en matière possessoire comme en toute autre, excepté celles de commerce, consistera en ce que l'étranger demandeur sera soumis à l'application de l'article 16 du Code civil ; par suite il devra fournir, pour que son action soit recevable, la caution *judicatum solvi*, à moins qu'il ne possède en France des immeubles d'une valeur suffisante pour assurer le paiement des frais et dommages-intérêts auxquels il pourrait être condamné. Cette solution ne saurait être sérieusement contestée, vu la généralité des expressions employées par l'article 16 du Code civil. Il est vrai que l'article 166 du Code de procédure qui détermine d'une manière plus précise les règles de la caution à fournir par les étrangers fait partie des dispositions relatives à la procédure devant les tribunaux de première instance ; mais, du moment que le législateur n'a pas établi pour les tribunaux d'exception, de dispositions spéciales dérogeant au droit commun, il est tout naturel de s'en rapporter à ce droit commun, c'est-à-dire aux dispositions de l'article 166 du Code de procédure.

En traitant de la continuation et de la jonction de possession, nous avons par cela même résolu la question de l'exercice de l'action par les divers ayant-cause du possesseur primitif. Dès lors les héritiers légitimes étant saisis de plein droit des droits et actions du défunt (art. 724), acquièrent la possession pour leur propre compte dès le jour du décès et pourront en conséquence exercer en leur propre nom l'action possessoire qui la protégeait. L'héritier même, par cela seul qu'il est saisi, pourrait exercer l'action résultant de la possession, quoique le défunt eût déjà cessé de posséder, pourvu qu'une année ne se soit pas écoulée depuis que cette possession a pris fin. Même solution pour les légataires universels, s'il n'existe pas d'héritiers à réserve (1006) ; s'il y avait des héritiers à réserve, la délivrance serait nécessaire (art. 1004). Quant aux légataires à titre universel et aux légataires à titre particulier, ils seraient, dans tous les cas, obligés d'obtenir la délivrance (art. 1011 et 1014 du Code civil) ; enfin les enfants naturels, l'époux survivant et l'Etat auxquels une succession serait dévolue devraient se faire envoyer en possession (art. 770 et 773). Pour tous ses successeurs, la possession ne commencerait qu'à partir de la délivrance ou de l'envoi en possession, et ils ne pourraient former l'action possessoire au sujet d'un immeuble possédé par le défunt, qu'après l'accomplissement de ces formalités.

Que faut-il décider pendant les délais accordés à l'héritier pour faire inventaire et délibérer ? L'exercice de l'action possessoire constitue-t-il une acceptation tacite de la succession ; ou bien est-ce un de ces actes conservatoires dont parle l'article 729, et qui ne font présumer l'acceptation que si l'héritier y a pris cette qualité ou ce titre ? En général, on considère l'exercice de l'action possessoire comme un acte de pure administration : dès lors, l'héritier, qui peut, sans se compromettre, faire des actes conservatoires, pourra intenter les actions possessoires, et si le plus léger doute pouvait exister à cet égard, il nous semble qu'il devrait disparaître devant cette considération qu'il peut être urgent d'intenter l'action, car le délai d'un an court comme toutes les prescriptions contre les successions, même vacantes (2251). Ajoutons en dernier lieu que, si l'héritier qui délibère laissait par sa négligence prescrire l'action possessoire, il pourrait être recherché comme ayant commis une faute grave dans son administration, et être rendu responsable, aux termes de l'article 504 du Code civil. Pour éviter tout danger, l'héritier devra avoir soin d'assigner sans prendre qualité. En sens inverse, si un tiers agit au possessoire contre l'héritier pendant les trois mois et quarante jours, le juge de paix devra surseoir jusqu'à l'expiration du délai, car il ne peut être obtenu, tant qu'il court, de condamnation contre l'héritier (art. 797 du Code civil).

Quelle sera, au point de vue de l'exercice de l'action possessoire, la situation des acquéreurs à titre gratuit ou onéreux ? Il faut appliquer à la possession annale la règle nouvelle admise dans notre droit moderne et d'après laquelle le consentement, par sa seule force et sans le secours d'aucune tradition réelle, transfère la propriété. Dès lors la possession est transférée à l'acquéreur telle qu'elle appartenait à celui qui se dessaisit et sans qu'aucune prise de possession soit nécessaire de la part de celui auquel le droit est transmis. La complainte que le précédent possesseur avait le droit d'exercer passe au second, quoique ce dernier n'ait fait sur l'immeuble aucun acte matériel de possession.

Cette opinion est presque universellement admise; cependant un auteur belge, M. de Wodon, en expose une contraire : « Il faut, dit-il, quant aux acquéreurs, indépendamment du contrat, avoir eu la possibilité physique de disposer de la chose, pour avoir le droit de se dire possesseur, d'intenter les actions possessoires et de se prévaloir du droit d'accession de son auteur. »

Que faudra-t-il décider lorsque deux acquéreurs d'un même immeuble se présenteront, aucun n'ayant de son chef la possession annale? Celui-là ne doit pas être préféré dans l'action possessoire qui s'est mis en possession le premier, puisque la possession qu'il peut invoquer de son chef ne lui suffit pas. C'est une de ces hypothèses où le juge du possessoire sera obligé d'examiner les titres des deux parties qui prétendent à la possession, et de trancher la question en faveur de celui qui, ayant un titre valable, peut invoquer légitimement la possession de son auteur. Aujourd'hui, sous l'empire de la loi du 25 mars 1855, ce sera l'acquéreur dont le titre aura été le premier transcrit. Mais le juge de paix serait-il compétent pour résoudre la question que soulève un pareil conflit? Nous ne le croyons pas, et, quoiqu'il ne doive consulter les titres que pour caractériser la possession, il y a tout lieu de craindre qu'en se prononçant d'une manière ou de l'autre il ne viole la règle prohibitive de l'article 25 du Code de procédure.

L'acquéreur pourra aussi invoquer la possession de son auteur, lors même qu'il ne serait devenu propriétaire que sous condition résolutoire. Ainsi l'action possessoire sera recevable de la part d'un acquéreur à pacte de réméré, et les jugements rendus pour ou contre le propriétaire sous condition résolutoire pourront après le rachat être invoqués par le vendeur qui l'aurait fait ou contre lui. Quant au vendeur à pacte de réméré, il ne pourrait pas, tant qu'il n'a pas opéré le rachat, exercer les actions possessoires quant à l'immeuble ; mais une fois ce rachat effectué, il pourra pour les exercer invoquer la possession de son ancien acheteur qui a pour ainsi dire possédé pour lui, puisqu'il ne jouissait que sous condition de remettre la chose en cas de rachat.

Disons quelques mots des communistes. Il existe en cette matière un principe incontestable, c'est que chaque communiste a le droit d'agir contre les tiers qui troublent sa jouissance. Si le tiers défendeur prétend qu'il a acquis la copossession de l'immeuble parce qu'il l'a possédé en concurrence avec le demandeur, ce sera au juge de vérifier la valeur de cette assertion, par laquelle on reconnaît implicitement la réalité de la possession du complaignant. Dans ce cas, en effet, le tiers soutient seulement avoir diminué la possession de son adversaire par celle qu'il a exercée en même temps. Mais le tiers sera tenu d'établir la contradiction qu'il allègue, en prouvant positivement que le complaignant a cessé de jouir dans la mesure où s'est accomplie sa propre possession. Si de son côté le demandeur prouve avoir toujours possédé conformément au titre et d'une manière exclusive à l'égard du tiers, celui-ci sera présumé n'avoir accompli sur l'objet litigieux que des actes de tolérance impuissants à lui procurer l'acquisition de la copossession. C'est encore une de ces hypothèses où le juge sera obligé de consulter les titres, mais toujours dans le but unique de caractériser la possession alléguée.

En second lieu, la difficulté pouvait surgir entre communistes, soit que l'un d'eux invoque à son profit une possession exclusive de l'immeuble ou du droit réel commun, soit qu'il soutienne que son cocommuniste a troublé la possession commune antérieure par des actes qui gênent sa jouissance personnelle. Le cadre restreint dans lequel nous devons nous renfermer, ne nous permet pas d'entrer dans l'étude de ces diverses hypothèses.

La saisie immobilière place le débiteur dans une situation particulière, en ce qu'elle le dépouille, dans une certaine mesure, de la jouissance de ses immeubles et du droit d'en disposer ; mais le débiteur n'en conserve pas moins la propriété et l'administration : aussi nous ne doutons pas qu'il ne conserve l'exercice des actions possessoires sans préjudice du droit pour les créanciers de les exercer à son défaut, en vertu de l'article 1166 du Code civil.

Jusqu'ici nous n'avons parlé que de ceux qui ont sur la chose le droit de jouissance intégral, le droit de propriété ; venons à ceux qui n'ont qu'un démembrement de ce droit, c'est-à-dire à l'usufruitier, au nu-propriétaire, et voyons quelle est leur situation au point de vue de l'exercice de l'action possessoire.

En droit romain, on accordait à titre utile à l'usufruitier les interdits *uti possidetis* et *unde vi* ; l'usufruitier avait aussi, dans notre ancienne jurisprudence, le droit d'exercer la complainte (Pothier, n° 100, De la Possession) ; la même doctrine doit être sans conteste admise aujourd'hui. Par la constitution du droit d'usufruit, la propriété se trouve démembrée entre le nu-propriétaire et l'usufruitier. L'usufruitier d'une chose immobilière acquiert sur cette chose un droit réel, à la différence du locataire et du fermier qui n'ont qu'un droit personnel de jouissance (art. 526 du C. C.) ; il a donc une possession distincte de celle du nu-propriétaire, et peut la faire respecter contre les entreprises des tiers au moyen de l'action possessoire.

Il est évident que le nu-propriétaire est également libre d'agir au possessoire contre les tiers, dans le cas où il redoute des actes contraires à son droit. L'usufruitier est tenu, il est vrai, aux termes de l'article 614 du Code civil, de dénoncer

12

au propriétaire les usurpations commises sur le fonds ; il est aussi responsable de tous dommages qui pourraient en résulter ; mais le nu-propriétaire peut trouver cette garantie insuffisante et préférer prendre lui-même l'initiative. En sens inverse, l'usufruitier peut prendre les devants, sans attendre l'autorisation du propriétaire dont il craint peut-être la négligence ou l'incurie ; il a, en effet, intérêt à se défendre lui-même quant à son droit d'usufruit, puisqu'il n'a contre le propriétaire aucune action pour le contraindre à le faire jouir. Ces principes sont généralement admis par les auteurs et la jurisprudence. (Curasson, *Action possessoires*, sect. II, n° 36. — Cass. 14 décembre 1846.)

D'ailleurs l'action possessoire ne peut être exercée par l'usufruitier qu'en cette qualité et quant à son droit d'usufruit ; et il ne pouvait évidemment exercer l'action comme possesseur de la chose même, vis-à-vis de laquelle il n'est qu'un détenteur précaire. Supposons, maintenant, que l'usufruitier triomphe dans l'instance possessoire et soit maintenu dans la possession de son droit. La différence entre la possession du droit d'usufruit et la possession de la chose même, sera le plus souvent assez difficile à saisir, car en obtenant d'être maintenu ou rétabli dans son droit, le demandeur aura été par cela même rétabli ou maintenu dans le fonds. Dès lors, pourrait-on dire: accorder à l'usufruitier les actions possessoires relativement à son usufruit, n'est-ce pas les lui accorder aussi quant au fonds? Non, puisque l'usufruitier n'obtient par l'action possessoire le titre de possesseur légal que pour son droit d'usufruit, et si le fonds reste entre ses mains, s'il en jouit comme le propriétaire lui-même, ce n'est, encore une fois, qu'à titre de détenteur précaire. Il peut au reste se trouver, dans un domaine, des biens sur lesquels l'usufruitier n'aura aucun droit, des bois de haute futaie non aménagés, par exemple : dira-t-on, encore dans ce cas, que la jouissance de l'usufruitier se confond dans celle d'un propriétaire véritable? Et cet exemple nous démontre bien que le nu-propriétaire peut, pendant la durée de l'usufruit, avoir intérêt à intenter l'action possessoire malgré la garantie qu'il puise dans l'article 614.

Entre le nu-propriétaire et l'usufruitier, l'action possessoire est-elle admissible ? Il n'est pas douteux que l'usufruitier puisse employer la voie possessoire, complainte ou réintégrande, contre le nu-propriétaire, pour conserver l'intégralité de son droit ; car la possession qu'il exerce est revêtue des caractères légaux à l'égard du nu-propriétaire lui-même, lorsqu'elle se maintient dans les limites du droit réel qui lui appartient. Et si celui qui possède une servitude réelle peut se servir de l'action possessoire contre le propriétaire du fonds servant, à plus forte raison doit-on décider de même à l'égard de l'usufruitier qui se plaint de faits de nature à restreindre ou à diminuer sa jouissance. Que ces faits émanent d'un tiers ou du nu-propriétaire, peu importe.

En sens inverse, il n'est pas facile d'imaginer un cas dans lequel le nu-propriétaire aura besoin de l'action pour faire respecter son droit par l'usufruitier. On peut, en effet, comprendre l'action possessoire exercée contre un tiers qui se prétend en possession d'un droit d'usufruit qui lui est donné, puisqu'il est généralement admis que la possession est un mode d'acquisition applicable à l'usufruit ; mais il est impossible, ce nous semble, d'imaginer une action possessoire intentée pour obtenir le maintien en possession d'une nue-propriété qui serait troublée par l'exercice d'un droit d'usufruit reconnu. Concluons de là que si le nu-propriétaire désire arrêter les abus de jouissance commis par l'usufruitier, il ne pourra intenter l'action possessoire et n'aura que la ressource de demander des dommages-intérêts ou même de provoquer la déchéance du droit d'usufruit. (Voyez Dalloz, *Actions possessoires*, nos 523 et 532.)

Enfin, sur la question de jonction de possession entre l'usufruitier et le nu-propriétaire, on admet généralement que l'usufruitier peut joindre à sa possession celle du nu-propriétaire (Cass. 14 décembre 1840), de même que le nu-propriétaire peut joindre à la sienne celle de l'usufruitier. (Paris, 12 juin 1826.) Dans le premier cas, le propriétaire a possédé le droit d'usufruit en même temps que la chose elle-même ; dans le second, l'usufruitier a été tout à la fois possessseur de son droit d'usufruit et détenteur de la chose pour le compte du nu-propriétaire.

A la différence de l'usufruit dont le droit est réel, le fermier n'a qu'un droit personnel qui lui est conféré par le bail, et sa détention est précaire *erga omnes*. Donc le fermier ne saurait exercer la complainte à l'occasion de l'immeuble qu'il détient en cette qualité.

1° Le fermier peut être troublé dans sa jouissance, soit par des tiers, soit même par le bailleur.

Le fermier est troublé par un tiers. Ici une distinction est nécessaire : si l'auteur du trouble ou du dommage n'élève aucune prétention à la possession de l'immeuble, le fermier a qualité pour réclamer les dommages-intérêts qui sont l'équivalent de la perte résultant des obstacles apportés à la culture ou de la dépréciation de ses récoltes, et le bailleur n'est même pas tenu de le garantir des troubles apportés à sa jouissance, tant que ces troubles n'ont que le caractère d'une simple voie de fait (art. 1725 du Code civil). Mais aussitôt que l'auteur du trouble manifeste une prétention quelconque à la propriété ou à la possession, et oppose à la demande du fermier, en réparation du préjudice causé, l'exception *feci, sed jure feci*, celui-ci n'a plus qualité pour soutenir l'instance, l'action dégénère et devient réelle devant la prétention avancée par le défendeur. Dès lors, le fermier détenteur précaire ne peut se retourner et intenter la complainte ; il doit, aux termes de l'article 1727 du Code civil, appeler son bailleur en garantie et être mis hors de cause. Il ne peut plus figurer au procès comme partie principale, sauf à y rester comme intervenant pour la conservation de ses droits, à côté du bailleur, véritable intéressé comme possesseur de l'immeuble.

Nous venons de supposer la prétention de l'auteur du trouble ou du dommage, émise au cours de l'instance en réparation formée contre lui par le fermier. Mais si la prétention à la possession se manifestait avant toute instance, le fermier incapable d'intenter la complainte devrait suivre une autre marche. L'article 1768 du Code civil l'oblige en effet, sous peine de tous dépens, d'avertir le bailleur des usurpations qui peuvent être commises sur le fonds ; il devra donc sur-le-champ l'avertir ; mais dans ce cas encore le propriétaire sera soumis à la garantie envers le fermier, car il est obligé de le faire jouir, et nous ne sommes plus dans l'espèce prévue par l'article 1725.

2° Le fermier est troublé par le propriétaire lui-même. Dans cette hypothèse, il agira contre le bailleur *ex conducto* (art. 1719, n° 3).

Il résulte de ces explications que le fermier est incapable d'exercer l'action en complainte : sur ce point tout le monde est à peu près d'accord. M. Troplong même, tout en enseignant que le droit du fermier est réel, lui refuse cependant les actions possessoires (*Du louage*, n° 271) ; en sens contraire, M. Dalloz tendrait à la lui accorder (*Actions possessoires*, n° 525). Quant à la réintégrande, la solution n'est plus la même. Nous avons admis que cette action possessoire était d'une nature spéciale, que son point d'appui résidait dans la célèbre maxime : *Spoliatus ante omnia restituendus*, et qu'elle avait pour but principal de maintenir en quelque sorte la paix publique ; pourquoi dès lors la refuser au fermier qui a la détention matérielle, la *naturalis possessio* de l'objet litigieux ? Aussi la jurisprudence, d'accord avec une partie de la doctrine, admet-elle que l'action en réintégrande peut être introduite par un fermier.

Il nous reste à examiner une espèce assez curieuse : c'est le cas du vendeur d'un bien immobilier qui, ayant reçu le paiement de son prix, ne livre pas la chose à l'acquéreur. Doit-il être considéré, quant à cette chose, comme détenteur précaire, ce qui aurait pour résultat de le mettre dans l'impossibilité d'acquérir la propriété par prescription et aussi d'avoir les actions possessoires ? La solution de cette question ne laisse pas que d'être délicate et dépend des circonstances. Ainsi je vous vends un immeuble dont vous me payez le prix comptant ; vous mourez sans que je vous aie fait la tradition : votre héritier, qui ignore la vente, reste pendant plus d'un an sans réclamer ; puis il découvre l'existence de la vente, et il intente contre moi l'action possessoire. Puis-je lui opposer ma possession ? C'est demander si ma possession personnelle est précaire ou non : dans le cas de l'affirmative, le complaignant doit obtenir gain de cause ; il doit succomber au contraire si l'on admet la négative, et il n'aura plus que la ressource de l'action pétitoire. La question est controversée. M. Baudry la résout par une distinction qui nous semble fort judicieuse. Si le contrat, dit cet auteur, n'accorde, expressément ou tacitement, aucun terme au vendeur pour la délivrance, alors on ne peut pas dire qu'il détient la chose en vertu de son titre et pour le compte de l'acheteur, donc précairement. Il la possède contrairement à son titre, puisque son titre l'obligeait à une délivrance immédiate, aucun terme ne lui ayant été concédé ; par suite il possède *animo domini*, et, au bout d'un an, il aura l'action possessoire contre les tiers et même contre son acheteur. Si au contraire le contrat accorde expressément ou tacitement un terme au vendeur pour la délivrance, alors il semble bien qu'il détient la chose précairement, car il la possède en vertu de son titre, et bien évidemment pour le compte de l'acheteur, dont il reconnaît le droit de propriété, puisqu'il l'a rendu propriétaire par le contrat de vente. Cette solution est absolument incontestable pour le cas où il est dit dans l'acte que le vendeur conservera la chose jusqu'à la livraison, en qualité de locataire, fermier, dépositaire, etc... car alors la précarité de son titre est écrite en toutes lettres ; mais elle nous paraîtrait devoir être appliquée même lorsque le contrat n'indique pas le titre auquel le vendeur est autorisé à conserver la chose. Il a été nécessairement sous-entendu qu'il détiendrait précairement, puisque, par le titre même qui l'autorise à détenir, le vendeur reconnaît le droit de propriété de l'acheteur (Baudry, *Code civil*, liv. III, page 918). Cette solution, quoique donnée en matière de prescription acquisitive, s'applique parfaitement en matière possessoire, les motifs de décider étant les mêmes.

SECTION II.

DE CEUX QUI EXERCENT L'ACTION POSSESSOIRE POUR LE COMPTE D'AUTRUI.

En général, l'action et le droit de l'exercer se trouvent réunis sur la même tête, la capacité étant le droit commun ; mais le contraire pourra se présenter quelquefois. Il importe donc de rechercher quels sont, en matière possessoire, les principes qui gouvernent la capacité, et comment les incapables seront représentés. Aucune difficulté n'existe sans doute quand le débat s'agite entre deux plaideurs majeurs et maîtres de leurs droits ; mais, nous venons de le dire, tous ceux à qui compète une action possessoire ne sont pas indistinctement aptes à la faire valoir : lorsqu'ils sont, par exemple, soumis à une condition juridique spéciale comme les personnes morales, ou lorsqu'ils se trouvent dans l'impossibilité physique ou matérielle de l'exercer eux-mêmes, comme les absents et les interdits ; ou enfin quand la loi leur défend cet exercice dans leur propre intérêt aussi bien que dans celui de la morale publique, comme les femmes mariées et les mineurs.

Cette observation faite, recherchons brièvement quelles

sont les personnes chargées par la loi d'exercer les actions possessoires pour autrui.

Femmes mariées. — Il faut distinguer entre les différents régimes qui peuvent être adoptés par les époux. Sous le régime de la communauté légale ou conventionnelle, il y a trois patrimoines au logis : celui de la communauté et celui de chacun des époux. Le mari, ayant l'administration de ces trois patrimoines, a par suite l'exercice des actions possessoires qui les conservent (art. 1421 et 1428 du Code civil).

Sous le régime sans communauté, le mari exerce l'action possessoire relativement aux biens personnels de sa femme : l'article 1531 le dit implicitement.

Sous le régime dotal, c'est encore le mari qui exerce l'action quant aux biens dotaux (art. 1549 du Code civil). Cet article ne le dit pas expressément ; mais l'énergie de ses termes, la forme absolue de sa rédaction, comparée à celle de l'article 1428, permet même de remettre au mari l'exercice des actions dotales pétitoires. « Le mari *seul* a l'administration, il a seul le droit de poursuivre les *détenteurs* des biens dotaux. » Comme c'est la loi qui confère au mari le droit d'agir au nom de sa femme, tout ce qui sera jugé pour ou contre lui sera jugé pour ou contre elle.

La femme séparée de biens par contrat ou judiciairement conserve ou reprend l'administration de ses biens, elle a également l'administration de ses biens paraphernaux : il en résulte que dans ces hypothèses, c'est à elle qu'il appartient d'agir au possessoire, mais avec l'autorisation de son mari ou de justice (art. 215 du Code civil). La femme, ayant le droit d'administrer, doit avoir l'exercice de l'action possessoire, acte éminemment conservatoire.

Mineurs et interdits. — Pendant le mariage, le père est administrateur légal des biens des enfants mineurs ; il a donc, quant à leurs biens personnels, l'exercice de l'action possessoire qui n'est, nous le savons, qu'un acte d'administration.

Après la dissolution du mariage, c'est au tuteur qu'appartient l'exercice de l'action tant en demandant qu'en défendant. Les auteurs sont d'accord pour reconnaître qu'il n'a pas besoin de se faire autoriser par le conseil de famille, l'article 464 du Code civil, qui subordonne le droit d'agir à l'avis conforme des parents, n'ayant trait qu'aux actions pétitoires. La situation des interdits est la même que celle des mineurs ; quant au mineur émancipé, il peut agir au possessoire sans l'assistance de son curateur (art. 481). En effet, l'article 482, qui défend à ce dernier d'intenter une action immobilière ou d'y défendre sans l'assistance du curateur, doit, comme l'article 464, s'entendre des actions pétitoires, les seules pour lesquelles il puisse être utile et raisonnable de convoquer le conseil de famille. (Aubry et Rau, 1, § 132, texte et note ; Bourbeau, n° 392.) — Enfin le prodigue et le faible d'esprit pourvus d'un conseil judiciaire ne peuvent plaider sans l'assistance de leur conseil (art. 499, 519 du Code civil); c'est pourquoi nous croyons que cette prohibition est absolue et s'applique aussi bien à la défense qu'à la demande, aux meubles qu'aux immeubles, au possessoire qu'au pétitoire. (Aubry et Rau, 1, § 140, texte et note 3 ; Bourbeau, n° 397.)

L'action formée par un mineur ou par un interdit serait non recevable et n'aurait pas pour effet même de prévenir la déchéance. C'est le tuteur qui doit agir, et sa responsabilité met le mineur et l'interdit hors de tout danger. Nous rappelons que le délai pour agir court contre le mineur et l'interdit, et là encore nous trouvons pour garantie la responsabilité du tuteur.

Absents. — En cas d'absence, l'administrateur des biens du présumé absent (art. 112 du Code civil) pourra exercer les actions possessoires relatives aux immeubles de l'absent. Les envoyés en possession provisoire auront aussi ce droit, puisque, aux termes de l'article 125, ils ont l'administration des biens. A plus forte raison les envoyés en possession définitive (art. 129 et suivants) ; enfin le droit d'intenter l'action possessoire et d'y défendre appartiendra à l'époux qui a opté pour la continuation de la communauté (art 124).

Succession vacante. — Le curateur à une succession vacante en exerce et poursuit les droits, en vertu de l'article 813 du Code civil ; il pourra donc exercer les actions possessoires quant aux biens de ladite succession.

Mandataire. — Si le mandataire a reçu de son mandant un pouvoir général de gérer et administrer les biens, il aura certainement l'exercice des actions possessoires qui compètent au mandant, parce que cet exercice rentre dans son pouvoir d'administration.

Etres collectifs. — Quant aux êtres collectifs, la règle à suivre pour intenter l'action dépendra de la manière dont ils auront été constitués. S'il s'agit de sociétés commerciales, il faudra distinguer leurs différentes espèces : les sociétés en nom collectif seront représentées par l'un des associés qui figurent dans la raison sociale ; les sociétés anonymes exerceront l'action par leurs directeurs ou leurs gérants.

On sait que les sociétés purement civiles n'ont pas le caractère de personnes morales : l'action possessoire sera donc, à l'instar de l'action pétitoire, intentée ou soutenue par l'associé chargé de l'administration de la société, et, s'il n'y en avait pas, chacun des associés devrait figurer dans l'instance (art. 1856 et 1859 du Code civil).

Créanciers. — Sauf le cas de faillite, les créanciers ont un intérêt bien marqué à ne pas laisser s'amoindrir les droits de leurs débiteurs, puisque ces droits forment leur gage commun ; il leur importe donc de veiller à ce que ces débiteurs ne diminuent pas par leur négligence la valeur de leurs biens. Nous savons que la loi leur offre les moyens de sauvegarder leur gage en les autorisant à exercer les actions qui compètent à leurs débiteurs, à l'exception de celles qui sont exclusivement attachées à la personne (art. 1166 du Code civil) ; or, les actions possessoires n'étant certainement pas de cette dernière catégorie, il en résulte que les créanciers pourront les exercer au cas où leurs débiteurs négligeraient de le faire eux-mêmes. On a discuté sur le point de savoir si cet exercice était subordonné au consentement des débiteurs ou à l'autorisation de justice ; mais la jurisprudence a décidé que les créanciers n'avaient aucune formalité à accomplir, tout en laissant aux juges le pouvoir d'examiner si l'action des créanciers était fondée sur un intérêt sérieux. (Cass. 26 juillet 1854.)

Personnes morales : État, départements, communes. — On sait que l'État, le département et la commune ont deux sortes de domaine : le domaine public et le domaine privé. Le premier n'est pas susceptible de prescription, ni, par suite, de possession privative ; quant aux biens faisant partie du domaine privé de ces trois personnes morales, une même règle leur est applicable, tous sont dans le commerce et dès lors susceptibles d'action possessoire de la même manière que ceux possédés par des particuliers. Nous devons toutefois faire observer que la loi du 20 août 1881, art. 3, a établi en faveur des communes une présomption de propriété sur les chemins reconnus dans les conditions requises.

Par qui dans l'instance possessoire l'État, le département et la commune seront-ils représentés, soit en demandant, soit en défendant? Si l'action est intentée par l'État ou le département, elle le sera dans les deux cas par le préfet, sans qu'il y ait besoin d'aucune formalité ; si l'action est intentée par la commune, elle le sera par le maire, mais il aura besoin de l'autorisation du conseil municipal (art. 55 de la loi du 18 juillet 1837). Lorsque les intérêts de l'État et du département sont en opposition, le préfet représente l'État, et le département est représenté par un membre de la Commission départementale désigné par elle. (Loi du 10 avril 1801, art. 54.)

Si, en sens inverse, l'action possessoire est intentée par un particulier contre l'une de ces trois personnes morales, qui donc lui répondra ? La réponse à cette question est qu'il faudra observer les règles ordinaires, c'est-à-dire que la demande devra être dirigée contre le préfet s'il s'agit de l'État ou du département, et contre le maire s'il s'agit de la commune. Dans ces divers cas, il est à remarquer qu'aucune autorisation ni formalité préalable n'est nécessaire ; il n'y a pas à déposer le mémoire qui, en matière pétitoire, doit précéder d'un ou de deux mois le commencement de l'instance, suivant que le préfet est assigné comme représentant l'État et le département.

Telle est, en matière possessoire et en ce qui concerne l'État, l'opinion de la majorité des auteurs qui se fondent, pour la justifier, sur le caractère d'urgence de ces actions. La même dispense existe au profit de celui qui intente une action possessoire contre une commune (art. 55 de la loi du 18 juillet 1837 déjà citée).

Quant aux autres personnes morales, telles que les établissements publics et de bienfaisance, les menses épiscopales, séminaires, etc... elles sont assujetties à des principes particuliers au point de vue de ceux qui ont qualité pour les représenter en justice.

CHAPITRE IV.

DES CHOSES SUSCEPTIBLES DE POSSESSION ET QUI PEUVENT
ÊTRE L'OBJET D'UNE ACTION POSSESSOIRE.

Cette partie de notre étude sur les matières possessoires est tout à la fois la plus délicate dans son exposition et celle dont l'intérêt pratique est le plus grand. En effet, nos textes modernes, relatifs au sujet qui nous occupe, ne disent point quelles choses peuvent être l'objet d'une action possessoire ; ils ne déterminent que les conditions dans lesquelles l'action peut être intentée. Nous serons donc obligés, pour reconnaître si telle ou telle catégorie de biens, corporels ou incorporels, est susceptible de possession, de nous reporter aux principes généraux, et de voir si la possession appliquée à ces biens réunit les qualités exigées par les articles 2229 et 23 du Code civil et du Code de procédure. En outre, dans cette recherche, la doctrine et la jurisprudence nous aideront à suppléer au silence des textes.

Notre ancien droit était plus explicite sur ce point. D'après la grande ordonnance de 1667, titre 18, art. I, l'action possessoire pouvait être intentée si l'on avait été troublé dans la jouissance d'un héritage, d'un droit réel ou d'une universalité de meubles. Ce texte nous montre que si, sous l'empire de l'ordonnance, la complainte était recevable pour une universalité de meubles, elle était tacitement déniée pour simples meubles ou meubles particuliers. Les rédacteurs avaient sans doute voulu s'en expliquer formellement ; car, avant sa promulgation, l'action était accordée pour simples meubles, de même qu'à Rome on accordait l'interdit *utrubi* dans des circonstances à peu près semblables.

Dans notre droit actuel, un meuble particulier pourrait-il être l'objet d'une action possessoire? La négative ne doit faire aucun doute. Nous venons de citer l'ordonnance de 1667 qui dénie tacitement l'action ; dans notre droit français, dit Pothier, lorsque deux parties se disputent une chose mobilière, on entre d'abord dans la question de propriété. (Pothier *Traité de la possession*, n° 93.)

Cette règle n'a pas cessé d'être en vigueur aujourd'hui ; car pour les meubles, la possession et la propriété se confondent, si bien que l'action en revendication d'un objet mobilier n'est qu'une faveur toute particulière de la loi au profit de celui dont le meuble a été perdu ou volé. La possession en matière mobilière, fait observer M. Bourbeau, n'a pas ces degrés qui la font passer de la présomption de propriété à la propriété définitive, et dont la succession constitue le système sur lequel repose la théorie des actions possessoires. Ou la possession des meubles est vicieuse, et alors elle ne constitue aucun droit ; ou elle est exempte de vices, et alors elle est un titre de propriété. (Bourbeau, Justices de paix, n° 358.)

Un semblant de discussion pourrait s'élever sur le point de savoir si aujourd'hui encore l'action possessoire serait recevable pour une universalité de meubles. La négative est généralement adoptée par les auteurs. Il n'y a aucune raison, disent-ils, de faire une différence entre les meubles particuliers et les universalités de meubles; et si la complainte existait autrefois pour l'universalité, c'était à cause de la législation successorale en vigueur, qui accordait souvent les meubles à certains héritiers et les immeubles à d'autres. De nos jours donc, la complainte pour une universalité de meubles n'aurait aucune raison d'être. (En ce sens Dalloz, *Actions possessoires*, n° 499.)

Cette opinion nous semble irréfutable, et à ceux qui voudraient un argument de texte, on pourrait citer l'article 3 du Code de procédure civile qui donne compétence au juge de paix de la situation de l'objet ligitieux pour connaître des actions possessoires. Par sa rédaction, ce texte fait clairement comprendre que ces sortes d'actions ne peuvent être intentées qu'au sujet des immeubles, puisque, seuls, ils ont une situation, et qu'au contraire les universalités de meubles, pas plus que les meubles, n'ont d'assiette fixe.

Cependant quelques auteurs, parmi lesquels nous citerons Boitard, I, n° 624, soutiennent que la complainte serait encore recevable de nos jours pour une universalité de meubles. La loi, n'énumérant pas les biens pour lesquels il y a lieu à l'action possessoire, disent ces derniers, on ne peut, pour les déterminer, que se reporter aux règles anciennes. L'action possessoire, dans cette opinion, pourrait dès lors être formée à l'occasion d'une succession purement mobilière, comme du temps de Pothier, et le juge de paix compétent serait celui de l'ouverture de la succession. Il faudrait enfin, toujours dans cette manière de voir, qu'il y eût trouble, non à la possession d'un objet particulier, mais à celle de l'universalité, comme si, par exemple, un tiers exerçait des poursuites contre les débiteurs de la succession.

L'ancien droit français, conformément à l'ordonnance de 1667 et à la Coutume de Paris, admettait l'exercice de l'action possessoire, non seulement pour les héritages, mais encore pour tous les droits réels réputés immobiliers, et dont la possession se manifeste par la jouissance qu'ils procurent. Pothier, outre l'usufruit et les servitudes, cite les droits de champart, de rentes foncières, les banalités, corvées, etc... La plupart de ces droits réels ont disparu, et, puisque nous avons écarté les meubles et universalités de meubles de notre discussion, il reste à nous occuper, au point de vue possessoire, des héritages, c'est-à-dire des immeubles corporels et des droits réels.

Cette observation nous donne la marche à suivre dans notre

étude sur les objets susceptibles de possession, et nous amène à diviser notre chapitre en deux sections : la première, consacrée aux immeubles corporels, la seconde, aux droits réels.

SECTION I.

IMMEUBLES CORPORELS.

Aux termes de l'article 514 du Code civil, les biens sont immeubles, ou par leur nature ou par leur destination.

Immeubles par leur nature. — En général, l'action possessoire est recevable pour trouble ou dépossession à l'égard des immeubles par leur nature dont les articles 518 à 521 exclusivement et l'article 523 du Code civil contiennent une énumération.

Les immeubles par nature comprennent les fonds de terre et ce qui s'y trouve incorporé. Les plantes et les arbres sont immeubles tant qu'ils font corps avec le sol d'où ils tirent directement leur nourriture ; ils deviennent meubles à partir du moment où ils en sont détachés. Cependant un arrêt de cassation du 5 juillet a décidé que, si tous les arbres, plantes et arbustes qui composent une pépinière, lors même qu'ils ne sont point adhérents au sol, peuvent être considérés comme immeubles tant qu'ils font partie de l'établissement immobilier auquel ils ont été incorporés pour son service et son exploitation, il n'en saurait être de même lorsque, par la volonté du propriétaire, le sol sur lequel ils ont été placés forme une propriété distincte de l'établissement lui-même.

L'action possessoire pourra être intentée à l'occasion des arbres, aussi bien lorsque le trouble qui lui donne ouverture porte seulement atteinte à la jouissance par l'élagage ou l'ébranchage, que si l'acte incriminé consiste dans l'abattage de ces arbres. Dans ce cas, en effet, l'action possessoire ne saurait être écartée sous prétexte que les arbres arrachés ont cessé d'être immeubles pour devenir meubles, car la possession du champ dont ils étaient un accessoire a été troublée par le fait de leur séparation, contraire à la volonté du propriétaire.

On sait que la propriété du dessus emporte celle du dessous ; ce principe s'appliquera à la possession, sauf certaines restrictions relatives aux mines et aux carrières qui sont soumises à des dispositions spéciales, et à propos desquelles nous donnerons plus loin quelques explications. Quant au trésor, ce n'est pas un produit du sol, et pris en lui-même il est un véritable meuble, du jour où il a été découvert; par suite, l'action possessoire ne saurait lui être appliquée.

Il ressort de ce qui précède que les véritables immeubles par leur nature sont les fonds de terre. Quant aux bâtiments compris dans cette catégorie par l'article 518, ils ont surtout ce caractère à cause de leur incorporation au sol, qu'il est difficile de considérer abstraction faite de ces accessoires qui viennent modifier sa valeur et son état, en même temps que la jouissance et l'utilité dont il est susceptible : *Omne quo solo inœdificatur solo cedit.* Nous tirons de là deux conséquences. C'est que : 1° pour être immeuble la construction doit nécessairement faire corps avec le fonds sur lequel elle est assise, et avoir un caractère suffisant de permanence ; 2° que l'immobilisation de la construction dérivant de son incorporation au sol, cette immobilisation cessera par la démolition de l'édifice dont les matériaux constitutifs reprendront aussitôt la nature mobilière qu'ils avaient avant leur incorporation.

Tout ce qui compose le bâtiment, le complète et devient immeuble par nature : tels sont les portes, volets, boiseries escaliers, charpentes, etc....... ; il ne pouvait en être autrement, puisque justement c'est la réunion, l'assemblage de ces objets divers qui constituent le bâtiment, et sans lesquels il n'existerait pas en tant que bâtiment. Au point de vue possessoire, il n'est pas besoin de nous étendre longuement sur ces objets: en effet, ou bien, ils sont considérés avec le fonds auquel ils sont attachés, et alors la possession acquise sur la chose principale s'applique à l'accessoire, ou bien on les envisage d'une façon spéciale et indépendamment de la chose à laquelle ils adhèrent, et, dans ce cas, ils ne sont que de véritables meubles sur lesquels il ne peut s'établir de possession susceptible d'être protégée par l'action possessoire. On ne comprendrait pas à leur égard une appréhension particulière qui n'aboutît sur-le-champ à leur faire perdre leur caractère immobilier. Mais remarquons bien qu'ils sont utiles pour manifester la possession de l'immeuble auquel ils appartiennent, et, tout fait qui les atteint engendre un trouble à la possession de l'immeuble et peut donner ouverture à l'action possessoire.

Nous n'en dirons pas autant des haies et clôtures de toute espèce qui souvent dans nos campagnes entourent les champs, les prés ou les bois. A notre avis, ces accessoires ne font nullement partie intégrante d'une pièce de terre quelconque, car rien n'est plus facile que de concevoir une prairie sans haie, un champ sans clôture vive ou morte. Par conséquent des faits de possession exercés sur une pièce de terre ne prouveront pas le droit de leur auteur sur les haies qui l'entourent, car ces haies pourraient parfaitement être possédées par le propriétaire voisin ; et, réciproquement, des faits de possession sur les clôtures ne prouveraient rien quant à la possession du champ qu'elles bordent.

Immeubles par destination. — On entend par ces expressions des objets mobiliers par eux-mêmes et par leur nature, qui deviennent immeubles par l'intention du propriétaire ou du possesseur du fonds. Les articles 524 et 525 du Code civil en contiennent une énumération basée sur ce fait que le propriétaire les a placés pour le service et l'exploitation de son fonds, ou de ce qu'ils les y a attachés à perpétuelle demeure. Les articles précités ne sont pas limitatifs ; ils sont simplement

énonciatifs et posent des exemples qui servent à donner le
véritable sens de la disposition générale.

Au point de vue possessoire, que décider des immeubles par
destination ? Selon nous, l'action ne pourrait être intentée eu
égard à ces objets que s'ils étaient considérés dans l'instance
comme l'accessoire des fonds. Il ne faut pas oublier la distinction que nous avons faite sur la nature du trouble nécessaire pour donner ouverture à la complainte ; il faut que ce
trouble soit une menace à la possession. Lors donc qu'on me
dérobe un objet, immeuble par destination, je ne serai admis à
intenter la complainte ou la réintégrande que si le défendeur,
en s'emparant de l'objet, a entendu faire acte de possession ou
de propriétaire, sur le fond même. Dans cette hypothèse, je
pourrai, en exerçant l'action, obtenir la réparation du préjudice
que j'ai souffert ; mais si le défendeur déclare qu'il n'a pas
agi comme possesseur du fonds, l'action possessoire ne sera
pas recevable, et il ne me restera plus que l'action en revendication prévue par l'article 2279 du Code civil.

Par suite d'une fiction, la loi assimile sous certains rapports
à des immeubles des choses essentiellement mobilières par leur
nature. Ce sont certains droits de créance qui ont pour objet
des immeubles, actions de la Banque de France, rentes sur
l'Etat français, actions sur certains canaux de navigation. Cette
immobilisation n'a aucune influence quant au possessoire, et
ces divers droits restent toujours, à cet égard, de véritables
meubles.

En général, avons-nous dit, l'action possessoire est recevable
pour trouble à la jouissance des immeubles par leur nature
ou pour dépossession de ces immeubles ; mais il y a à cette
règle une restriction fort importante, non formulée par la loi, et
cependant unanimement adoptée en doctrine et en jurisprudence. Cette restriction est relative aux biens faisant partie
du domaine public. Dans le cours de ce modeste travail, nous
avons toujours présenté le droit de possession comme reflétant

le droit de propriété, nous avons démontré que l'action possessoire n'était admissible qu'au cas où la possession qui lui sert
de base réunissait les qualités énumérées dans l'article 2229.
Or, ces qualités sont celles exigées pour la prescription acquisitive ; on doit en tirer cette conséquence que les biens
déclarés imprescriptibles par la loi et non susceptibles de propriété privée, comme faisant partie du domaine public, ne
peuvent être l'objet d'une possession utile à l'effet de donner
ouverture aux actions possessoires.

Néanmoins, cette exception en faveur du domaine public
n'est pas complètement absolue, et nous verrons, dans la suite
de nos explications, que l'action possessoire quant à cette sorte
de biens pourra être admise suivant des distinctions à faire,
et, entre les parties litigantes, et, quant à la nature des droits
dans lesquels on demande à être maintenu.

Biens non susceptibles de possession privée comme faisant partie du domaine public.

Les biens qui n'appartiennent pas à des particuliers sont
administrés et ne peuvent être aliénés que dans les formes et
suivant les règles qui leur sont propres.(art 537 du Code civil).
Les biens ainsi définis sont ceux qui appartiennent à l'État,
aux départements, aux communes ou à certains êtres collectifs,
tels que les hospices, universités, etc.... Quant aux biens de
cette dernière catégorie, ils sont soumis au régime du droit
commun, et il n'y a aucun caractère spécial à signaler au
point de vue possessoire, sauf que la procédure est plus compliquée à cause de la protection particulière qui leur est
accordée.

On distingue, ainsi que nous l'avons dit plus haut, pour
l'État, le département et la commune deux sortes de domaines :
le domaine privé et le domaine public. Le domaine privé de

l'État se compose des biens qui ne sont pas affectés à un service public, mais qui sont destinés, à l'aide des revenus qu'ils produisent, aux dépenses publiques. Sauf, certaines règles relatives à leur administration et à leur aliénation, ces biens sont dans le commerce. Ils sont donc susceptibles de prescription et de possession comme ceux des simples particuliers, et nous avons vu, au précédent chapitre, de quelle façon et par qui s'exerce à leur égard l'action possessoire. Le domaine privé comprend une foule de biens divers parmi lesquels on peut citer les biens vacants et sans maître, les successions en déshérence, les îles, îlots, atterrissements qui se forment dans le lit des rivières navigables et flottables, les lais et relais de mer, les biens acquis par achat, donation ou autrement, les forêts domaniales etc.....,

Le domaine public de l'État comprend les biens qui par suite de leur affectation spéciale et permanente à l'usage public, sont placés hors du commerce. Tels sont les places de guerre, les fortifications, certaines routes, les rivières navigables ou flottables, les rivages de la mer, les ports, havres, rades et généralement, ajoute l'article 538 du Code civil, toutes les portions du territoire français qui ne sont pas susceptibles d'une propriété privée.

Que les biens du domaine public n'appartiennent propriétairement à personne et que l'État n'ait sur eux qu'un pouvoir d'administration, comme le soutient Proudhon (*Domaine public*, n° 47); ou que ces biens appartiennent à l'État comme le prétendent d'autres auteurs : peu importe. Il n'en est pas moins certain qu'ils sont régis par des dispositions spéciales, qu'ils ne peuvent être prescrits et ne sont susceptibles ni de possession ni de propriété privée (art. 2226 et 538 du Code civil). Leur situation de biens hors du commerce rend donc précaire toute acte de possession exercé à leur encontre ; et l'action possessoire devra être déclarée non recevable. Il va de soi d'ailleurs que la preuve du caractère domanial du bien qui fait l'objet d'une instance possessoire devra être fournie, et s'il y avait contestation sur ce point, le juge, croyons-nous, devrait surseoir jusqu'à ce qu'elle ait été tranchée par l'administration.

En sens inverse, l'action possessoire est parfaitement recevable lorsqu'elle est intentée par l'État à l'effet de faire cesser le trouble ou la gêne causée par un particulier à la liberté d'un bien du domaine public. L'action possessoire en effet est un acte conservatoire par excellence, et il n'y a aucune raison pour en priver l'État vis-à-vis des particuliers ; en raison surtout de l'économie et de la célérité qui forment le caractère distinctif de cette manière de procéder.

Si l'action possessoire n'est pas admise lorsqu'elle est formée quant aux biens du domaine public par les particuliers contre l'État, il n'en est pas ainsi, lorsque le débat s'engage quant à ces tiers entre les particuliers. La possession d'un bien imprescriptible comme faisant partie du domaine public est précaire sans doute, mais la précarité est un vice relatif qui ne peut être opposé que par l'État lui-même et par l'État seul. A l'égard des tiers, la possession privée produit son effet ordinaire, quel qu'en soit l'objet ; dès lors les particuliers sont fondés à se faire maintenir en possession contre toute personne qui les trouble, sans qu'il y ait à se préoccuper du caractère domanial du bien ; non plus qu'à ordonner la mise en cause de l'État auquel l'action ne peut porter atteinte. C'est pourquoi la jurisprudence a décidé que l'exception de domanialité ne peut être soulevée que par le domaine et non par les particuliers. (Cass. 20 novembre 1877.)

Dans cet ordre d'idées l'action serait aussi recevable du chef des concessionnaires. Les particuliers, en effet, obtiennent souvent des concessions de jouissance sur les dépendances du domaine public ; aussi, en cas de trouble à cette jouissance, ils seraient fondés à intenter la complainte à l'encontre des autres particuliers auteurs de ce trouble. Il faudrait toutefois que la concession eût pour objet un droit réel, car nous savons qu'un droit personnel ne peut jamais donner ouverture à une action possessoire. Nous donnerons sur ce point de plus amples détails en étudiant les rivières navigables et flottables, les chemins de fer et autres dépendances du domaine public, au point de vue du possessoire.

Nous n'avons jusqu'ici mis en présence que les particuliers et l'État quant aux biens faisant partie du domaine national; les départements et les communes ont aussi, comme on sait, un domaine public, pour lequel on doit admettre exactement les mêmes solutions.

En résumé, tout ce qui précède peut se condenser en trois principes généralement admis dans la doctrine.

1° Les biens du domaine public n'étant pas susceptibles d'une possession suffisante pour faire acquérir la prescription, on ne peut pas se prévaloir de sa possession annale sur un de ces biens pour exercer contre l'État, le département ou la commune l'action possessoire.

2° Les biens du domaine public sont imprescriptibles, mais cette imprescriptibilité n'a lieu qu'en faveur du domaine et non contre lui.

3° En thèse générale, on ne peut se prévaloir de l'exception de domanialité que dans l'intérêt du domaine.

Il convient maintenant d'examiner séparément les principales dépendances des différents domaines publics et de voir sous quelles conditions les particuliers peuvent entre eux jouir du bénéfice des actions possessoires.

Des rivières navigables et flottables. — Ces rivières font partie du domaine public national et ne sont par suite susceptibles ni de propriété ni de possession privée comme étant hors du commerce. (Art. 538 du C. civ.) Il ne saurait donc à leur égard être question d'action possessoire de la part des particuliers contre l'État, quand bien même ces particuliers auraient joui privativement de leurs eaux, et quels que soient

les actes de jouissance accomplis sur leur cours par les riverains. La jouissance dont ces rivières ont été l'objet ne provient que de la tolérance de l'administration, qui reste tou-
jeurs libre de faire cesser à son gré les actes de possession
accomplis sur ces eaux par les riverains. Ces actes, nous le
répétons, sont en conséquence impuissants vis-à-vis de l'État
à fonder un droit quelconque. La loi du 25 mai 1838 n'a pas
dérogé à ces principes, car les cours d'eau dont elle s'occupe
font partie du domaine des simples particuliers, du moins à notre
avis, et à ce titre sont restés dans le commerce.

Comment reconnaître qu'une rivière est navigable ou flottable ? Les auteurs sont divisés ; suivant les uns, une rivière
n'est navigable ou flottable qu'autant qu'elle a été déclarée
telle par l'autorité administrative ; jusque-là elle dépendrait
des cours d'eau ordinaires, quand même en fait elle serait
navigable. (Pardessus, *Servitudes*, n° 77.)

D'autres enseignent que, pour reconnaître si une rivière est
navigable ou non, flottable ou non, il n'y a qu'à s'attacher au
fait, sans qu'une déclaration de l'administration soit nécessaire.
Nous ne prétendons pas ici discuter cette question ; nous supposons la déclaration faite et nous examinons quels en sont
les effets. Cet effet est, comme nous l'avons dit plus haut de
rendre désormais irrecevables les actions possessoires formées
par les particuliers contre l'État.

On sait que l'édit de 1566 a le premier déclaré inaliénable tout
ce qui faisait partie du domaine public et mis fin par là aux
interminables controverses de l'ancien droit. Mais cet édit
n'ayant d'effet que pour l'avenir, tous les droits acquis à l'époque
ou il a été rendu, ont été maintenus. Quelle que soit en outre
l'opinion que l'on adopte sur la question de savoir comment
une rivière devient légalement navigable ou flottable, il n'est
pas douteux que les droits acquis, soit au moment où la rivière
a été déclarée navigable ou flottable, soit au moment où elle l'a
été rendue par les travaux de l'administration, doivent être

respectés. Dans ces deux cas, et par application du principe
que les lois n'ont pas d'effet rétroactif, un riverain serait fondé
à intenter contre l'administration l'action possessoire en invoquant des droits antérieurs soit à l'édit de 1566, soit à la déclaration de navigabilité. A l'appui de cette solution, on peut
citer un arrêt de la cour de cassation du 17 août 1857 décidant qu'une prise d'eau pratiquée sur un cours d'eau qui dépend actuellement du domaine public, autorise l'action possessoire contre l'État ou son concessionnaire, lorsque cette action
a pour fondement un titre antérieur à l'édit précité ou à l'é-
poque de déclaration de navigabilité.

Changeons notre hypothèse et voyons si entre particuliers
l'action possessoire est recevable quant aux rivières dont nous
nous occupons. L'action, dans ce cas, peut avoir son utilité et sera
recevable ; en effet l'autorité administrative, usant de ses pouvoirs, accorde souvent des concessions, et permet aux riverains
des rivières navigables ou flottables de faire certains travaux
pour se procurer le bénéfice de l'eau dans leur intérêt particulier ; ces concessions sont il est vrai essentiellement révocables au gré de l'Etat, mais elles constituent néanmoins des
droits d'une nature particulière que le riverain doit pouvoir
faire respecter par ses coriverains et les autres particuliers.
Comme exemple de ces concessions, on peut citer le droit d'irrigation, l'exécution de travaux destinés à faire mouvoir un
moulin, une cuisine. On admet même généralement que ces
sortes de concessions peuvent être tacites, et que le silence ou
la tolérance de l'administration suffit pour faire présumer que
l'usage du riverain dérive d'un droit légitimement acquis,
aucune loi n'ayant prescrit de formalités spéciales pour obtenir
et accorder ces autorisations. Seulement, nous le répétons,
l'autorité administrative reste toujours libre de mettre fin à cet
usage, sans que le riverain soit fondé à se prévaloir des travaux qu'il a exécutés pour faciliter sa jouissance de l'eau, ni
du temps plus ou moins long de cette jouissance. Mais dans ces

différents cas, que la jouissance de l'eau soit fondée sur une autorisation formelle, ou qu'elle ne soit due qu'à la tolérance de l'administration, en un mot qu'elle soit expresse ou tacite, l'action possessoire est ouverte au riverain pour faire cesser les troubles provenant du fait des tiers, coriverains ou autres, sans que ces derniers puissent opposer au demandeur la précarité de sa possession. Vicieuse à l'égard de l'État, utile à l'égard des tiers, cette possession n'est entachée que d'un vice relatif, et nous trouvons là une application de notre troisième principe que l'exception de domanialité ne peut être opposée que par le domaine. Un savant auteur belge, M. de Wodon auquel nous avons eu souvent recours, combat cette théorie et refuse aux riverains concessionnaires ou non le bénéfice des actions possessoires, même entre eux. Suivant lui, le concessionnaire n'obtiendrait qu'un droit personnel, mobilier et précaire duquel il serait impossible de faire découler une possession efficace, même à l'encontre des tiers. (Wodon *Poss.* I I, n° 421 et suivants.)

Les îles et les îlots qui se forment dans les rivières navigables et flottables appartiennent à l'État, mais ils ne font pas partie du domaine public, et ils sont par conséquent susceptibles de possession et de prescription (article 560 du Code C.). « Ils appartiennent à l'état, dit cet art., s'il n'y a titre ou prescription contraire. » Les îles et îlots peuvent donc être l'objet d'une action possessoire, mais, relativement à son exercice, deux hypothèses différentes peuvent se présenter : 1° l'État revendique la propriété d'une île ou îlôt en vertu des dispositions de l'article 560 précité ; le particulier peut alors se défendre soit en invoquant sa possession annale, soit en soutenant que le terrain litigieux constitue un terrain d'alluvion adhérent à une île ou îlot dont il est possesseur ou propriétaire incontestable, et que dès lors ce terrain lui appartient par voie d'accession, en vertu de l'article 556 : quelle sera, dans ce cas la juridiction compétente pour trancher la difficulté ? Un avis du conseil d'État du 14 décembre 1870 a décidé que des conclusions semblables ne soulevaient qu'une simple question de propriété privée à résoudre par application des seules dispositions civiles, et que la solution d'un tel débat, ne concernant que le domaine privé de l'État, ne pouvait être subordonnée à la reconnaissance et à la fixation des limites anciennes ou nouvelles du fleuve. Dès lors, appuyé sur cet avis le juge saisi du litige ne doit pas surseoir à statuer jusqu'à ce que l'autorité administrative, chargée de maintenir et d'assurer le libre cours des eaux et de la navigation, ait procédé à cette vérification. 2° Deux particuliers peuvent, hors la présence de l'Etat, se disputer la possession d'une île ou îlot situés dans le lit d'une rivière navigable ou flottable. Dans ce cas encore, l'action possessoire n'est assujettie à aucune règle spéciale, et s'engage dans les termes du droit commun. Aussi, le juge n'aura pas à se préoccuper de la question de savoir si les atterrissements litigieux émergent au-dessus du *plenissimum flumen* et par suite ne font plus partie du domaine public. C'est encore une application du principe que l'exception de domanialité ne peut être soulevée que par le domaine.

Les fonds riverains d'une rivière navigable sont grevés d'une servitude de halage ou de marchepied. (Art. 650 du Code civil). Cette servitude est encore régie aujourd'hui par l'ordonnance de 1669 sur les eaux et forêts, et consiste pour les navigateurs dans le droit de passer sur un espace de 24 pieds d'un côté et de 10 pieds de l'autre. (Voir l'ordonnance de 1669, titre 18, art. 9.) Le chemin n'étant dû qu'à titre de servitude, le riverain en conserve la propriété ou la possession et peut faire sur le terrain qu'il comprend tous les actes qui n'entravent pas l'exercice de cette servitude. S'il est troublé dans la possession exercée dans ces limites, il va de soi qu'il peut intenter l'action possessoire contre l'auteur du trouble.

Les rivières navigables et flottables ne peuvent guère cesser de faire partie du domaine public que dans un cas : c'est lorsque le cours d'eau change de place, et que l'ancien lit est attribué, aux termes de l'article 563 du Code civil, à titre d'indemnité aux propriétaires des terrains à travers lesquels le fleuve s'est frayé un lit nouveau. L'ancien lit devenant la propriété de particuliers est, à partir de ce moment, susceptible de possession et d'action possessoire.

Les canaux navigables lorsqu'ils appartiennent à l'État, font partie du domaine public, et il faut leur appliquer les solutions que nous venons de donner. Cependant une différence importante relative au chemin de halage existe entre les canaux et les fleuves ; en effet, ces chemins sont une dépendance d'un canal, et le sol doit en être payé aux propriétaires riverains, soit au moyen de traités à l'amiable, soit au moyen de l'expropriation. Le sol de ces chemins fait donc partie du domaine public, et l'action possessoire ne saurait lui être appliquée que suivant les distinctions que nous avons faites.

Rivières non navigables ni flottables. — On entend par rivières non navigables ni flottables, celles qui ne peuvent supporter, dans tout ou partie de leur cours, les bateaux, trains ou radeaux. Ajoutons que les rivières flottables seulement à bûches perdues ne sont pas considérées comme réellement flottables et sont régies par les mêmes principes. Nous venons de voir que les rivières navigables et flottables font partie du domaine public de l'État, en est-il de même des rivières non navigables ou flottables ? Cette intéressante question, dont l'importance n'échappe à personne, a donné lieu à plusieurs systèmes dont nous allons rappeler les principaux ou les plus connus, nous bornant à renvoyer aux auteurs qui les ont présentés.

Dans un premier système, on considère l'État comme propriétaire des cours d'eau en question et de leur lit. (En ce sens Prudhon, Domaine public III n° 933 et suivants.) — Dans un second système, on soutient que les cours d'eau et leur lit n'appartiennent à personne, sont *res nullius*, mais que l'usage en est commun à tous. (En ce sens : Aubry et Rau sur Zach. II,

169, note 8, Demolombe, distinction des biens, II n°s 128 à 154.) C'est le système de la Cour de cassation dans ses arrêts les plus récents. Aussi longtemps que le cours d'eau conserve sa nature, la Cour suprême admet qu'il n'appartient ni aux riverains, ni au domaine public. Elle décide, en s'appuyant sur l'article 714 du Code civil, qu'il fait partie des choses qui n'appartiennent à personne, *res nullius*, et dont l'usage est commun à tous, sous réserve des droits de police de l'admitration. Les riverains, dit-elle, n'ont d'autres droits que ceux qui leur sont attribués par les lois. Ces droits, ou plutôt ces facultés sont relatives à l'usage des eaux ; elles sont exclusives de toute idée de propriété privée, et les contestations qui s'élèvent entre riverains ne peuvent avoir d'autre fondement que l'atteinte portée aux droits d'usage de chacun. (Cass. 17 juin 1850. Cass. 6 novembre 1866).

Dans une troisième opinion, on classe les cours d'eau non navigables ni flottables au nombre des biens susceptibles de propriété privée, et ses partisans considèrent les riverains comme propriétaires non seulement du cours d'eau en lui-même mais encore de son lit, sous réserve, bien entendu, des droits de police qui sont l'apanage de l'administration. (En ce sens, Pardessus, Servitudes, n° 77.)

Certains auteurs enfin distinguent entre les rivières proprement dites et les simples ruisseaux. Pour eux, les premières sont *res nullius*, comme dans le second système, tandis que les ruisseaux appartiennent aux riverains, conformément à leurs titres ou à leur possession.

En matière possessoire, le point de vue change et les principes diffèrent suivant que l'on adopte l'un ou l'autre de ces divers systèmes. Si l'on tient pour le premier, il faut se reporter aux règles admises pour les rivières navigables et flottables ; si l'on adopte celui de la Cour de cassation, la possession n'aura aucun effet juridique, en tant qu'elle s'appliquera au cours d'eau tout entier, et les actes qui seront posés n'auront que le caractère d'acte de pure faculté impuissants à faire acquérir un droit. Si l'on partage l'opinion de ceux qui distinguent entre les rivières et les simples ruisseaux, on applique pour les premiers les règles formulées par la Cour de cassation, et pour les seconds les principes du droit commun, c'est-à-dire les principes expliqués aux biens des particuliers.

Pour nous, toutes ces distinctions, assez subtiles d'ailleurs, nous paraissent contraires à l'esprit de la loi, et s'il nous est permis d'émettre notre avis sur ce grave sujet, nous dirons que nous sommes portés à adopter l'opinion dans laquelle on considère les cours d'eau non navigables ni flottables comme appartenant aux riverains, nous appuyant, pour justifier cette manière de voir, sur les considérations suivantes.

Si l'on peut soutenir que l'eau des cours d'eau non navigables ni flottables fait partie de ces choses qui n'appartiennent à personne et dont l'usage est commun à tous, il nous semble qu'il n'est pas possible d'en dire autant du lit et de ce qu'il peut produire, en face du texte de l'article 644 du Code civil. D'après cet article, le propriétaire dont l'héritage est traversé par une rivière de cette espèce peut en détourner le cours et lui faire décrire dans sa propriété toutes sortes de méandres, sous la seule condition de la rendre, à la sortie de ses fonds, à son cours naturel. Le lit desséché reste donc à sa disposition et personne ne pourra, que nous sachions, lui en disputer ni l'usage ni même la propriété. A quoi désormais, par suite du nouvel état des lieux, pourra servir ce prétendu droit d'usage que dans les autres systèmes l'on se plaît à reconnaître au public ?

Comment ce public exercera-t-il son droit sur cette ancienne partie de la rivière ? Et si nous supposons que le lit mis à sec soit rempli de sable ou parsemé de joncs, n'est-il pas évident que notre propriétaire pourra seul l'extraire ou les couper, puisque, par ce fait qu'il possède les anciennes rives, il a le moyen d'interdire tout accès à l'ancien lit de la rivière qu'il a détournée. Mais, pourraient répondre les partisans de la doctrine que nous combattons, le public se servira du lit nouveau et son usage remplacera celui de l'ancien. Nous nous contenterons de faire observer que nous ne trouvons nulle part cette transformation ou plutôt cette subrogation, si l'on peut s'exprimer ainsi, écrite dans la loi.

Si le lit des rivières non navigables ni flottables ne rentre pas dans la catégorie des biens dont parle l'article 714, peut-on dire qu'il fait partie du domaine public ? Il serait difficile de le soutenir en présence de l'article 538 du Code civil qui, énumérant les dépendances du domaine public, passe sous silence les rivières dont nous parlons. Il ne reste plus que le domaine privé de l'Etat, dans lequel, en vertu de l'article 539, on puisse faire entrer le lit de ces rivières ; mais nous croyons devoir encore repousser cette solution. En effet, si nous comparons les termes de l'article 560 avec ceux de l'article 561 du Code civil, nous voyons que, dans le premier, la loi déclare propriété de l'État les îles et îlots qui se forment dans le lit des rivières navigables et flottables, tandis qu'elle accorde aux riverains ceux qui se forment dans les autres cours d'eau. Les riverains acquièrent donc ces îles et îlots au même titre que l'État, c'est-à-dire à titre de propriétaires, et il nous semble qu'ils deviennent ainsi, par droit d'accession, propriétaires du dessus comme ils l'étaient du dessous.

La loi du 15 avril 1829 sur la pêche fluviale prête une nouvelle autorité à ce système, car elle accorde aux riverains des cours d'eau que l'on déclare navigables une indemnité pour la perte du droit de pêche. En outre dans la discussion de cette loi à la Chambre des pairs, il fut proclamé formellement par le rapporteur que le lit des petites rivières était une propriété privée.

On objecte, il est vrai, l'article 563 du Code civil qui, lorsqu'une rivière change de lit, accorde l'ancien à titre d'indemnité aux propriétaires des terrains envahis par le nouveau.

Mais cette disposition toute exceptionnelle a été édictée pour un cas fort rare, et doit être considérée comme une simple règle d'équité.

Maintenant faut-il distinguer entre le lit et le courant, comme le font plusieurs auteurs qui donnent le lit aux riverains, et placent le courant dans le domaine public? Cette distinction ne peut avoir d'utilité au point de vue pratique, et surtout en face des textes précis qui règlent le droit des riverains à l'eau. En effet, l'article 644, complété par des lois postérieures sur les irrigations, donne aux riverains le droit d'user de l'eau courante. Quelle différence au fond y a-t-il entre ce droit d'usage et la propriété de l'eau? et, si l'administration, usant de son droit de police générale, vient par un règlement à renfermer ce droit d'usage dans de certaines limites, ne peut-on pas dire que ce règlement constitue pour ainsi dire le droit commun des propriétaires riverains, de même que, dans le droit privé, les servitudes légales constituent le droit commun des propriétés foncières? Enfin ce qui prouve bien le droit exclusif que chaque riverain a sur l'eau qui borde ou traverse son héritage, c'est qu'en défendant de passer sur son terrain, soit pour puiser, soit pour laver ou abreuver des bestiaux, il est sûr de garder pour lui toute l'utilité de l'eau, ou à peu près. Que restera-t-il donc au public? Le droit de passer en bateau ou de pêcher dans le milieu du cours d'eau, sans pouvoir aborder sur la rive en aucune façon?

Que conclure de cette discussion et de la solution que nous avons adoptée? C'est que le lit de ces rivières est susceptible de possession et de prescription. C'est du reste ce que décide M. Pardessus : « Nous avons vu, dit-il, que les lits des cours « d'eau qui ne sont point dans le domaine public apparte- « naient aux riverains. La conséquence naturelle est qu'ils « sont soumis aux règles communes des propriétés, et « que, nonobstant leur situation sur la limite de deux héri- « tages, ils peuvent appartenir exclusivement à un seul, soit

« en vertu de titres, soit en vertu de sa possession constatée
« par des ouvrages apparents. » (Pardessus, Des servitudes,
I, n° 107.) Nous conclurons donc en disant que la possession annale du lit des rivières non navigables ni flottables
peut donner, en cas de trouble, ouverture à la complainte.
Quant à la possession du droit à l'eau, nous l'étudierons en
traitant de la possession appliquée aux droits réels.

Terminons ces explications déjà trop longues par les obser
vation suivantes :

1° Il ne faut pas croire que les actions possessoires, dans les
opinions qui déclarent les cours d'eau soit *res nullius*, soit choses
du domaine public, ne puissent jamais produire aucun effet.
Sans doute, au point de vue d'un droit exclusif devant conduire
à la propriété du cours d'eau, la possession est inutile ; mais
les partisans de ces systèmes admettent les actions possessoires
entre riverains en ce qui concerne les droits d'usage qui leur
sont attribués par différents textes.

2° On sait qu'avant 1789, les cours d'eau non navigables
ni flottables étaient la propriété des seigneurs hauts justi-
ciers ; ils faisaient partie des droits féodaux. L'abolition
de la féodalité a entraîné celle des droits seigneuriaux sur
les cours d'eau, mais les seigneurs ayant pu concéder à des
particuliers le bénéfice de la jouissance et de la propriété, on
devait se demander ce que deviendraient aujourd'hui ces concessions. La jurisprudence a tranché cette difficulté en déclarant la validité des concessions faites autrefois par les seigneurs. Le principe de la non-rétractivité des lois produit
ici son effet, et il en résulte que le particulier dont le droit
exclusif s'appuie sur un titre de cette nature, est fondé à s'en
prévaloir et ne peut être dépossédé que par cause d'utilité publique. (Cass. 9 août 1843.)

3° Tout ce que nous avons dit relativement à la propriété
ou à la possession du lit et du courant des rivières non navigables ni flottables n'enlève rien au droit de police de l'admi-

14

nistration sur ces eaux. C'est à ce titre que les préfets statuent sur l'autorisation à donner à tout établissement sur ces rivières, sur la régularisation de l'existence de ces établissements ou la modification du règlement existant.

Routes nationales et départementales. — Aux termes de l'article 538 du Code civil, « les chemins, routes et rues à la charge de l'État font partie du domaine public ». Les routes nationales se divisent en trois classes, dont les deux premières sont entièrement construites et entretenues par l'État (décret du 16 décembre 1811, art. 1 et 5). Celles-ci restent donc incontestablement dans le domaine public, et nous devons leur appliquer les trois principes posés plus haut. La même solution doit être donnée pour les routes nationales de 3ᵉ classe, quoique les frais d'entretien et de construction de ces routes soient partagés entre l'État et le département.

Quant aux routes départementales, elles font partie du domaine public départemental et sont à la charge des départements, arrondissements et communes considérés, comme participant plus particulièrement à leur usage, Or, nous savons que, sous le rapport des actions possessoires, le domaine public des trois personnes morales, État, département et commune, est soumis aux mêmes règles de droit ; par suite nous appliquerons encore nos trois principes fondamentaux à cette dernière catégorie de routes. D'ailleurs, jusqu'au décret du 16 décembre 1811, les routes départementales formaient ce qu'on appelait les routes de 3ᵉ classe, et se trouvaient dès lors comprises dans l'énumération de l'article 538 ; enfin l'article 10 de la loi du 21 mai 1836 déclarant imprescriptibles les chemins vicinaux, cette imprescriptibilité doit à plus forte raison être étendue aux routes départementales.

Au point de vue historique, ces décisions ne sont pas nouvelles, car dans notre ancien droit l'ordonnance de Blois disait déjà : « Voulons que tous les grands chemins soient remis à leur ancienne largeur, nonobstant toutes usurpations pour quelque laps de temps qu'elles puissent avoir été faites. »

Les empiètements sur ces routes ou sur les fossés qui n'en sont que l'accessoire, ne peuvent donc jamais, tant qu'elles existent à l'état de chemins publics, conférer à l'usurpateur ni la prescription ni le droit d'exercer l'action possessoire. Mais, nous le répétons encore, l'exception de domanialité ne peut être opposée que par l'État ou le département, et non par les particuliers.

Chemins de fer. — Il est intéressant d'examiner au point de vue possessoire la situation de ces grandes voies de communication si multipliées aujourd'hui. — Les chemins de fer construits ou concédés par l'État sont soumis aux règles qui gouvernent la grande voirie (article 1 de la loi du 15 juillet 1845) ; ce qui veut dire que, *seuls*, les chemins de fer construits ou concédés par l'État sont soumis à ces règles ; concluons-en que ceux qui sont construits par des particuliers dans leur intérêt personnel, ne sont pas soumis aux règlements et n'en profitent pas. Au point de vue spécial de l'action possessoire, les chemins de fer particuliers restent propriété privée, et on ne peut invoquer à leur égard que les règles ordinaires du droit commun. Cependant, si leurs propriétaires les avaient mis à la disposition du public, l'autorité administrative aurait certainement le droit d'intervenir pour la garantie de l'intérêt général, elle pourrait ordonner des mesures de police et de sûreté ; mais ces mesures ne modifierait en rien la possession ou la propriété.

Les chemins de fer sont donc imprescriptibles en leur qualité de dépendances du domaine public, et il n'y a pas à distinguer entre ceux qui sont exploités directement par l'État et ceux dont l'exploitation a été confiée à des compagnies concessionnaires ; car l'État, en leur abandonnant l'usage et la jouissance sous les conditions prévues par les lois et règlements, n'a pas aliéné le fonds et en reste propriétaire. Il faut en dire autant des chemins de fer d'intérêt local créés en vertu de la loi du 12 juillet 1865, puisque l'article 4 de cette dernière loi déclare

que les prescriptions de la loi de 1845 leur sont applicables ;
ces chemins font partie du domaine public départemental ou
communal et comme tels imprescriptibles. Aux termes de l'article 2 de la loi de 1845, les mêmes principes régissent les
fossés, talus, ouvrages d'art et autres accessoires nécessaires à
l'exploitation des lignes ferrées ; ce qui comprend non-
seulement la voie où se fait la traction, mais aussi les sta-
tions de voyageurs, les gares de marchandises, les lieux
d'embarquement, et même les routes établies pour relier le
chemin de fer aux voies déjà existantes.

En vertu du principe d'imprescriptibilité, les particuliers
ne peuvent donc pas exercer l'action possessoire à l'occasion de
terrains ou constructions qui forment les dépendances d'un
chemin de fer. Aussi, la Cour de cassation a déclaré non
recevable l'action intentée par un riverain qui voulait se
faire maintenir en possession de droits auxquels il prétendait,
en sa qualité de riverain, sur une voie publique dépendant
d'un chemin de fer, alors qu'une décision ministérielle et un
arrêté préfectoral d'alignement lui avaient tous les deux
refusé tout accès et tout droit d'usage, même à titre de tolérance, sur ce terrain. (Cass. 29 août 1871.)

En sens inverse l'action possessoire serait certainement
admissible de la part de l'État contre les particuliers. On peut
se demander si les compagnies concessionnaires ont le même
droit ; l'affirmative n'est pas douteuse ; cependant, il a été
objecté que ces compagnies n'avaient pas qualité, parce
qu'elles ne possèdent pas *animo domini*, et l'on a invoqué par
analogie la situation du preneur dans le contrat de bail. Mais
la jurisprudence a décidé que les compagnies étaient investies
d'un droit tout particulier, qui ne tient ni du louage ni du mandat,
et que ce droit *sui generis* les autorisait à agir au possessoire
pour la conservation des voies dont elles ont l'exploitation. Des
nombreux arrêts rendus par la Cour de cassation sur ce point,
on peut tirer sous forme de principes les conclusions suivantes:

1° Les compagnies ont reçu le droit d'exploiter les voies à leur profit, et elles sont chargées de veiller sous leur responsabilité à la conservation de tout ce qui forme l'objet de la concession, ce qui comprend évidemment l'exercice de l'action possessoire, acte essentiellement conservatoire.

2° Si les compagnies n'ont qu'une possession précaire, c'est seulement à l'égard de l'État que la précarité existe, et par conséquent elle ne peut leur être opposée par d'autres. (Cass. 5 novembre 1867.)

Il ne faut pas oublier que la jurisprudence limite aux actes de conservation le droit des compagnies concessionnaires, car l'État ne s'est en aucune façon dépouillé de la propriété, et il est impossible d'admettre que ces compagnies puissent intenter ou soutenir des actions intéressant la propriété ou un de ses démembrements par rapport à ces grandes voies de communication.

Chemins vicinaux. — Les chemins vicinaux (de *vicus*, bourg) sont des voies publiques à la charge des communes, et destinés à les mettre en communication. Ces chemins sont actuellement régis par la loi du 21 mai 1836 et se divisent en trois classes ; mais cette division ne pouvant avoir aucun intérêt en notre matière, nous nous contentons de l'indiquer.

Sous le rapport de la déclaration de vicinalité, la loi de 1836 a été modifiée par celle du 10 août 1871. Cette dernière loi laisse au Conseil général la déclaration de vicinalité des chemins de grande communication, lui attribue celle des chemins d'intérêt commun (art. 47), et, au contraire, transporte à la Commission départementale la déclaration de vicinalité des chemins ordinaires. Sauf ces légères modifications, la loi du 21 mai 1836 continue à s'appliquer aux chemins vicinaux, et notamment l'article 10 qui dispose que les chemins vicinaux reconnus et maintenus comme tels sont imprescriptibles.

Quelle est au point de vue possessoire la conséquence de la déclaration de vicinalité ? Il n'est pas douteux que l'action possessoire n'est pas recevable contre la commune, de la part de quiconque prétendrait à des droits sur le sol du chemin vicinal. Ce sol est désormais tombé dans le domaine public communal, et tout acte accompli par des tiers serait entaché de précarité et par suite insuffisant pour procurer à leurs auteurs une possession utile.

On doit évidemment appliquer le même principe à tous les accessoires du chemin, c'est-à-dire à ses berges, talus et francs-bords, qui n'en sont qu'une partie intégrante, et participent des immunités créées par la loi. De là nous tirons cette conséquence que les arrêtés des préfets portant reconnaissance et fixation de la largeur d'un chemin vicinal attribuent définitivement au chemin le sol compris dans les limites qu'ils déterminent, et que par suite les terrains ainsi incorporés au domaine public municipal ne peuvent plus former l'objet, de la part du propriétaire riverain, d'actions possessoires tendant à se faire réintégrer ou maintenir dans la possession de ces terrains.

Cette solution nous est fournie par le principe de la séparation des pouvoirs, suivant lequel l'autorité judiciaires n'a le droit ni d'apprécier, ni de modifier les actes de l'autorité administrative; c'est pourquoi, le juge du possessoire auquel on présente des actes administratifs non contestés et par lesquels les terrains litigieux sont déclarés dépendances du domaine public, doit prononcer son incompétence. Cependant il aurait le droit, sans violer l'article 25 du Code de procédure, de vérifier les actes administratifs invoqués pour établir la vicinalité du chemin, parce qu'il ne suffit pas à la commune, pour triompher dans l'instance, d'alléguer que le terrain fait partie du domaine public, sans fournir, à l'appui, des documents de nature à justifier cette prétention. Enfin, s'il y avait contestation sur l'existence de ces actes ou sur leur interprétation, le juge de paix devrait surseoir, jusqu'à ce que l'autorité administrative ait décidé.

Malgré l'arrêté de classement, l'action possessoire pourrait

n'être pas sans utilité dans le cas suivant : en effet, aux termes
de la loi du 21 mai 1836, les terrains nécessaires à la construction des chemins vicinaux doivent être l'objet d'une expropriation préalable mais si la commune, sans attendre l'accomplissement de cette formalité, venait à prendre possession des
terrains compris dans l'arrêté le propriétaire ou possesseur
dépossédé pourrait considérer cette prise de possession comme
un trouble et intenter l'action possessoire. La commune oppo-
sera à cette demande l'arrêté de classement; mais le propriétaire
aura la ressource pour échapper à l'incompétence de modifier
ses premières conclusions en se bornant à réclamer la constatation de sa possession sans prétendre à y être maintenu ; et
cette constatation lui servira plus tard au point de vue de l'obtention d'une indemnité. En cette circonstance l'action possessoire est recevable parce que la connaissance des contestations relatives à la propriété ou à la possession est exclusivement
réservée aux tribunaux civils.

En dehors du cas d'ouverture ou de création en entier
d'un chemin vicinal, il peut y avoir lieu soit à son déplacement,
soit à son élargissement ou redressement.

Lorsque l'administration veut déplacer un chemin de cette
catégorie, elle est obligée d'avoir recours aux formalités prescrites par la loi de 1836, et les règles sont les mêmes que pour
l'ouverture. Quant à l'ancien chemin, il y aura lieu à son
déclassement, ce qui lui enlèvera son caractère d'imprescriptibilité, et le rendra susceptible d'appropriation privée et par
suite de possession. En revanche le nouveau chemin deviendra
imprescriptible. La commune, usant de la faculté qui lui est
conférée par la loi de 1836 pourra aliéner la portion dé-
classée du chemin, pour l'acquisition de laquelle les propriétaires riverains jouissent d'un droit de préemption.

S'il s'agit simplement d'élargir un chemin vicinal, il n'y a
pas lieu de recourir à l'expropriation, et un arrêté préfectoral
suffit. Les propriétaires dépossédés ne sauraient trouver dans

cet arrêté ni dans les travaux faits en son exécution un trouble de nature à motiver une action possessoire contre la commune ; ils ont seulement droit à intenter la complainte à l'effet de faire constater leur possession antérieure et d'établir ainsi leur droit à cette indemnité. (Cass. 10 juillet 1854.)

Au lieu de se borner à un simple élargissement qui conserve le tracé primitif du chemin, l'administration peut procéder à son redressement, et dans cette hypothèse la commune devra abandonner des parcelles de l'ancien chemin pour lui en incorporer de nouvelles. En cas de redressement, il y aura nécessité de recourir aux formalités de l'expropriation, faute d'entente à l'amiable avec les propriétaires riverains, et les parcelles retranchées deviendront susceptibles de possession et de prescription, tandis que les parcelles incorporées feront partie du domaine public. En conséquence, l'action possessoire pourra être exercée sur les anciennes parcelles à partir de l'arrêté de redressement quand bien même elles n'auraient pas été déclassées par un arrêté spécial. (Cass. 1er décembre 1874.)

S'il y avait prise de possession de la part de la commune avant le paiement de l'indemnité, le riverain dépossédé pourrait-il s'adresser aux tribunaux pour se faire maintenir en possession malgré la décision administrative, ou son droit se bornera-t-il à une indemnité ? La question est controversée. Nous croyons que le riverain dépossédé aurait seulement droit à une indemnité ; le cas de redressement nous semble en effet rentrer dans le cas d'ouverture où cette solution n'est pas contestée.

L'action possessoire est-elle recevable à l'égard d'un chemin qui, sans avoir été déclassé, ne servirait plus à la circulation publique ? Certains auteurs soutiennent qu'un chemin régulièrement classé n'est susceptible de possession utile, qu'autant que les formalités nécessaires à son déclassement auront été accomplies. Jusque-là, disent-ils tout acte de possession privée est inefficace, quand bien même ce chemin aurait cessé d'être affecté au passage. D'autres, au contraire, pensent que l'imprescriptibilité cesse d'exister avec le non-usage. La jurisprudence consacre cette dernière opinion. Quant aux faits qui sont de nature à caractériser la possession ils varient évidemment avec les diverses espèces. Cependant, on peut dire que, d'une manière générale, la preuve de l'abandon du chemin par les habitants ne saurait résulter que de faits multipliés, persévérants, exclusifs surtout de l'usage public et attestant de sa part une abstention prolongée. Le juge, du reste, sera dans ce cas, arbitre souverain en vertu de son pouvoir d'appréciation et il nous paraît que pour lui la possession du riverain serait justifiée par la culture du chemin ou l'établissement de clôtures.

Chemins ruraux ou communaux. — Ces chemins sont ceux dont nous devons, quant au possessoire, faire l'étude avec le plus de soin. Avant la loi du 20 août 1881, les chemins ruraux faisaient tous partie du domaine privé de la commune ; par suite, ils étaient prescriptibles. Depuis cette loi, destinée à protéger les communes contre les usurpations des particuliers, et qui formera sans doute l'un des principaux titres de ce fameux Code rural tant désiré, les chemins ruraux, reconnus dans les formes édictées par elle, cessent de faire partie du domaine privé communal pour entrer dans le domaine public, et bénéficient des immunités et privilèges, conséquences de ce changement.

Il n'y a aucun intérêt pratique à distinguer, comme on a voulu le faire quelquefois, les chemins ruraux des chemins communaux. Jusqu'à la loi du 20 août, les chemins ruraux n'avaient été l'objet d'aucune réglementation spéciale. Tandis que les chemins vicinaux avaient un acte d'origine dans l'arrêté de classement qui déterminait leur tracé et leur largeur, les chemins ruraux, au contraire, ne possédaient aucun titre régulier opposable aux tiers ; leur état civil n'existait qu'à l'état de renseignement ; la preuve de leur existence résultait de circonstances de fait, présentant rarement un caractère de légitimité incontestable. (Voir le rapport de M. Labiche au Sénat.) La loi précitée a poursuivi un double but : 1° donner une assiette fixe aux règles et aux principes disséminés dans es divers arrêts sur la matière ; 2° poser les conditions au moyen desquelles les communes pourraient désormais donner un état civil à tout ou partie de leurs chemins ruraux.

Ce sont les articles 4, 5 et 6 qui ont introduit dans le régime des chemins en question les modifications les plus profondes. Aux termes de ces articles en effet, chaque commune pourra, après avoir accompli certaines formalités, constituer solidement son réseau de chemins vicinaux, et le mettre à l'abri des usurpations des particuliers, en lui assurant le privilège de l'imprescriptibilité. Remarquons, en passant, que ces articles n'établissent, au profit des communes, qu'une simple faculté et non une obligation, et il faut avouer que jusqu'à ce jour, elles n'en ont pas usé dans une large mesure. Aussi, les chemins ruraux sont aujourd'hui de deux espèces : les chemins régulièrement reconnus et ceux qui ne le sont pas ; les premiers relevant uniquement des dispositions nouvelles, les seconds restant soumis aux principes posés par la jurisprudence.

Les chemins ruraux sont les chemins appartenant aux communes, affectés à l'usage du public, qui n'ont pas été classés comme chemins vicinaux. Ainsi s'exprime l'article 1er de la loi du 20 août. Cette définition empêche de les confondre soit avec les autres voies publiques, soit avec les chemins d'exploitation, simples propriétés privées, soumises au droit commun et à quelques règles spéciales fixées par une loi portant également la date du 20 août.

Dans quel cas et à quelles conditions un chemin doit-il être réputé chemin rural ? Avant la loi de 81 on se demandait si le caractère public d'un simple chemin rural ne devait pas être présumé de plein droit, ou si, au contraire, le riverain ne puisait pas dans les dispositions de l'article 546 du

Code civil une présomption de propriété en sa faveur. La jurisprudence avait tranché la question en faveur de ce dernier (Cass. 15 juin 1868). Mais elle décidait en même temps que ce n'était là qu'une simple présomption cédant à la preuve contraire, et la commune pouvait en triompher en établissant la nature du chemin contesté et son affectation à l'usage du public. Cette jurisprudence conserve encore son intérêt dans tous les procès où le chemin litigieux n'a pas été l'objet de la reconnaissance prévue par la loi de 81.

Avant la promulgation de cette loi aucun texte positif ne permettait donc de définir les conditions de publicité nécessaires pour qu'un chemin fût réputé rural, et, comme tel, propriété de la commune. L'article 2 de la loi a comblé cette lacune ; il est ainsi conçu : « L'affectation à l'usage du public peut s'établir notamment par la destination du chemin jointe soit au fait d'une circulation générale et continue, soit à des actes réitérés de surveillance et de voirie de l'autorité municipale. »

Le législateur de 1881 ne pouvait évidemment prévoir et déterminer sous une forme limitative les circonstances propres à établir la publicité du chemin ; il s'est contenté d'indiquer les plus importantes, laissant à la sagacité du juge le soin de reconnaître et d'apprécier les autres éléments de preuves spéciaux à chaque espèce, comme aussi de peser les arguments contraires présentés dans l'intérêt de la propriété privée.

L'article 2, cependant, pose un principe qu'il est utile de retenir : c'est que la destination publique du chemin est insuffisante pour lui imprimer le caractère de propriété communale ; et qu'à l'existence de cette condition doit venir se joindre le fait d'une circulation générale et continue, ou la preuve d'actes réitérés de surveillance et de voirie émanés de l'autorité municipale. Faisant application de ce principe, un jugement du tribunal de Saint-Étienne en date du 5 novembre 1888 a décidé que la commune n'est pas recevable à revendiquer la propriété d'un chemin par le seul fait que les habitants en auraient usé de temps immémorial pour accéder soit à un lavoir, soit à un abreuvoir public, si elle ne démontre pas en outre que ce chemin a été l'objet d'actes de surveillance et d'entretien. D'autres arrêts ou jugements ont été rendus au contraire en faveur des communes, et toujours par application du principe formulé par l'article 2. Ces décisions, il est vrai, ont été données au pétitoire, mais les mêmes raisons et les mêmes arguments pourraient sans aucun doute être présentés dans l'instance possessoire. Personne ne conteste donc la recevabilité d'une action possessoire formée relativement à un chemin rural, que cette action émane de la commune ou d'un simple particulier. Dans ces divers cas, pour apprécier le caractère légal de la possession invoquée de part et d'autre, le juge devra rechercher tout d'abord si le chemin réunit les conditions exigées par la loi de 1881 pour être réputé public, ou si, au contraire, il y a lieu de le considérer comme propriété privée en raison des titres produits ou de la nature des actes de jouissance accomplis par le riverain. Dans le but de s'éclairer sur ces différentes questions, le juge du possessoire consultera l'état des lieux, les plans, le cadastre, les états de classement, en un mot, tous les documents propres à établir sa conviction, si besoin en est ; il ordonnera un constat, une expertise ou une enquête, le tout sous la seule condition de ne statuer que sur la possession et de réserver tous les droits des parties au pétitoire.

Lorsque la commune engagée dans une instance possessoire relative à un chemin rural a démontré à son profit l'existence de toutes les conditions de publicité exigées par la loi du 20 août, elle n'est pas encore assurée du succès. Car, s'il existe dans l'intérêt de la commune une présomption résultant d'un ensemble de circonstances énumérées dans cette loi, on est obligé de reconnaître qu'il ne s'agit dans l'espèce que d'une présomption simple qui fléchit devant la preuve contraire. La jurisprudence était dans ce sens avant la promulgation de la loi, et celle-ci n'a point innové sur ce point. L'article 3 est en effet ainsi conçu : « Tout chemin affecté à l'usage du public est présumé jusqu'à *preuve contraire* appartenir à la commune sur le territoire de laquelle il est situé. »

Supposons maintenant que le chemin soit reconnu public et propriété communale : dans quelle catégorie de biens doit-il être placée ? Fait-il partie du domaine public ou du domaine privé de la commune ? Avant la loi du 2 août la question était vivement controversée. Un grand nombre d'auteurs, d'accord avec quelques arrêts de la Cour de cassation soutenaient que les chemins ruraux affectés à un usage public restaient hors du commerce et étaient imprescriptibles en vertu de l'article 2226, tant que leur destination n'avait pas changé. Mais la Cour de cassation avait varié depuis, et elle jugeait constamment que ces chemins devaient être considérés comme faisant partie du domaine privé de la commune, et que par suite ils étaient susceptibles de prescription et de possession privée. (Cass. 24 janvier 1865.) Aujourd'hui, la question que nous avons posée ne peut plus être sérieusement agitée en présence des dispositions formelles de la nouvelle loi, qui dans son article 6 s'exprime dans les termes suivants : « Les chemins ruraux qui ont été l'objet d'un arrêté de reconnaissance *deviennent imprescriptibles.* » Il est presque inutile de faire observer que si, par l'effet d'un arrêté de reconnaissance, les chemins ruraux deviennent imprescriptibles, c'est qu'ils ne le sont pas, tant que cette formalité n'a pas été accomplie conformément aux indications de la loi du 20 août.

Nous voici arrivés aux dispositions capitales de notre loi, à celles qui modifient entièrement le régime des chemins ruraux. Aux termes de l'article 4 : « Le conseil municipal, sur la proposition du maire, déterminera ceux des chemins ruraux qui devront être l'objet d'arrêtés de reconnaissance dans les formes et avec les conséquences énoncées par la présente loi............ » Puis, après avoir indiqué les formalités qui doivent précéder l'arrêté de reconnaissance, la loi précise dans ses articles 5 et 6 quels sont les effets produits par cet arrêté. L'article 5 est ainsi conçu : « Ces arrêtés vaudront prise de possession, sans préjudice des droits antérieurement acquis à la commune, conformément à l'article 23 du Code de procédure civile. Cette possession pourra être contestée dans l'année. »

Le rapport de M. Labiche au Sénat est le meilleur commentaire que l'on puisse donner de l'article 5, notamment au point de vue de la possession ; c'est pourquoi nous croyons utile de reproduire le texte de son discours. « L'article 5 a dit M. Labiche, détermine le premier effet de l'arrêté : c'est la reconnaissance immédiate non de la propriété, mais de la possession légale des communes. Jusqu'à présent cette possession ne pouvait être établie que par des preuves de droit commun, c'est-à-dire par des actes matériels souvent controversables et qui, par leur nature même, ne peuvent pas produire des effets permanents. La nature de ces actes de possession matérielle les rend d'une exécution coûteuse : en effet, il est difficile d'exécuter sur toute la longueur d'un chemin, vis-à-vis de chaque propriété riveraine, des travaux de bornage ou des fossés. On pourrait demander, pour se dispenser de ces actes de possession, l'adhésion expresse de chaque riverain au procès-verbal général de reconnaissance ; mais, dans cette voie encore, on rencontrerait des difficultés d'exécution considérables.

« Le système proposé par le conseil d'État et qui nous a paru devoir être adopté, est celui qui consiste à faire produire à un état de lieux non contradictoire, mais arrêté après les formalités prescrites par l'article 4, tous les effets d'une possession matérielle, si cet état de reconnaissance n'est dans l'année l'objet d'aucune réclamation de la part des riverains. Cette prise de possession fictive présente, en réalité, plus de garantie pour les tiers que les actes équivoques de possession matérielle dont se contente le plus souvent le droit commun, et qui ne laissent ordinairement aucune trace.

« L'article 5 ajoute que la prise de possession qui résulte de l'arrêté de reconnaissance, ne préjudicie pas aux droits antérieurement acquis à la commune. En effet, si l'arrêté de reconnaissance concernait un chemin dont la commune aurait déjà la possession incontestable, ce droit acquis ne pourrait être remis en question ; il conserverait, au contraire, tous ses effets, et les riverains ne pourraient se prévaloir de l'arrêté pour former une action possessoire.

« Si, dans l'année de la notification, l'arrêté n'est pas contesté, il produit tous les effets que le droit commun attribue à un acte de possession ; il opère les effets d'un bornage, prévient les usurpations, sert de point de départ à la prescription trentenaire et rend à l'avenir toute contestation impossible. »

A un langage si clair et si net, nous ne pouvons qu'ajouter quelques considérations se rattachant aux actions possessoires d'une manière spéciale.

Un moyen tout nouveau d'acquérir la possession a été introduit par l'article 5, relativement aux chemins ruraux et au profit de la commune. Dans les termes du droit commun, la possession ne produit d'effets légaux qu'à la condition de s'être manifestée par un acte de détention matérielle ; dans le système inauguré par l'article précité, au contraire, une simple notification de l'arrêté de reconnaissance équivaut à une main mise effective de la commune : c'est-à-dire qu'une fiction légale se substitue à un acte réel de possession. Donc, si, après la notification de l'arrêté, une année s'écoule sans que les riverains aient introduit une action en complainte tendant à faire reconnaître leurs droits, la commune est légalement en possession et n'a plus à redouter qu'une demande au pétitoire de la part de ses adversaires.

Suivant l'article 23 du Code de procédure, toute action possessoire, sous peine d'irrecevabilité, doit être introduite dans l'année du trouble, et nous savons que l'on entend par trouble tout fait qui menace directement ou indirectement la possession d'autrui. En présence de ce principe appliqué d'une manière générale aux actions possessoires, on peut se demander à quel moment commence pour le riverain le trouble apporté à sa possession. Est-ce à l'époque où l'arrêté de classement est porté par voie d'affiches à la connaissance du public ? Il nous semble que l'on doit répondre affirmativement, puisque l'arrêté contient indication de la longueur et de la largeur du chemin, circonstance qui manifeste clairement les usurpations auxquelles les héritages vont être exposés de la part de la commune.

L'article 6 de la loi du 2 août déclare que : « Les chemins ruraux qui ont été l'objet d'un arrêté de reconnaissance deviennent imprescriptibles » ; mais le législateur a négligé de dire à quelle époque ce principe commence à protéger la commune. Cependant on peut, en interrogeant l'esprit de la loi et en examinant son économie, suppléer au silence de ses rédacteurs sur ce point. A notre avis, puisque les chemins ruraux qui ont été l'objet d'un arrêté de reconnaissance deviennent imprescriptibles, il faut tirer du texte de la loi cette conséquence toute naturelle que cet arrêté doit être pris comme point de départ de l'imprescriptibilité du chemin, d'autant plus qu'il équivaut à une prise de possession. Cette prise de possession n'est en effet, au fond, qu'une incorporation au domaine public, et l'on peut avec une grande apparence de raison soutenir que le chemin est revêtu du caractère d'imprescriptibilité aussitôt après la publication de l'arrêté qui saisit nécessairement les intéressés.

Enfin l'article 7 de la loi de 1881 prend soin de nous dire quels sont les tribunaux compétents tant au possessoire qu'au pétitoire. « Les contestations qui peuvent être élevées par toute partie intéressée sur la propriété ou sur la possession totale ou partielle des chemins ruraux sont jugées par les tribunaux ordinaires. » Le sens de cette disposition est parfaitement clair, il en résulte que les contestations élevées par toute partie intéressée sur la possession totale ou partielle des chemins ruraux devront être jugées par les tribunaux ordinaires, c'est-à-dire par les juges de paix au possessoire, sauf recours de droit. Cette disposition n'est, en somme, que la consécration des principes fondamentaux de la compétence.

Rues et places publiques. — Les rues qui ne sont que le prolongement des routes et chemins vicinaux doivent être traitées, sous le rapport de l'action possessoire, comme ces routes et chemins eux-mêmes. Quant aux rues proprement dites et aux places publiques, elles font partie du domaine public municipal, sont à ce titre inaliénables et imprescriptibles et ne peuvent par suite donner lieu de la part des riverains à l'action possessoire. Les particuliers ont sur ces voies ou places des droits qui dérivent de la situation des lieux ; c'est pourquoi ils peuvent ouvrir des vues, des portes, construire des balcons, etc... sans être tenus à observer une distance quelconque. Ces droits *sui generis* n'ont de limites que la jouissance des autres : aussi les faits de nature à porter préjudice aux droits du public constituent des contraventions passibles des peines de police.

Du moment que la voie publique est inaliénable et imprescriptible, il est évident que tout ce qui en est un accessoire ou une dépendance participe du même caractère. Mais la question de savoir ce qui constitue un accessoire ou une dépendance de la voie publique peut présenter des difficultés. Il est bien clair tout d'abord que ce qui fait partie intégrante de la voie publique, ce qui est indispensable à son existence, dépend du domaine public. Mais il faut examiner quel sera le sort des terrains qui, bien que paraissant lui être incorporés, pourraient cependant en être retranchés sans que la voie cessât de rester à l'état de voie publique. Il est, on le comprend, nécessaire d'être fixé sur ce point pour savoir si l'action possessoire pourra ou non être intentée.

Il résulte de la jurisprudence sur ce point que, sauf justifi-

15

cation du contraire, les terrains adjacents à la voie publique sont présumés en faire partie et par suite jouir comme elle du privilège protecteur, ce qui exclut l'action possessoire. Mais elle décide du même coup que ce n'est là qu'une présomption simple qui cède à la preuve contraire. Cette preuve fournie, le chemin reste donc libre à l'action possessoire. (En ce sens, Cass. 13 mars 1854.)

Il existe bien d'autres dépendances du domaine public national : tels sont les rivages de la mer, les ports, havres et rades, les portes, murs, fossés, remparts des places de guerre et forteresses. (Art. 538 et 540.) Nous n'avons rien à dire sur ces diverses dépendances du domaine public national, si ce n'est qu'on doit en général leur appliquer, quant au possessoire, les principes précédemment exposés.

L'article 538 et l'article 539 mettent à tort au nombre des dépendances du domaine public de l'Etat les lais et relais de mer, les biens vacants et sans maître, et les biens des personnes qui décèdent sans héritiers. Ces biens font partie du domaine privé et en suivent les règles.

Nous venons de voir, en faisant l'étude des diverses dépendances du domaine public, que ces biens, grâce à leur imprescriptibilité, sont affranchis, sauf certaines restrictions, de l'action possessoire intentée par les simples particuliers. La loi a revêtu cette sorte de biens de ce privilège, de cette immunité, parce que leur nature et leur destination spéciale s'opposent à une appropriation privée. En outre, cette imprescriptibilité est en général perpétuelle.

Il est d'autres biens que la loi déclare imprescriptibles non pour une durée illimitée, mais seulement pour un temps plus ou moins long, non à cause de leur nature, mais par faveur pour les personnes qui les possèdent. Nous voulons parler des immeubles dotaux et des immeubles appartenant aux mineurs et aux interdits.

Les immeubles dotaux non déclarés aliénables par le con-

trat de mariage, dit l'article 1561 du Code civil, sont imprescriptibles pendant le mariage, à moins que la prescription
n'ait commencé auparavant.

Ils deviennent néanmoins prescriptibles après la séparation
de biens, quelle que soit l'époque à laquelle la prescription a
commencé.

La prescription ne court pas contre les mineurs et les interdits, dit l'article 2252 du Code civil.

Comme, en thèse générale, l'impossibilité d'intenter l'action
possessoire cadre avec l'imprescriptibilité de l'immeuble litigieux, l'on serait tenté de tirer de ces textes cette conséquence
qu'on ne peut intenter l'action, soit au sujet des biens dotaux,
soit au sujet des biens des mineurs et interdits pendant le
mariage ou la minorité. Nous pensons cependant que cette
solution doit être rejetée et que le possesseur annal pourrait se
faire maintenir en possession de l'un de ces immeubles, pour
les raisons suivantes.

Le privilège de l'imprescriptibilité accordé aux femmes
dotales, aux mineurs et interdits, suppose que le droit de propriété repose sur leur tête. Or, pour appliquer ce principe, le
juge se trouvera dans la nécessité de vérifier les qualités et de
se prononcer sur la validité des titres produits par les différents
propriétaires prétendus privilégiés, contre lesquels on aurait
la prétention de prescrire. Mais, dans le cas qui nous occupe,
nous sommes au possessoire et non au pétitoire, et il nous semble que le juge de paix, s'il écartait l'action possessoire intentée,
en déclarant qu'elle est non recevable parce que le bien litigieux est la propriété d'une femme dotale ou d'une incapable,
jugerait par cela même la question de propriété. Ce serait,
nous le répétons, juger la question de propriété pour faire
dépendre de la solution qu'elle aurait reçue la base de la décision à rendre sur le possessoire. Ce serait, en un mot, la violation de l'article 25 du Code de procédure.

Lorsqu'on plaide au possessoire, aucune des parties ne peut

légalement opposer son droit de propriété, et par conséquent
se prévaloir des faveurs accordées par la loi au titre de propriétaire. Si donc à une demande en maintenue possessoire la
femme dotale ou le mineur n'opposent que l'exception de propriété, le juge de paix, à notre avis, doit non pas se déclarer
incompétent, car nous allons voir bientôt qu'il ne peut se dérober, mais adjuger purement et simplement ses conclusions au
demandeur, si d'ailleurs sa possession réunit les conditions
exigées.

SECTION II

DES DROITS RÉELS.

Sous l'empire de l'ordonnance de 1667 l'action possessoire
pouvait être intentée quand on avait été troublé dans la jouissance d'un droit réel. La même solution doit être admise aujourd'hui, sous l'empire de notre législation moderne ; car les
droits réels sont susceptibles de possession, et c'est ce qui ressort bien clairement de la rédaction de l'article 2228 du Code
civil : « La possession est la détention ou la jouissance d'une
chose ou d'un *droit.* »

Aussi, il est généralement reconnu que l'action possessoire
est recevable quant aux droits réels considérés comme immeubles, lorsque ces droits sont susceptibles d'une possession,
telle qu'elle est exigée pour donner ouverture à l'action.

Parmi les droits réels, les servitudes ou services fonciers sont
de beaucoup les plus importants ; leur usage fréquent, leur
utilité indiscutable à tous les points de vue, en font des accessoires indispensables de la propriété foncière. Nous devons
donc, quant au possessoire, en faire une étude sérieuse et ap-
profondie.

Des servitudes.

Aux termes de l'article 637 du Code civil, une servitude est une charge imposée sur un héritage, pour l'usage et l'utilité d'un autre héritage appartenant à un autre propriétaire.

Après avoir donné cette définition, le Code divise les diverses servitudes en trois classes d'après leur origine. Elles dérivent, soit de la situation des lieux, soit des obligations imposées par la loi, soit du fait de l'homme.

Cette division tripartite a été vivement critiquée, et non sans raison, sous plusieurs rapports. On a reproché surtout, aux rédacteurs du Code, d'avoir rangé parmi les servitudes les obligations imposées par la loi et les charges qui dérivent de la situation naturelle des lieux, classification qui manque évidemment de logique, puisque ces charges et ces obligations constituent le droit commun de la propriété foncière en France, et qu'il n'y a de véritables servitudes que celles qui naissent des conventions particulières, c'est-à-dire du fait de l'homme.

Quoi qu'il en soit, que la division adoptée par le Code soit bonne ou mauvaise, nous allons la suivre pour plus de simplicité.

Servitudes dérivant de la situation des lieux. — Les fonds inférieurs sont assujettis envers ceux qui sont plus élevés à recevoir les eaux qui en découlent naturellement, sans que la main de l'homme y ait contribué. Ainsi s'exprime l'article 440 du Code civil.

La servitude naturelle d'écoulement des eaux n'est pas à proprement parler une véritable servitude ; elle est un attribut de la propriété dont elle fait partie intégrante, et toute entreprise qui y fait obstacle est plutôt un trouble apporté à la possession du fonds qu'à l'exercice de la servitude. Cependant le droit qui résulte pour le possesseur du fonds supérieur de la disposition de l'article 640 lui permettra d'intenter la complainte si le propriétaire du fonds inférieur fait un travail gênant l'écoulement naturel des eaux et les faisant refluer sur l'héritage supérieur. L'action possessoire serait donc recevable, si par exemple le propriétaire inférieur élevait une digue dans le but d'entraver le libre écoulement des eaux.

La loi a mis une limite pleine de sagesse à la charge imposée au fonds inférieur, c'est que « le propriétaire supérieur ne peut changer l'écoulement naturel des eaux, ne rien faire qui aggrave la servitude. » Si donc, par un travail quelconque, il vient à rendre la charge beaucoup plus lourde, si par exemple il réunit dans un seul canal ou rigole les eaux qui d'ordinaire coulaient sur différents propriétaires inférieurs et les jette de cette façon sur un seul d'entre eux , ce dernier pourra se plaindre et intenter la complainte pour obtenir la démolition des travaux qui lui nuisent et le rétablissement des choses dans leur ancien état. Il ne faudrait pas cependant pousser trop loin l'application du dernier alinéa de notre article, et il n'est pas douteux que le propriétaire du fonds inférieur serait mal venu à se plaindre, si la servitude ne recevait qu'une aggravation de peu d'importance et résultant d'un simple changement de culture de son fonds, de la part du propriétaire supérieur.

L'action possessoire, en cas de travaux mettant obstacle à la servitude de l'article 640 ou l'aggravant doit être intentée dans l'année du commencement des travaux (art. 23 du Code de procédure) ; car, s'il en était autrement, les rôles seraient intervertis, et il arriverait que l'auteur du trouble, si son adversaire voulait lui faire détruire ses ouvrages, intenterait lui-même l'action possessoire à l'effet de les conserver. La possession annale d'un état de choses s'annonçant par des travaux apparents qui ont pour objet de changer la direction naturelle des eaux permettrait donc à leur auteur d'exercer la complainte, de même que cette possession continuée pendant trente ans modifierait à son profit la servitude de l'article 640 en lui conférant une sorte de servitude contraire,

L'article 640 s'applique aux eaux de source comme aux eaux pluviales ; mais le droit du propriétaire quant aux premières est soumis à deux restrictions prévues par l'article 641 et suivants : restrictions dont il nous faut étudier les effets au possessoire. Dans ces hypothèses l'écoulement des eaux, considéré, dans l'article 640, comme une charge pour le fond inférieur, devient au contraire, par suite de certaines circonstances un droit soit pour le propriétaire inférieur, soit pour les agglomérations d'habitants.

En général, celui qui a une source dans son fonds peut en user à sa volonté (641) : c'est la conséquence du principe déposé dans l'article 552 et d'après lequel la propriété du sol emporte la propriété du dessus et du dessous. La source forme dès lors une portion intégrante du fonds qui la renferme ; le propriétaire peut en disposer d'une manière absolue, et il n'y aurait pas trouble de sa part si, en détournant le cours des eaux pour son utilité ou son agrément, il en privait le fonds inférieur qui les recevait et les utilisait depuis longtemps déjà ; ou si au contraire, après les avoir retenues sur sa propriété, même pendant plus de trente ans, il venait à les rendre à leur cours naturel. Il s'agit ici, en effet, d'actes de pure faculté dont l'usage ou le non-usage quelque prolongé qu'il ait été, ne saurait fonder une possession utile (art. 2232).

Néanmoins, le droit de disposition absolue, reconnu au profit du propriétaire de la source, souffre, comme nous l'avons dit plus haut, deux restrictions : l'une fondée sur un intérêt privé, l'autre sur un intérêt public prédominant.

La première est formulée par l'article 641. Il peut en user, dit ce texte, sauf le droit que le propriétaire inférieur peut avoir acquis par titre ou par prescription. Le droit à l'usage de l'eau étant susceptible de prescription, nous dirons, d'après les principes qui nous sont connus, que le propriétaire inférieur aura acquis la possession du droit à la source et pourra intenter la complainte contre le propriétaire supérieur qui le trouble dans sa jouissance, dès qu'il aura une possession non interrompue d'un an.

Quel sera le point de départ de la possession annale ? La réponse est fournie par l'article 642. « La prescription dans ce cas ne peut s'acquérir que par une jouissance non interrompue pendant l'espace de trente années *à compter* du moment où le propriétaire du fonds inférieur a fait et terminé des ouvrages apparents destinés à faciliter la chute et le cours de l'eau dans sa propriété. » Remarquons que le texte exige que les travaux soient terminés ; jusqu'à leur achèvement en effet, il n'y a pas une manifestation suffisante ni une contradiction effective au droit du propriétaire de la source.

Mais de quelle nature doivent être les ouvrages dont parle l'article 642 ? Doivent-ils être faits par le propriétaire sur son propre fonds, ou sur le fonds supérieur ? La question est controversée. Dans un premier système admis par une partie de la doctrine et aussi adopté en jurisprudence, il est nécessaire, pour que la prescription puisse être invoquée et par conséquent pour que l'on puisse exercer l'action possessoire, que les ouvrages aient été faits, en partie du moins sur le fonds supérieur. Les partisans de ce système s'appuient d'abord sur l'autorité historique et notamment sur ce passage de Dunod : « On peut « retenir l'eau de la source qu'on a dans son héritage, ou la « conduire ailleurs pour son utilité, quoiqu'elle ait coulé d'un « temps immémorial dans ceux des voisins, et qu'ils s'en soient « servis ; à moins qu'elle n'y ait coulé par un droit de servi- « tude prouvé par actes, ou parce que les voisins auraient fait « un canal dans le fonds, dans lequel la source sort, pour en « conduire l'eau dans les leurs. » (*Traité des prescriptions*, part. I, ch. 12, p. 88.) — Ils ajoutent que cette solution est seule conciliable avec les principes généraux en matière de prescription, car pour commencer à prescrire, il faut une usurpation, une contradiction au droit d'autrui ; et le propriétaire qui ne fait des ouvrages que sur son propre fonds, n'oppose aucune contradiction au droit du propriétaire supérieur, il agit *jure dominii*. Comment d'ailleurs le propriétaire de la source pourrait-il, s'il suffit 'de travaux faits sur le fonds inférieur, interrompre la prescription, puisqu'il ne peut faire détruire les ouvrages exécutés par le propriétaire inférieur sur son propre fonds ?

On invoque enfin le texte lui-même de l'article 642. La loi en effet exige que les travaux dont il s'agit facilitent la chute de l'eau : or, pour qu'il en soit ainsi, il faut de toute nécessité qu'ils soient exécutés sur le fonds supérieur d'où l'eau descend dans l'héritage inférieur, car, s'ils n'existaient pas dans le fonds supérieur, ils pourraient faciliter la *réception* de l'eau; mais ils n'en faciliteraient pas la chute, puisqu'elle est déjà opérée dès que l'eau touche à ce fonds. (Voir en ce sens Demolombe, tome I, *Servitudes*, n° 8 ; — Curasson, *Act. poss.*, sect. III, n° 56 ; — Cass. 23 janvier 1867.)

Cette opinion est sans doute conforme à la raison et aux vrais principes ; mais, pour l'admettre, il faut renoncer à se servir des travaux préparatoires pour l'interprétation de la loi et la solution des questions controversées. Or, si nous nous reportons à ces travaux préparatoires, il nous paraît certain que les rédacteurs du Code n'ont pas entendu adopter le système que nous venons d'exposer. La discussion sur ce sujet a été soulevée à la fois au Conseil d'État et au Tribunat. Le texte adopté au Conseil d'État portait : ouvrages extérieurs. Il fut reconnu et admis qu'il suffisait d'avoir dans le fonds inférieur des constructions pour invoquer la prescription. Quand cette rédaction fut communiquée au Tribunat, la question fut résolue dans le même sens, et pour ne laisser aucun doute sur la signification des mots, on substitua aux termes « ouvrages extérieurs », qui pouvaient à la rigueur indiquer des ouvrages faits en dehors des fonds, les mots « travaux apparents ». La question ne nous semble donc pas douteuse, et nous conclurons cette discussion déjà trop longue en disant qu'à tort ou à raison le législateur ayant décidé qu'il suffisait au propriétaire inférieur d'avoir exécuté des travaux apparents sur son fonds, il faut se conformer à la loi, sans se préoccuper de la difficulté que pourra éprouver le propriétaire de la source pour interrompre la prescription.

La seconde restriction résulte de l'article 643 du Code civil, aux termes duquel l'attribution des eaux d'une source a lieu directement et de plein droit au profit des habitants d'une commune, village ou hameau, dès que ces eaux sont reconnues leur être nécessaires, sans que pour cela les habitants soient obligés de formuler aucune demande, d'accomplir aucuns travaux ou de recourir à l'expropriation pour cause d'utilité publique.

Si la loi parle de prescription d'usage, ce n'est que par inadvertance, elle a évidemment voulu parler de la prescription libératoire de l'indemnité due au propriétaire de la source pour le préjudice que lui cause la restriction apportée à son droit (argument de l'article 685). Les habitants n'ont pas besoin de prescrire l'usage de l'eau, car leur droit s'appuie sur un titre de la plus haute valeur, sur un titre légal.

L'acquisition du droit d'usage par les habitants est soumis à deux conditions : 1° les eaux doivent être des eaux de sources ; 2° ces eaux doivent leur être nécessaires : d'où nous tirons cette conséquence, c'est que l'article 643 ne s'applique pas aux eaux renfermées dans des citernes, mares, étangs ou puits, pas plus qu'à une source qui aurait surgi à la suite de travaux de recherche.

A quels signes reconnaîtra-t-on la nécessité exigée par le texte ? A notre avis, cette nécessité résultera de l'absence ou de l'insuffisance absolue d'autres eaux qui soient à la disposition des habitants pour leur alimentation personnelle ou celle de leurs animaux. Il n'y aurait pas du reste à s'inquiéter de la commodité plus grande que procurerait l'usage des eaux, comme s'il évitait un long trajet pour accéder à un cours d'eau public. Leur qualité serait également indifférente.

Par conséquent, s'il est reconnu, d'après les principes qui précèdent, que l'eau provient d'une source naturelle et qu'elle est nécessaire aux habitants ; tout fait de la part du propriétaire de la source qui aurait pour but et pour résultat de la priver de ces eaux ou d'en diminuer l'usage constituera un trouble autorisant l'action possessoire. Les habitants pourront donc intenter la complainte contre le propriétaire aussitôt qu'ils auront la possession annale.

La question de savoir s'il y a nécessité est du domaine des juges du fait et ne saurait donner ouverture à cassation. Pour l'apprécier, le juge de paix tiendra compte de la situation des personnes et des lieux, il recherchera si les eaux que la commune pouvait se procurer se trouvent dans un endroit dangereux, ou d'un accès très difficile ; enfin, si celles auxquelles la commune prétend, coulent en toute saison, tandis que les autres cessent de couler pendant un certain temps de l'année. (Cass. 4 mars 1862.) — Mais si le propriétaire défendeur prétendait que l'agglomération d'habitants n'est pas assez importante pour former un hameau, il ne pourrait décider cette question qui rentre dans les attributions de l'autorité administrative.

Nous ne croyons pas que l'article 643 renferme une dérogation au principe dont nous parlerons bientôt et d'après lequel l'action possessoire, en fait de servitudes discontinues, ne peut être exercé qu'en tant que cette servitude est appuyée sur un titre ; car le droit conféré aux habitants par notre article nous semble appuyé sur le plus puissant de tous les titres, sur un titre légal.

Après s'être occupé des sources, la loi passe aux cours d'eau non déclarés dépendances du domaine public, et détermine quels sont les droits des riverains, dans les articles 644 et 645. Nous avons exposé ailleurs les différents systèmes auxquels a donné naissance la question de propriété des rivières non navigables ni flottables et des ruisseaux ; et nous avons adopté l'opinion de ceux qui pensent que ces cours d'eau sont la propriété des riverains.

C'est ici le lieu de rappeler que même dans le système des auteurs qui les rangent, soit dans le domaine public, soit parmi les *res nullius*, l'action possessoire est admise entre particuliers. Il ne pourrait d'ailleurs en être autrement en présence des articles 644 et 665 du Code civil et de l'article 6 § 1 de la loi du 21 mai 1838, qui supposent nécessairement l'existence d'une possession commune au profit des riverains.

Les droits des propriétaires ou possesseurs sur les cours d'eau qui bordent ou traversent leurs fonds, droits déterminés aux articles précités, résultent de la situation des lieux et sont inhérents à la propriété de ces fonds ; ils sont comme une compensation naturelle des inconvénients du voisinage des eaux. Nous dirons donc que l'usage des eaux courantes est susceptible de possession comme les autres natures de biens, et qu'il donne au riverain le droit de faire réprimer par le juge du possessoire tout acte constitutif de trouble. Mais ici se pose une question : les riverains peuvent-ils perdre leur droit aux eaux ; par la prescription peut-on acquérir la possession de droits contraires, et exercer contre le propriétaire ou possesseur qui veut faire rentrer les choses dans leur état primitif, l'action possessoire ? Si cette possession et cette prescription sont possibles, quelles sont les conditions requises pour qu'elles puissent avoir lieu.

Il est généralement admis que l'exercice par un riverain de la faculté qui lui est accordée par l'article 644 peut donner ouverture à la complainte, si, en exerçant son droit, il a troublé les autres riverains dans leur possession annale ; mais ce qu'il est difficile de déterminer, c'est sous quelles conditions cette possession pourra être invoquée, à partir de quel moment on commencera à prescrire contre un riverain la faculté qui lui est accordée par l'article 644.

Avant d'étudier cette question, d'ailleurs assez délicate, posons un principe qui la domine, c'est que le droit des riverains sur les cours d'eau dont nous parlons est une pure faculté, dont ils peuvent user ou ne pas user à leur gré. Donc, aux termes de l'article 2232 du Code civil, le simple non-usage de l'eau, quelque long qu'il soit, ne peut leur faire perdre le droit qui leur incombe et qui, nous l'avons dit, est inhérent à la propriété des fonds. Ainsi, j'ai, sur le bord d'un cours d'eau, un terrain qui pendant plus de trente ans, je le suppose, a été tenu à l'état de terre labourable, et pour lequel par conséquent l'irrigation n'a pas été nécessaire. Je change l'assolement de mon fonds et je convertis mon héritage en prairie ; dès lors l'irrigation devient indispensable et j'use de la faculté qui m'appartient de me servir de l'eau qui borde ou traverse ma propriété. Mon droit à l'eau n'a pas été perdu par ma longue abstention, puisque les actes de pure faculté ne peuvent fonder ni possession ni p.escription, et mes coriverains n'auront pas le droit de considérer ce simple fait en lui-même comme un trouble à leur possession propre, trouble leur permettant d'intenter la complainte. C'est en effet, nous le savons, la conséquence logique des principes généraux sur la possession requise pour l'exercice des actions possessoires, possession qui, aux termes de l'article 23 du Code de procédure, doit être non précaire ; et une possession est certainement précaire, lorsque, comme celle de mes coriverains qui ont profité de mon abstention prolongée, elle peut toujours être interrompue par l'exercice d'un droit qu'en principe la prescription ne peut m'enlever.

La conclusion est que le non-usage de l'eau ne pourra faire perdre au riverain le droit de s'en servir, ni par conséquent permettre d'intenter contre lui l'action possessoire quand il s'en servira, et cela alors même que les coriverains auraient profité de ce non-usage pour employer toute l'eau.

Mais faut-il tirer de ce principe la conséquence que ja-

maison ne pourra acquérir par prescription contre le rive_
rain, un droit contraire à celui qui lui est conféré par l'article
644 du Code civil ? Ce serait aller trop loin. Le droit du
riverain résulte de l'état naturel des lieux ; on pourra donc
posséder et prescrire contre lui, quand cet état sera changé :
car si le droit du riverain est imprescriptible en ce sens qu'il
ne peut se perdre par le non-usage, il est néanmoins vrai de dire
qu'il ne constitue qu'une faculté naturelle ou légale susceptible d'être diminuée ou amoindrie par les actes des tiers, à la
condition que ces actes impliquent une contradiction certaine
à son exercice.

Pour mettre ce point en lumière, prenons une espèce : vous
possédez une propriété riveraine située au-dessous de la mienne.
Je construis dans mon fonds des barrages à l'effet de me servir de l'eau soit pour l'irrigation de mes terres, soit pour le
mouvement d'une usine, et je ne rends les eaux à leur cours
naturel qu'en aval de votre fonds, ou bien je n'en laisse plus
passer dans le lit qu'une minime quantité. Je vous prive, par
mes entreprises, de l'exercice de la faculté qui vous appartient
en vertu de l'article 644, ou, du moins, j'en limite l'exercice,
et je commence à prescrire contre vous. Vous pouvez, sans
aucun doute, vous plaindre de cet état de choses. Si vous
agissez dans l'année du trouble, la voie possessoire vous est
ouverte ; et remarquons bien que vous pouvez exercer la complainte quand bien même vous n'auriez fait aucun acte de
jouissance spéciale de l'eau pendant cette année, car le droit
d'en user est inhérent à la possession du fonds ; mais, si vous
laissez une année s'écouler sans agir, les rôles seront changés,
et c'est moi qui pourrai prendre pour trouble tout acte de
votre part destiné à m'enlever l'eau dont je jouis, et intenter
la complainte pour me faire maintenir dans ma possession.

Il serait facile de renverser cette hypothèse et de supposer
au contraire le trouble causé par le propriétaire inférieur à

l'encontre du propriétaire supérieur. Là encore la même solution devrait être évidemment adoptée.

Mais ici se pose la question de savoir si l'action n'est recevable qu'autant que les faits de trouble constituent un abus et un dommage, ou si une simple innovation, par exemple, dans le mode de jouissance des eaux, ne suffirait pas.

Il faut tout d'abord écarter l'hypothèse où le volume de l'eau restant le même, la qualité seule serait changée. Un riverain, je le suppose, fait creuser un abreuvoir dans un cours d'eau ; il y fait baigner ses bestiaux qui, par leur piétinement, dénaturent l'eau et la rendent impropre à l'alimentation de l'homme ; ou bien un usinier laisse déverser dans le ruisseau dont il a l'usage des matières qui le corrompent. L'action possessoire sera-t-elle recevable? La Cour de cassation a adopté l'affirmative en se fondant sur ce que ces faits causaient aux héritages inférieurs une aggravation de la servitude imposée par l'article 640 du Code civil. (Cass. 16 janvier 1866.)

Il nous est impossible de suivre la Cour dans cette voie, et, à moins que la question possessoire n'apparaisse bien clairement, nous serions plus disposés à voir dans une action de cette nature une demande en dommages-intérêts puisant son principe dans l'article 1382 du Code civil.

Revenant à notre question, nous nous demandons si l'action possessoire du riverain n'est admissible contre son coriverain qu'avec la preuve d'un abus et d'un préjudice. Il est certain, et la jurisprudence n'a jamais hésité à le reconnaître, que toute innovation présentant un caractère abusif et dommageable peut servir de base à l'action possessoire. Mais, lorsque le nouvel œuvre paraît n'être que l'exercice d'un droit légitime et que ni l'abus ni le dommage n'ont été démontrés, l'action possessoire est-elle recevable? Pendant nombre d'années, les deux chambres de la Cour de cassation ont rendu sur ce point des décisions contradictoires qu'il serait trop long de rapporter. Aujourd'hui l'accord s'est fait entre la chambre des requêtes et la chambre civile, et dans le dernier état de sa jurisprudence la Cour suprême admet qu'il n'y a pas lieu de rechercher si l'entreprise est ou non abusive et dommageable pour le possesseur. La question est donc tranchée d'une manière définitive dans ce sens. (Cass. 2 avril 1822. Cass. chambres réunies, 25 février 1889.)

Est-il nécessaire que l'ouvrage qualifié trouble, ait été exécuté sur le fonds du demandeur en complainte? Dans l'interprétation qu'elle donne de l'article 642, la jurisprudence exige cette condition, lorsqu'il s'agit des eaux d'une source : c'est ce que nous avons dit, en traitant plus haut des ouvrages exécutés par le propriétaire inférieur ; en matière de cours d'eau, elle admet la solution contraire. (Cass. 24 août 1870.)

Enfin, toujours d'après la jurisprudence de la Cour suprême, il faut et il suffit que les travaux soient apparents. Dans ce cas en effet, leur persistance sans protestation pendant plus d'une année, emporte, au profit de leur auteur, le bénéfice de la possession annale par la contradiction qu'ils manifestent aux droits des autres riverains ; de même que leur durée pendant trente ans conduirait à la prescription du droit à l'usage de l'eau. (Cass. 11 mai 1868.)

La loi du 29 avril 1845, afin de faire participer un plus grand nombre d'immeubles aux avantages de l'irrigation, a autorisé l'établissement d'une servitude d'aqueduc. Tout propriétaire, pourvu qu'il ait accès à la rive, a le droit de conduire l'eau à travers les propriétés intermédiaires sur des fonds non riverains à lui appartenant. En outre, les propriétaires inférieurs sont grevés de la servitude d'écoulement des eaux qui, après avoir servi à l'irrigation, doivent être rendues et ramenées à leur cours naturel. La jouissance annale de ce droit sera garantie par l'action possessoire en cas de trouble, comme si, par exemple, on venait à couper ou à combler les fossés ou les canaux d'irrigation, ou si un propriétaire supérieur élevait l'eau à une telle hauteur que celui qui est en possession de l'aqueduc fût dans l'impossibilité d'exercer sa conduite d'eau.

Une autre loi conçue dans le même esprit, celle du 15 juillet 1847, a permis d'établir et d'appuyer des barrages sur l'héritage du riverain opposé pour faciliter l'irrigation en élevant le niveau de l'eau. La jouissance de ce droit d'appui servira de base à l'action possessoire dans les mêmes circonstances que la possession de la servitude d'aqueduc, c'est-à-dire si le constructeur du barrage est troublé dans son œuvre par son coriverain. Une même observation doit être faite à l'égard de ces diverses servitudes légales : c'est qu'une juste et préalable indemnité doit être payée au propriétaire du fonds servant par l'auteur des travaux nécessaires pour leur établissement.

S'il s'élève des contestations entre les propriétaires qui ont le droit de se servir de l'eau ; à défaut de titre ou de possession réglant le mode d'usage, les tribunaux ont un certain pouvoir discrétionnaire pour concilier les intérêts opposés (art. 645 du Code civil).

L'autorité administrative a aussi le droit de faire des règlements d'eau ; mais ses attributions sont différentes du pouvoir accordé aux tribunaux civils par notre article. L'administration réglemente les cours d'eau dans un intérêt général, et statue lorsqu'il s'agit d'en faciliter le libre écoulement, de les diriger vers un but d'intérêt public, ou de les tenir à une hauteur qui ne puisse nuire à personne. Les tribunaux civils, au contraire, jugent les contestations qui s'élèvent entre riverains, lorsqu'elles n'ont pour objet que l'usage que l'un veut faire de l'eau à l'égard de l'autre, et statuent sur la limite à imposer aux droits de chacun.

L'article 644 ne parle que du droit de se servir de l'eau pour l'irrigation ; mais ce n'est qu'à titre d'exemple. Ce texte n'est donc pas limitatif, et les riverains peuvent aussi employer

16

les eaux pour mettre des usines en mouvement. Dans cette hypothèse, l'emploi des eaux pourra faire naître certainement des difficultés et par suite donner lieu à des actions possessoires. C'est ce que reconnaît d'ailleurs formellement l'article 6 de la loi du 25 mai 1836.

Servitudes établies par la loi. — Les charges dont le Code traite au chapitre II, pas plus que celles dont nous venons de parler, ne sont de véritables servitudes. La servitude suppose une exception au droit commun, et ces charges au contraire constituent précisément le droit commun de la propriété foncière.

Les servitudes établies par la loi pour l'utilité des particuliers peuvent se diviser en trois catégories.

Les unes consistent dans le droit de forcer le voisin à souffrir quelque chose, par exemple à accorder le passage sur ses terres en cas d'enclave (art. 682).

Les autres consistent dans le droit de forcer le voisin à faire quelque chose, par exemple à contribuer à la réparation et à la reconstruction du mur mitoyen (art. 663) : ce qui remarquons-le bien, ne contredit pas le principe que les servitudes ne consistent jamais à faire, puisque le propriétaire mitoyen peut se décharger de son obligation en abandonnant son droit de mitoyenneté.

D'autres enfin consistent dans le droit d'empêcher que le voisin fasse quelque chose, par exemple qu'il ouvre des jours sur la propriété contiguë (675 et suivants).

Voyons quant au possessoire quelles solutions, relativement à ces diverses servitudes, va nous donner l'application des principes à nous connus.

Mitoyenneté. — On sait que la mitoyenneté est une sorte de copropriété ou d'indivision, par suite de laquelle plusieurs personnes ont des droits égaux sur une même chose, dont elles peuvent jouir et user selon leur volonté et leurs besoins, à la seule condition de ne pas nuire aux droits des autres. La mitoyenneté s'applique surtout aux murs, haies et fossés qui servent de séparation aux héritages.

Les questions de mitoyenneté peuvent donner lieu au possessoire à de nombreuses difficultés. En effet, s'il est vrai qu'on ne peut jamais empêcher son voisin d'acquérir la mitoyenneté d'un mur par exemple, si l'on ne peut par aucune prescription se libérer d'entretenir à frais communs le mur mitoyen, on peut, par des travaux, modifier les marques qui font présumer la mitoyenneté d'après le Code civil, et prescrire contre son voisin un état de choses différent de celui qui existait.

Supposons qu'un mur ou un fossé doive être réputé mitoyen aux termes des articles 654 et 666 du Code civil : un des propriétaires voisins exécute des travaux dont le résultat est de produire une marque de non-mitoyenneté ; il modifie, par exemple, le sommet du mur de manière à ce qu'il présente de son côté un plan incliné, ou bien il creuse le fossé et en rejette toute la terre sur son seul terrain. Sans aucun doute le voisin pourra prendre ces actes comme trouble à sa possession indivise, et dans l'année de leur exécution intenter la complainte. Si, au contraire, ce dernier n'agit pas dans l'année, l'auteur des travaux modificatifs aura acquis la possession annale : il sera présumé seul propriétaire, et, s'il vient à être troublé dans sa possession, il aura la ressource de l'action possessoire. Mais, bien entendu, il succombera dans l'instance pétitoire qui reste ouverte à celui qui a laissé acquérir contre lui la possession annale ; si toutefois il est prouvé que le mur ou le fossé étaient mitoyens, et que les travaux ont été faits contrairement à un titre ou à un état de choses ancien.

A ce propos s'élève une importante question : quelle est la valeur d'une décision possessoire reconnaissant la possession annale au profit d'un seul des propriétaires voisins ? Un arrêt de la cour de Bordeaux du 5 mai 1858, ainsi qu'un certain nombre d'auteurs, déclarent que la possession reconnue anéantit la présomption légale de mitoyenneté. Nous ne pouvons adopter ce système, contraire d'ailleurs à la jurisprudence sur la matière en même temps qu'aux principes généraux. On sait que la maintenue possessoire ne tranche que provisoirement le droit des parties et laisse absolument intacte la preuve de la propriété. Elle a l'avantage de donner au possesseur le rôle facile de défendeur lorsque s'engagera l'instance pétitoire, mais ne préjuge rien. Si l'un des voisins a accompli pendant un an des actes exclusifs sur une chose déclarée mitoyenne, soit par titres, soit par une présomption de la loi, comment un aussi court espace de temps suffirait-il pour détruire un droit qui, s'il a été négligé pendant cet espace de temps, peut n'avoir pas été abandonné? Ce serait, en réalité, admettre l'acquisition de la propriété par la prescription annale. Ajoutons que la nouvelle rédaction de l'article 666 du Code civil fournit en notre faveur un argument sans réplique en substituant au mot « possession » du texte primitif le mot de « prescription ».

Vues, arbres. — Parmi les servitudes qui consistent à empêcher le voisin de faire quelque chose, les plus importantes sont celles de vues, de plantations d'arbres, haies, etc… Elles sont négatives, et leurs conditions sont réglées dans les articles 671 et suivants, 675 et suivants du Code civil.

Mon voisin peut justement exécuter le travail que j'ai le droit de l'empêcher de faire et opposer ainsi une contradiction directe à mon droit. Il peut par exemple ouvrir des vues à une distance moindre que la distance légale ; et comme cette contradiction peut devenir pour lui la base d'une prescription, la voie possessoire me sera ouverte pour le forcer à boucher sa fenêtre et à me laisser jouir de mon fonds suivant les conditions fixées par la loi. Mais si je laisse mon voisin exercer paisiblement pendant plus d'une année sa vue illégale, je n'aurai plus que la ressource de l'instance pétitoire pour me faire rendre justice.

Même solution pour l'égout des toits.

Quant aux plantations d'arbres, les modifications apportées

par la loi du 20 août 1881 nous obligent à fournir quelques explications.

Dans les distances à observer pour la plantation des arbres, on distinguait autrefois entre les arbres à haute tige et les arbres à basse tige. Aujourd'hui, la loi du 20 août 1881, qui modifie les articles 671 et 672 du Code civil, établit une règle nouvelle. On ne s'occupe plus de l'essence des arbres, mais seulement de leur hauteur : ce qui nous semble beaucoup plus logique.

Comme par le passé, l'action possessoire sera recevable dans le cas où la plantation n'aurait pas été faite à la distance légale. La loi nouvelle, du reste, n'a fait que consacrer la jurisprudence déjà adoptée, en décidant que le droit de planter des arbres à une distance moindre que celle prescrite par la loi s'acquiert par titre, destination du père de famille ou prescription trentenaire. La prescription de trente ans sort de la compétence du juge du possessoire ; mais celui qui est, depuis plus d'un an, en possession d'arbres plantés en dehors de la distance légale, a qualité pour demander, par la voie possessoire, la répression du trouble apporté à sa jouissance.

Supposons que, dans une plantation faite depuis plus de trente ans ou depuis plus d'un an, à une distance moindre que la distance légale, quelques arbres viennent à périr, et soient immédiatement remplacés par le propriétaire ; ou bien que la plantation tout entière soit refaite dans les mêmes conditions : pourra-t-on, dans ces deux hypothèses, conclure par voie de complainte à la suppression des arbres? Avant la loi de 1881, la question était controversée et trois opinions étaient en présence.

La première enseignait que le remplacement était permis dans tous les cas. La seconde, visant spécialement le cas où les arbres étaient disposés en allée ou en avenue, concluait au droit pour le propriétaire de renouveler les arbres qui avaient péri, à la condition que l'allée tout entière n'eût pas subi le même sort. Ce n'est pas, disaient les partisans de ce système, tel ou tel arbre individuellement qui a été possédé, mais bien l'allée elle-même avec le caractère de perpétuité que sa desti- nation lui imprime (voyez Demolombe, *Servitudes*, tome I, page 558.). Dans le troisième système, celui de la jurispru- dence, système basé sur la règle : *quantum possessum, tantum præscriptum*, on n'admettait le remplacement dans aucun cas et alors même qu'il s'agissait d'arbres formant avenue. (Cass. 31 juillet 1866.) Le nouvel article 672 a tranché la question dans le sens de la jurisprudence, et aujourd'hui cette contro- verse n'a plus d'objet. En effet, dans son dernier paragraphe, l'article modifié porte que si « les arbres meurent ou s'ils sont coupés ou arrachés, le voisin ne peut les remplacer qu'en observant les distances légales ».

En conséquence, sous l'empire de la loi nouvelle, le fait par un propriétaire d'avoir renouvelé des arbres plantés à la dis- tance prohibée, constituera un trouble possessoire et autori- sera pour le voisin l'usage de la complainte. M. de Woden cependant soutient la négative. « Il nous est impossible, dit-il, « de concevoir le jeu d'une action possessoire intentée par le « propriétaire du fonds asservi du chef de la plantation nou- « velle..... Comment concevoir l'existence d'un trouble apporté « à la jouissance du voisin, si l'on ne fait que remplacer de « vieux arbres par de plus jeunes de même essence, et au « même emplacement ? En fait, il n'y a pas de trouble préju- « diciable à la possession, qui reste la même ; il y a plutôt « continuation de l'ancien état de choses que l'on cherche à « perpétuer, qu'une véritable innovation ». Ce système s'ap- puie évidemment sur une fausse conception du trouble néces- saire pour autoriser la complainte. Nous avons vu, en effet, qu'un fait quelconque constitue le trouble, même en l'absence d'un préjudice immédiat menaçant la possession d'autrui. Or, n'est-ce pas un trouble éventuel que la plantation de jeunes arbres au lieu et place d'anciens qui ont péri, arbres destinés à grandir et à renouveler, sous peu, les inconvénients d'une servitude que le voisin pouvait croire à bon droit éteinte par la disparition de leurs devanciers ? D'ailleurs, l'existence du trouble n'est plus aujourd'hui discutable, puisque le fait de remplacer d'anciens arbres par de nouveaux arbres est désormais illégal d'après la nouvelle rédaction de l'article 672.

Concluons donc, en disant que l'auteur de la plantation nouvelle ne sera réellement en possession de ce nouvel état de choses que lorsque la plantation aura plus d'un an d'existence, et que jusque-là il est resté en butte à l'action possessoire, de la part du propriétaire du fonds asservi.

Il est certain cependant que ce résultat, qui nous paraît indiscutable quant aux principes, n'a qu'un intérêt purement doctrinal, et que son application sera rare dans la pratique, en présence du paragraphe 2 de l'article 6 de la loi du 25 mai 1833. Le juge de paix, en effet, a compétence pour ordonner ue les arbres soient arrachés, alors même qu'ils auraient plus d'une année et pourvu que leur plantation ne remonte pas à plus de trente ans.

Enclave. — L'article 682 du Code civil, modifié par la loi du 20 août 1881, s'exprime ainsi : « Le propriétaire dont les fonds sont enclavés et qui n'a sur la voie publique aucune issue, ou qu'une issue insuffisante pour l'exploitation, soit agricole, soit industrielle de sa propriété, peut réclamer un passage sur les fonds de ses voisins, à la charge d'une indemnité proportionnée au dommage qu'il peut occasionner. »

Nous allons voir bientôt que les servitudes discontinues apparentes ou non ne peuvent être l'objet d'une action possessoire qu'autant qu'elles sont appuyées par un titre. Or, le droit de passage accordé par notre article est une servitude discontinue appuyée sur le titre le plus indéniable, sur un titre légal. La possession fondée sur l'enclave est consacrée par la loi comme un effet irrésistible de la nécessité ; dès lors la voie possessoire est ouverte aux intéressés pour se faire maintenir ou rétablir dans leur possession.

L'existence de l'enclave devant servir de base à l'action possessoire en maintenue ou en réintégration, il en résulte que le juge de paix a qualité pour la constater. Il pourra en conséquence, afin de s'éclairer sur ce point, ordonner une visite des lieux, une expertise, consulter le plan cadastral et tous autres documents propres à établir le fait d'enclave. Il serait aussi compétent, croyons-nous, pour déclarer que l'enclave n'est qu'apparente et qu'elle peut disparaître au moyen d'ouvrages de peu d'importance.

Certains auteurs soutiennent qu'en se livrant à ces investigations le juge du possessoire viole l'article 25 du Code de procédure. M. de Wodon, au remarquable ouvrage duquel nous avons eu souvent recours, réfute cette opinion en disant qu'il serait impossible au juge de paix de statuer au possessoire sans la vérification de l'enclave : ce qui nous paraît de toute évidence. Comment en effet ce magistrat pourrait-il caractériser la possession et juger aussi s'il y a eu trouble à la possession du demandeur en maintenue s'il ne pouvait examiner ce point de fait, l'existence de l'enclave ? Supprimez la nécessité du passage ou l'existence de l'enclave : l'action possessoire et le trouble n'auront plus de raison d'être. Du reste, tout ce qu'exige la loi, c'est que le juge du possessoire ne statue en rien sur le fond du droit qu'il ne dispose que sur la possession. (Voir de Wodon, *Poss.* III, page 27 ; en ce sens Cass. 15 janvier 1877.)

En raison des pouvoirs qui sont accordés au juge de paix pour vérifier l'enclave, il nous paraît utile de citer à titre d'exemples quelques espèces choisies dans la jurisprudence et qui par analogie peuvent servir de guide à ce magistrat. Ainsi, il a été jugé que le propriétaire d'une carrière à ciel ouvert qui ne peut plus, à raison de la différence des niveaux, être desservie par les chemins publics situés à proximité, peut réclamer un passage sur les héritages limitrophes situés sur le même plan que les gisements exploités. (Cass. 9 mai 1879.)

L'héritage qui ne possède qu'une issue insuffisante pour les besoins de son exploitation doit être réputé à l'état d'enclave. (Caen, 16 avril 1889.) C'est ce qu'a formellement consacré le nouvel article 682.

La même solution doit être adoptée et le fond devrait être déclaré enclavé, lorsque, par suite d'un changement de culture, ce fonds n'a plus qu'une issue insuffisante pour les besoins de son exploitation nouvelle. (Voir en ce sens un arrêt de la Cour de Poitiers, du 29 mars 1861.)

Ces différents arrêts ont été rendus au pétitoire, mais nous savons que les mêmes raisons de décider militent au possessoire.

Il nous reste à examiner une question délicate et dont la solution divise les auteurs. Quelle est, au point de vue possessoire, la situation nouvelle qui naît de la cessation de l'enclave ?

Si l'enclave vient à disparaître, si, par exemple, le propriétaire enclavé acquiert un terrain contigu, pouvant donner à son fonds accès sur la voie publique, le propriétaire du fonds servant se trouve, par ce fait, libéré de la servitude à lui imposée, dont la nécessité légale a disparu. Néanmoins, dans le cas où le passage aurait été pratiqué pendant trente ans suivant un mode et une assiette déterminés, une jurisprudence constante admet que cette possession équivaut à un titre acquisitif de la servitude. Elle devient alors un accessoire du fonds au profit duquel elle se trouve constituée, et persiste dès lors après la cessation accidentelle et même définitive de l'enclave qui en avait été la cause originelle.

Dans quelle mesure ces principes sont-ils applicables au possessoire? Le propriétaire du fonds dominant pourrait-il, après la cessation de l'enclave, se faire maintenir en possession de son droit de passage antérieurement acquis dans les conditions que nous venons d'indiquer ? Le juge du possessoire aurait-il le droit sans violer l'article 25 du Code de procédure, de s'appuyer sur la possession trentenaire à titre d'enclave, pour caractériser la possession annale exercée après la cessation de l'enclave ?

M. Caroi soutient la négative en ces termes : « Dès que « l'enclave a cessé d'exister, le passage perd le caractère de « passage légal et de nécessité ; il redevient une servitude dis- « continue et non apparente, et dans cet état il ne pourrait plus « être l'objet de la complainte possessoire. Inutilement, on « opposerait que ce droit avait été acquis précédemment par « un usage de plus de trente ans ; ce fait, s'il est exact, serait, « il est vrai, un titre pour le réclamant ; il en résulterait que « la servitude, bien que discontinue, serait fondée en titre, et « que, par conséquent, elle n'en devrait pas moins continuer de « subsister. Mais ce titre ne peut être immédiatement fourni : « il faudrait, pour l'établir, une vérification de la possession « ancienne alléguée ou invoquée par le propriétaire du fonds « dominant. Or, cette vérification ne peut se faire qu'au péti- « toire : le juge de paix ne pourrait l'ordonner ; et de là suit « que si l'action possessoire pour une semblable servitude était « portée devant lui, il devrait la déclarer non-recevable. » (Caroi, *Act. poss.* n° 188.)

Nous déclarons nous ranger à l'opinion de l'estimable auteur dont le système nous paraît parfaitement justifié par ce motif que la nécessité fondement certain de la servitude d'enclave, a disparu par suite de faits nouveaux, et que dès lors la possession du propriétaire autrefois enclavé est devenue précaire et incapable de servir de base à une action possessoire.

Ajoutons que la raison principale qui nous engage à rejeter la solution contraire, c'est qu'en accordant au juge de paix le droit de statuer au possessoire, même quand l'enclave a cessé, on expose ce magistrat forcé, pour se prononcer et caractériser la possession, de vérifier le fait de la prescription, au danger de cumuler le possessoire et le pétitoire. A notre avis les limites qui séparent les deux juridictions sont déjà assez indécises en notre matière sans que l'on vienne augmenter la difficulté par une extension exagérée des pouvoirs du juge. (En sens contraire Seligois, *Enclave*, nos 34 et 35.)

Servitudes établies par le fait de l'homme. — Dans les articles 688 et 689 le Code divise les servitudes conventionnelles en servitudes continues et discontinues, apparentes et non apparentes, et donnent les définitions de ces diverses servitudes. Nous allons les étudier au point de vue possessoire dans deux paragraphes : l'un consacré aux servitudes continues et apparentes, l'autre aux servitudes discontinues apparentes ou non, et aux servitudes continues non-apparentes.

§ 1. — *Servitudes continues et apparentes.*

Aux termes de l'article 690 du Code civil, les servitudes continues et apparentes s'acquièrent par la possession de trente ans. Ces servitudes, étant susceptibles d'une possession qui peut conduire à la prescription, pourront faire l'objet d'une action possessoire. Aussi, celui dont la possession réunira les caractères voulus sera fondé à demander réparation du trouble apporté à la jouissance d'une servitude de cette espèce, et cela, sans qu'il y ait nécessité pour lui de produire aucun titre.

Nous savons que ce principe était déjà admis en droit romain, où nous avons vu l'interdit *uti possedetis* accordé pour défendre la possession de certaines servitudes du même genre. Il l'était aussi dans notre ancien droit : « On peut user, dit Dunod, pour toute servitude continue, de l'interdit *uti possidetis*. » Enfin, l'ordonnance de 1667 exprime la même idée en proclamant que celui qui est troublé dans la possession d'un droit réel peut former complainte.

De nos jours, malgré que nos textes sur la matière aient négligé de dire pour quelles sortes de biens peut être exercée l'action possessoire, la jurisprudence a toujours admis que cette action est recevable en cas de possession annale des servitudes qui s'acquièrent par prescription. La question ne peut donc faire aucun doute.

Nous trouvons ici l'occasion de rappeler une controverse fort ancienne puisqu'elle existait déjà en droit romain, controverse portant sur le point de savoir quel serait l'effet du jugement qui aurait accordé la maintenue au possesseur d'une servitude continue et apparente.

Nous savons que dans l'instance pétitoire qui s'engagera, le possesseur maintenu jouera le rôle de défendeur ; mais sera-t-il tenu de prouver qu'il a acquis la servitude en question soit par titre, soit par prescription ? Sera-ce au demandeur au contraire à prouver que le fonds est libre de la servitude prétendue ? En d'autres termes, à qui incombera le fardeau de la preuve, positive pour le défendeur, négative pour le demandeur ?

La question, avons-nous dit, était déjà discutée dans notre ancien droit, où, dans l'intérêt du défendeur, on invoquait un fragment d'Ulpien, duquel il paraît bien résulter que s'il y a possession, la preuve doit être laissée à la charge de celui qui nie la servitude, c'est-à-dire du demandeur au pétitiore. (Ulpien L. 8 titre 5, D.)

Dunod, partisan de ce système, s'exprimait ainsi, dans son *Traité des prescriptions* : « Comme la liberté est présumée de « droit, celui qui agit par l'action négatoire ayant pour lui « cette présomption, il ne doit être chargé d'aucune preuve ; « c'est à la partie qui prétend la servitude de prouver qu'elle « a été constituée ou prescrite ; à moins qu'elle ne soit « avouée être en possession, parce que sa possession détruirait « la présomption de liberté. » (Dunod, Part. III, ch. vi, page 293.)

Pothier de son côté semblait partager cette manière de voir en disant : « Le principal droit que donne la possession est

« qu'elle fait réputer par provision les possesseurs propriétaires
« de la chose qu'ils possèdent jusqu'à ce que celui qui la reven-
« dique ait justifié son droit. »

Mais Dumoulin et un grand nombre d'autres anciens juris-
onsultes professaient la doctrine contraire, et mettaient, dans
notre hypothèse, la preuve à la charge du défendeur maintenu dans la possession de la servitude : *Possessio,* disait
« Dumoulin, *non relevat ab onere probandi in servitude reali.* »

De nos jours, quelques auteurs soutiennent encore la théorie
de Dunod. Dans le but de démontrer que celui qui a été maintenu en possession de la servitude n'a pas à prouver, au
pétitoire, que cette servitude existe, ils raisonnent par analogie.
De même, disent-ils, que la maintenue dans la possession de
l'héritage fait présumer la propriété de cet héritage, de même
la maintenue dans la possession d'une servitude en doit faire
présumer l'existence. S'il en était autrement, ajoutent-ils, la
maintenue dans la possession de la servitude serait véritablement dérisoire, et on ne peut raisonnablement admettre que
le législateur, qui autorise les actions possessoires en matière
de servitudes, ait voulu néanmoins n'attacher à cette possession, légalement reconnue, aucune espèce d'effet utile.

La conclusion de ce système est que le possesseur annal
de la servitude n'a rien à prouver, et que c'est au propriétaire,
qui forme l'action pétitoire négatoire, à établir que la servitude n'existe pas. (En ce sens voir Pardessus, t. II, n° 330
et suivants.)

Malgré l'apparence de raison qui milite en faveur de cette
opinion, nous la croyons cependant inadmissible. En effet, ses
partisans s'appuient sur une présomption que nous ne trouvons
formulée nulle part : aucune loi n'ayant attaché à la possession annale ni au jugement de maintenue possessoire une présomption quelconque de propriété ou de droit de servitude, il
en résulte que cette présomption n'existe pas, du moins dans le
sens absolu que veulent lui donner les promoteurs de la doctrine

que nous combattons. En outre, elle nous paraît contraire à l'esprit et au texte de l'article 690 du Code civil. Aux termes de cet article, les servitudes continues et apparentes s'acquièrent par titres ou par la possession de trente ans. Or, le résultat de ce système serait de les faire acquérir par la possession annale. Comment en effet dans l'action pétitoire négatoire le demandeur pourra-t-il prouver que la servitude n'existe pas ? Il pourra bien quelquefois prouver qu'il n'y a pas eu de prescription trentenaire, ni destination du père de famille, mais il lui sera impossible de prouver qu'il n'y a pas de titre.

Un dernier argument nous est fourni par M. Demolombe : c'est que la règle générale est que tous les héritages sont libres et présumés tels ; et cette présomption est une preuve toute faite au profit de celui qui intente l'action négatoire. Or, que soutient le défendeur au pétitoire : c'est qu'il a acquis le droit de servitude dans lequel il a été maintenu dans l'instance possessoire ; il devient donc à son tour demandeur dans son exception ; et c'est à lui d'établir qu'il a en effet acquis la servitude.

Dans ce dernier système, la maintenue en possession ne sera pas d'ailleurs un résultat dérisoire, elle ne restera pas sans effet, comme le prétendent nos adversaires. Car, en premier lieu le possesseur maintenu jouira de la servitude pendant l'instance pétitoire, ce qui pourra être fort long ; et, en second lieu, s'il y a doute sur l'existence de la servitude, la question sera tranchée à son profit. *In pari causá melior est causa possidentis.* (Voir en ce sens M. Demolombe, *Servitudes*, II, n° 957.)

§ II. — *Servitudes discontinues apparentes ou non, servitudes continues non apparentes.*

Nous venons de voir que l'action possessoire est recevable en matière de servitudes continues et apparentes. A l'égard des servitudes discontinues, apparentes ou non, la solution n'est plus la même. Aux termes de l'article 691 du Code civil, ces servitudes de même que les servitudes continues non apparentes ne peuvent s'établir que par titre. La possession même immémoriale ne suffit pas pour les établir, sans cependant qu'on puisse attaquer aujourd'hui les servitudes de cette nature déjà acquises par la possession, dans les pays où elles pouvaient s'acquérir de cette manière. (Art. 691.)

Il découle de ce texte une conséquence toute naturelle : c'est que l'on ne peut invoquer la seule possession pour exercer l'action possessoire. Ce principe est nouveau, il n'existait pas en droit romain, où les servitudes même discontinues pouvaient s'acquérir par la possession, qui dès lors servait de base à l'action possessoire. C'est ainsi que l'interdit *de itinere actuque privato* était accordé à celui qui pendant l'année avait usé, trente jours au moins, d'un droit de passage.

Dans notre ancien droit, il y avait, sur l'acquisition des servitudes par prescription, de grandes divergences entre les Coutumes. Les unes rejetaient absolument la prescription. (Paris, 186 ; Normandie, 607.) D'autres admettaient la prescription pour toutes les servitudes. (Artois, 72.) Entre ces deux systèmes extrêmes, il existait une foule de systèmes mixtes.

A ce propos, voyons quelle influence pourrait avoir aujourd'hui au possessoire l'exception formulée au second alinéa de l'article 691 du Code civil. Cette exception du reste n'est qu'une application du principe de non-rétroactivité des lois, il s'ensuit qu'à l'égard des servitudes discontinues la possession immémoriale qui les aurait fait acquérir suivant les anciennes Coutumes vaudra titre.

L'utilité de cette exception s'efface évidemment de jour en jour, puisqu'il devient de plus en plus difficile de prouver par témoins l'existence de la servitude avant le Code civil. Si cette acquisition se trouve relatée dans un titre, il est vrai de dire qu'elle est établie par titre, ce qui n'est pas le but que s'était proposé le législateur dans la disposition que nous interprétons.

Quoi qu'il en soit, demandons-nous quelle modification apportera, au possessoire, l'offre de prouver que la servitude, bien que discontinue et non apparente, avait été acquise avant la promulgation du Code par une possession immémoriale. D'abord, il nous paraît certain que si cette possession était fondée sur des décisions antérieures, le juge de paix serait obligé d'autoriser par témoins la preuve de la possession annale, car ces décisions constituent de véritables titres, et nous rentrons dans le droit commun.

Nous supposons qu'à défaut de titres, il soit demandé d'établir par témoins la possession immémoriale ; le juge du possessoire pourrait-il l'autoriser? Nous sommes d'avis de répondre négativement. Le juge devrait dans cette hypothèse déclarer l'action non recevable ; autrement il serait appelé à trancher une question de prescription et ne le ferait qu'en violant la règle prohibitive de l'article 25 du Code de procédure.

Revenons à notre sujet. Si les servitudes discontinues sont imprescriptibles, ce n'est pas faute d'une possession continue, ce n'est pas à cause des intervalles plus ou moins longs qui séparent les actes d'exercice ; car de telles servitudes sont certainement susceptibles d'une possession continue dans le sens de l'article 2229 du Code civil. La propriété d'un fonds s'acquiert par prescription, et cependant les actes de maître qui peuvent constituer la possession de ce fond, tels que le fait de semer, de récolter, etc., sont souvent moins fréquents que les actes constitutifs de la possession d'une servitude, comme le fait de passer chaque jour sur un fonds, de puiser chaque jour à une fontaine, ou encore de mener des bestiaux à l'abreuvoir. Si le défaut de continuité empêchait la prescription des servitudes discontinues, il rendrait également impossible la prescription du droit de propriété lui-même. Le vrai motif, l'unique cause de la disposition de l'article 691 ont été puisés dans l'article 2232, déclarant que les actes de tolérance ne peuvent fonder ni possession ni prescription.

On a sans aucun doute considéré que l'exercice de cette sorte de servitudes, peu gênantes pour le fonds servant encourait le soupçon de tolérance et de familiarité à titre de bon voisinage de la part du propriétaire de ce fonds. Cependant, il ne faudrait pas, à notre avis, tirer de cette considération fort juste en elle-même des conséquences exagérées, et dire par exemple que, lorsque la cause qui a fait admettre l'article 691, la présomption de familiarité n'existe pas ou a disparu ; il faut conclure à la possibilité de la prescription et par suite à la recevabilité de l'action possessoire, puisque la tolérance du propriétaire du fonds servant n'est plus présumable.

C'est ici le lieu de rappeler une grande controverse que l'application du principe formulé par notre article a fait naître dans la doctrine.

Une première opinion a été soutenue par M. de Nodon. « L'action possessoire, dit cet auteur, peut s'appliquer aux servitudes discontinues, même en l'absence de titres, pourvu qu'elles se manifestent par des signes apparents. L'article 691 n'a trait qu'à la prescription, non à l'action possessoire. Le législateur, en édictant cette règle, n'a voulu rassurer les voisins que contre la prescription ; mais il n'a pas voulu dépouiller le possesseur d'un droit de servitude imprescriptible, du bénéfice naturel des actions possessoires, basées uniquement sur l'ordre public et sur le respect dû au *statu quo* des choses, en attendant le règlement des droits au pétitoire. » Ce système nous semble trop manifestement contraire au texte de l'article 691 du Code pour pouvoir être admis ; on ne peut pas, nous le savons, admettre l'action possessoire là où, par la nature des choses, la chose possédée est imprescriptible.

Mais ne pourrait-on pas soutenir, comme l'enseigne M. Troplong, que, du jour où le possesseur d'une telle servitude aura opposé une contradiction au propriétaire du fonds servant, sa possession devrait donner ouverture à l'action possessoire, en se fondant sur ce que la contradiction détruit la présomption de tolérance ? Dans cette hypothèse, il y aurait comme une sorte d'interversion permettant d'argumenter par analogie de l'article 2238 du Code civil. « Si l'on jouit de ces servitudes après contradiction, dit M. Troplong, alors commencera un errement nouveau. On ne peut plus présumer la tolérance du propriétaire qui a résisté, et une possession suffisante pour prescrire peut sortir de ce choc. » (Troplong, *Prescription*, I, n° 393.) Ce système ne manque pas d'un certain attrait, et, si l'on veut s'attacher uniquement au motif qui a fait édicter la règle de l'article 691, on peut aller jusqu'à dire que la contradiction opposée par le possesseur efface la précarité de sa possession, qui la rendait inopérante. Malheureusement, il a encore le défaut d'être en complet désaccord avec le texte si formel de l'article 691, car, si on l'admettait, la possession des servitudes discontinues ou non apparentes deviendrait utile par suite de la contradiction, et pourrait servir de fondement à la prescription et à l'action possessoire.

D'autres systèmes ont encore été présentés et soutenus sur cette grave question, systèmes dans lesquels leurs auteurs ont cherché à satisfaire à la fois le motif et la lettre de l'article 691. Nous croyons inutile de les rapporter ici, car leur exposition ne ferait qu'obscurcir une discussion déjà longue. Nous terminons donc en disant que nous n'admettons pas la complainte en matière de servitudes discontinues, au cas où l'exercice de la servitude a été accompagné d'une contradiction formelle de la part du propriétaire du fonds dominant. Pour nous, cette contradiction ne peut être considérée comme une *juste cause*, ni comme une sorte d'interversion de la possession, car la contradiction dont il est question dans l'article 2238 et qui a pour effet de changer la nature de la possession, ne s'applique qu'à une chose qui peut se prescrire sans titres, et à ces personnes qui, possédant antérieurement pour autrui, prétendent désormais posséder pour elles-mêmes. Nous ne pouvons nier, il est vrai, que cette contradiction purge le vice de précarité ; mais peut-elle, avec la restriction si rigoureuse de l'article 691, servir de base à la prescription, et par là même, à l'action possessoire ? C'est ce qu'il nous est impossible d'admettre. D'ailleurs, si le propriétaire du fonds prétendu servant laisse une simple contradiction sans protestation, c'est peut-être parce qu'il n'en sent pas bien la portée, et qu'il sait que les servitudes discontinues étant imprescriptibles, il n'a pas besoin d'y répondre par une action négatoire. Il n'y a donc là aucune reconnaissance du droit de servitude de la part du propriétaire. (Voir Aubry et Rau, § 185, note 32.)

Mais, si celui qui exerce une servitude discontinue peut opposer au propriétaire du fonds assujetti qui le trouble dans la jouissance de cette servitude un titre émané de ce propriétaire ou de ses auteurs, titre dont la conséquence a été d'établir au profit du fonds dominant le droit contesté, les choses changeront de face, et l'action possessoire va devenir possible de la part du possesseur troublé. La présence de ce titre purge complètement le vice de précarité, elle efface la présomption de tolérance ; dès lors la possession de la servitude contestée réunit les caractères exigés par l'article 2229 du Code civil et 23 du Code de procédure, et rien ne fait plus obstacle à l'admission de l'action possessoire.

Cette solution est aujourd'hui universellement adoptée dans la doctrine et la jurisprudence, et personne ne conteste la recevabilité de l'action possessoire en matière de servitudes discontinues, quand ces deux éléments se trouvent réunis chez le demandeur, possession suffisante, titre appuyant la possession. Tel est le principe.

Quelques questions de détail nous restent à examiner. Aux termes de l'article 695 du Code civil, « le titre constitutif de la servitude, à l'égard de celles qui ne peuvent s'acquérir par la prescription, ne peut être remplacé que par un titre récognitif de la servitude, et émané du propriétaire du fonds asservi ».

Donc, le titre doit émaner du propriétaire du fonds servant ou de ses auteurs, et un titre émané *à non domino* ne serait pas suffisant pour autoriser l'action possessoire. Il en était autrement dans notre ancien droit, où la plupart des jurisconsultes adoptaient la doctrine contraire, sauf cependant Dunod, qui, dans son *Traité des prescriptions*, page 291 et 292, après avoir rapporté l'opinion générale, soutient qu'à son avis un titre émané *à non domino* ne peut appuyer la possession quant aux servitudes discontinues.

Remarquons d'ailleurs que le système de l'ancien droit en matière de servitude n'était pas le même que le nôtre. Toutes les servitudes, quelles qu'elles fussent, ne pouvaient s'acquérir que par titre ou la prescription de long temps. De plus, le langage du Code diffère singulièrement de celui des Coutumes. *Nulle servitude sans titre*, disaient nos anciennes Coutumes, sans fixer le rôle que devait jouer le titre. Dès lors, par ce seul fait que la servitude était basée sur un titre même émané *à non domino*, il n'y avait pas absence de titres, la loi était satisfaite à la rigueur, et c'est peut-être là la cause du système adopté par les anciens jurisconsultes. Tel était du reste le raisonnement de Pothier. Le Code civil, au contraire, dans des termes aussi clairs que concis, a déterminé la nature et le rôle que le titre est appelé à jouer dans notre matière ; il exige qu'il soit constitutif de servitude, il veut qu'il émane du propriétaire du fonds asservi. Aussi pour nous la question ne semble devoir faire aucun doute.

Néanmoins, nous pensons qu'un titre émané *à non domino* serait opposable à celui-là même dont il émanerait, comme si par exemple le possesseur de la servitude discontinue l'opposait au possesseur du fonds servant, qu'il avait cru propriétaire véritable de ce fonds, et avec lequel il avait traité pour l'acquisition de cette servitude.

Que décider dans l'hypothèse où la possession du deman=

deur se serait étendue au délai du droit conféré par le titre ?
Sans nul doute, elle continue à être entachée du vice de précarité, et la présomption de tolérance subsiste pour tout
ce qui a été exercé en dehors des limites fixées par le titre
constitutif.

Observons qu'un titre qui émanerait des anciens propriétaires du fonds dominant ne serait d'aucune efficacité pour
l'admission de l'action possessoire, et que l'acquéreur qui
représenterait un acte de vente dans lequel il aurait été sti-
pulé qu'il jouirait d'un droit de passage, par exemple, comme
en ont joui ses auteurs, ne pourrait fonder sur une telle possession ni prescription, ni complainte. Il faut que le titre
ait été consenti par le propriétaire du fonds servant ; il faut
qu'il soit constitutif, et celui dont nous venons de parler est
simplement énonciatif.

Quid dans l'hypothèse où la demande possessoire s'appuie à
la fois sur une contradiction opposée au droit du propriétaire
du fonds servant et sur un titre « coloré », c'est-à-dire émané à
non domino ? Nous ne pouvons encore qu'admettre une solution
négative ; et, sans nous reporter à tous les arguments énoncés
plus haut, nous nous contentons de renvoyer à M. Demolombe, et de dire, comme lui, qu'on ne peut compléter son titre
par une possession : car le titre étant nul, et la possession
même immémoriale, inefficace, « deux éléments qui ne sont
« rien séparément, ne peuvent devenir quelque chose ensem-
« ble ». (Demolombe, *Servit.*, n. 791, tome II.)

Que décider enfin dans le cas de l'article 694 du Code civil ?
On sait que la rédaction de cet article a été et est encore l'objet d'une vive controverse, et, que d'après M. Demolombe, elle
aurait donné lieu à cinq interprétations différentes. Sans entrer
dans l'exposé de tous ces systèmes, nous dirons que nous
nous rangeons à l'opinion de l'illustre jurisconsulte, pour qui,
lorsque la servitude n'est qu'apparente, il faut, en outre, représenter l'acte de vente ou de partage qui a opéré la séparation,

pour établir qu'il ne renferme aucune convention relative ou contraire à la servitude prétendue.

Faisons maintenant au possessoire l'application de cette doctrine et, pour plus de clarté, prenons une espèce. Il existe, je le suppose, entre une maison et un jardin appartenant au même propriétaire, une porte conduisant par un chemin macadamisé à un puits situé dans le jardin. Dans cette hypothèse, si les deux fonds étaient séparés au lieu d'appartenir au même propriétaire, nous serions en présence d'une servitude de passage et de puisage au profit de la maison. Notre propriétaire vient à disposer par exemple de la maison par vente ou autrement, ou bien il vend la maison à Primus, et le jardin à Secundus. L'acheteur de la maison pendant plus d'une année jouit paisiblement du passage et du puisage devenus servitudes à son profit ; puis il vient à être troublé dans sa jouissance. Pourra-t-il dans ces circonstances invoquer sa seule possession et intenter la complainte contre le propriétaire du jardin auteur du trouble ? Oui, mais sous deux conditions : il devra pour appuyer sa possession représenter son titre d'acquisition, et ce titre ne devra contenir rien de contraire à l'exercice de la servitude de passage et de puisage.

Si, au lieu d'une porte et d'un chemin, nous avions supposé des fenêtres ouvertes dans le mur de la maison et donnant sur le jardin, la servitude serait continue et apparente, la destination du père de famille vaudrait titre, et le propriétaire de la maison troublé dans sa jouissance n'aurait besoin de représenter aucun titre pour appuyer sa possession et intenter la complainte ; la possession annale suffirait.

Peut-on agir au possessoire relativement aux servitudes négatives ? Les auteurs sont divisés. M. Belime (n° 265) a soutenu la négative, en se fondant sur ce motif que ces sortes de servitudes ne sont susceptibles d'aucune possession, et que, par suite, le juge de paix ne pourrait statuer que d'après le titre, ce qui serait la violation de l'article 25 du Code de procédure. Nous préférons l'affirmative enseignée par Demolombe. Supposons en effet, d'une part, que le propriétaire du fonds prétendu servant se soit abstenu pendant plus d'un an de tout acte contraire à l'exercice de la servitude contestée, et, d'autre part, que le propriétaire du fonds dominant invoque un titre constitutif émané de son adversaire : ne sera-t-il pas vrai de dire que la possession du complaignant doit être considérée comme exercée *animo domini* et à titre de droit vis-à-vis du propriétaire du fonds servant, et que par conséquent cette possession réunit tous les caractères exigés par la jurisprudence ? (Voir en ce sens Demolombe, *Servitudes*, tome II, n° 950.)

Mais conclure à l'admission de l'action possessoire dans les différentes hypothèses que nous venons d'examiner, n'est-ce pas violer le principe du non-cumul, et le juge de paix saisi d'une telle demande ne doit-il pas, pour éviter ce danger, se déclarer incompétent ? Il ne peut en effet statuer sur l'action intentée qu'après avoir examiné les titres et apprécié le fonds du droit, du moins en apparence. Nous ne le pensons pas. Le juge du possessoire en cette occasion n'examine pas le titre isolément, mais seulement dans ses rapports avec la possession, et dans le but de caractériser cette possession. Il doit examiner le titre, alors même que le titre produit par l'une des parties serait contesté par l'autre, parce qu'il ne peut dépendre de l'un des adversaires de changer l'ordre de juridiction et de modifier la compétence du juge de paix, en le mettant dans l'impossibilité de se prononcer sur une instance qui lui est spécialement déférée par la loi. Quant à l'argument que l'on entendrait tirer de ce que la loi du 25 mai 1838 limite, dans plusieurs hypothèses, la compétence du juge de paix aux cas où les droits de propriété ou de servitude ne sont pas contestés, nous y répondons en disant que ces dispositions sont exceptionnelles, spéciales aux espèces prévues, et qu'il n'est pas permis de les étendre par analogie à des cas non prévus par le législateur. Or, la loi du 25 mai, en n'ajoutant dans son article 6 aucune formule restrictive à la compétence du juge de paix, quant aux diverses actions possessoires dont elle lui attribue la connaissance, a témoigné, d'une manière évidente, de sa volonté de lui déférer *toutes* les actions possessoires, celles relatives aux servitudes discontinues comme les autres. D'ailleurs, nous donnerons sur ce point de plus amples détails quand nous traiterons du principe du non-cumul.

De quelques autres droits réels. — Il existe beaucoup d'autres droits réels. Les uns sont mentionnés par le Code, tels sont l'usufruit, l'usage, l'habitation ; les autres sont l'objet de lois spéciales, tels sont les droits d'usages dans les forêts, les usages locaux, les mines, etc.... Il est enfin des droits dont le caractère douteux, et surtout dont le domaine fort restreint, pour ne pas dire plus, n'offrent d'intérêt, quant à leur étude, qu'à un point de vue rétrospectif ou purement historique. Nous voulons parler du bail emphytéotique et du bail à domaine congéable. Aussi n'entreprendrons-nous pas de rappeler les discussions soulevées à leur sujet.

Quant au droit d'usufruit, nous en avons fait la théorie, relativement au possessoire, au chapitre III; nous n'y reviendrons donc pas. Il reste à dire quelques mots de l'usage et de l'habitation.

L'usage est un droit réel restreint aux fruits d'un fonds pour les besoins de l'usager et de sa famille (art. 630 du Code civil). L'habitation est l'usage d'une maison pour l'usager lui-même et sa famille (art. 632). Ces deux droits ne peuvent être ni cédés ni loués.

De même que l'usufruit, ils constituent des droits immobiliers, et, aux termes de l'article 625, ils s'établissent et s'éteignent de la même manière : d'où la conséquence que l'usage et l'habitation sont susceptibles de prescription et par suite des actions possessoires. Nous croyons, avec M. Demolombe, que le juge devra rechercher et apprécier les faits de jouissance

pour décider si la possession n'est pas clandestine ou de tolérance. (Demolombe, *Distinction des biens*, II, n° 760.)

Passons aux droits d'usage dans les bois et aux mines. —
Droits d'usage dans les bois.— Sous l'ancien régime, les bois
et les forêts étaient soumis à un certain nombre de droits d'usage établis au profit des communautés d'habitants, et d'ordinaire,
en retour des revenus qui devaient être soumis au seigneur.
Ces droits d'usage furent réglementés par les ordonnances, et
notamment par l'édit du mois d'août 1669 sur les eaux et
forêts.

Avant 1789, les droits d'usage étaient accordés aussi bien
sur les forêts domaniales que sur celles des particuliers. Aujourd'hui, la loi du 27 mai 1827, qui est devenue le Code forestier, établit une distinction entre les bois de l'État et ceux des
particuliers.

Quant aux bois et forêts de l'État, l'article 62 du Code forestier prohibe pour l'avenir toute concession quelconque de
droits d'usage, et l'article 61 déclare ne reconnaître que ceux
qui reposent sur des titres antérieurs. En outre, les articles 63
et 64 réservent au domaine la faculté d'affranchir les forêts
d'usage en bois au moyen du cantonnement ou du rachat.

Mais les bois et forêts particuliers peuvent être assujettis aux
différents droits d'usage qu'il convient à leurs propriétaires
d'établir. Cependant la faculté du cantonnement ou du rachat
ayant été édictée dans un intérêt d'ordre public, il en résulte
que les particuliers ont le droit d'en user pour affranchir leurs
bois et forêts, quand bien même ils y auraient renoncé.
(Art. 118 et 120 du Code forestier.)

Lorsque les droits d'usage sont établis par titre, il n'est pas
douteux que le trouble à leur exercice ne puisse donner ouverture à l'action possessoire. Le trouble résulterait, par exemple, de ce que le propriétaire de la forêt, dont l'affectation au
droit d'usage n'est limité par aucune stipulation, aurait fait
procéder à son défrichement ; et l'action ne devrait pas être

repoussée par ce motif qu'avant de l'opérer, le propriétaire en aurait fait déterminer l'étendue afin de ne pas nuire au droit de l'usage. (Cass. 17 mars 1862.)

En l'absence de titres constitutifs des droits d'usage, la possession suffirait-elle ? C'est là une question délicate, la seule qui se lie intimement à notre sujet, et qu'il nous faut examiner.

A l'égard des forêts domaniales, cette possession serait évidemment inefficace en présence des textes de loi. Quant aux forêts et bois des particuliers, la question a donné lieu à une controverse qui n'est pas encore tranchée. Suivant les uns, les droits d'usage dans les forêts sont de véritables servitudes discontinues, et comme telles soumises aux mêmes conditions quant au possessoire. Envisagés comme servitudes, ces droits dont l'exercice est non apparent et discontinu auront besoin de titres pour appuyer leur possession. D'autres au contraire, parmi lesquels nous citerons Proudhon, s'efforcent de soutenir que les droits d'usage dans les forêts sont toute autre chose que des servitudes, que dès lors la prescription suffira pour les acquérir et que l'action possessoire les protégera, pourvu que la possession présente les caractères exigés. Tous les usages, dit Proudhon, « comportent la prise d'une partie des fruits, « et même quelquefois d'une partie de la substance du fonds « qui en est grevé, d'où il résulte que la jouissance d'un droit « d'usage est en général de même nature que celle du droit de « propriété, puisque l'une et l'autre et l'une comme l'autre « consistent dans une perception de fruits produits par la « chose...... Il n'en est pas de même des simples servitudes ; « celui auquel ces servitudes appartiennent n'a aucune parti- « cipation dans les fruits du fonds qui en est grevé. » (Proudhon, *Droits d'usufruit*, VI, n° 3087.) — La conséquence du système préconisé par Proudhon est d'assimiler l'usage à la propriété et de le faire par suite acquérir par la prescription. C'est en effet la solution adoptée par cet auteur quand l'usage

est susceptible d'une possession continue et non précaire.
(Même auteur, *Droits d'usufruit*, VI, n° 2754.)

Nous ne pouvons partager cette doctrine, malgré l'autorité
de son auteur Par leur nature, les droits d'usage doivent
certainement être assimilés aux servitudes discontinues, car ils
ont besoin du fait actuel de l'homme pour être exercés. En
outre, il nous paraît possible de réfuter victorieusement les
arguments fournis par Proudhon en raisonnant par analogie.
Sans doute, l'usager perçoit des fruits comme le propriétaire ;
mais cela ne veut pas dire qu'il possède d'une autre manière
que celui qui exerce une servitude. Celui qui jouit d'une servitude de pacage perçoit aussi des fruits, et cependant ce
droit est qualifié de servitude par le Code lui-même dans son
article 688. Enfin, le même article, après avoir cité la servitude de pacage comme exemple de servitude discontinue,
ajoute: « et autres semblables ». Pourquoi, dès lors, ne pas faire
rentrer les droits d'usage en question dans cette dernière catégorie ?

La Cour de cassation hésite entre ces deux systèmes qu'elle
a consacrés l'un et l'autre. La chambre des requêtes avait
d'abord décidé que les droits d'usage ne constituent pas seulement une servitude, mais qu'ils peuvent être acquis à l'aide
d'une longue possession réunissant les conditions prescrites par
la loi. C'était le système de Proudhon.

Puis, abandonnant cette jurisprudence, elle n'a plus voulu
les considérer que comme de simples servitudes discontinues.
(Cass. 2 avril 1855.)

De son côté, la chambre civile semble reconnaître dans les
usages forestiers des droits d'une autre nature, et admet que
l'usager troublé dans sa jouissance peut former la complainte.
(Cass. 1er décembre 1880.)

Remarquons en terminant qu'en matière d'usages forestiers,
le titre et la possession ne suffiraient même pas pour intenter
l'action. Il faut de plus que les actes de possession aient été

précédés de procès-verbaux de délivrance, ou de déclaration de défensabilité. (Art. 69, 79, 81 du Code forestier.)

Mines. — Les lois qui règlent cette matière sont celle du 21 avril 1810, modifiée par la loi du 9 mai 1866 et celle du 27 juillet 1880.

L'article 5 de la loi du 21 avril 1810 dispose qu'aucune mine ne pourra être exploitée sans une concession délivrée par le gouvernement. Cette obligation s'applique aussi bien au propriétaire de la surface, qui n'a aucun droit de préférence, qu'aux tiers. Nous trouvons là une dérogation aux principes généraux d'après lesquels la propriété du dessus emporte celle du dessous. (Art. 552 du Code civil.)

Mais, avant toute concession, à qui appartient la mine future ? Est-ce à l'État ou au propriétaire de la surface? Cette question peut avoir son utilité au possessoire aussi bien qu'au pétitoire, puisque, selon la solution qui lui sera donnée, le propriétaire de la surface aura ou non l'exercice de l'action possessoire pour demander la répression des entreprises qui atteindraient le sous-sol, sans entamer la surface.

La doctrine sur ce point est divisée. Dans une première opinion qui s'appuie sur le droit romain et l'ancien droit coutumier, les mines sont considérées comme hors du commerce tant qu'il n'y a pas d'acte de concession. Les partisans de ce système soutiennent que le propriétaire n'a sur la mine aucune possession ni droit de disposition. Il en résulte qu'il ne saurait intenter la complainte ou la réintégrande contre celui qui se livrerait à l'exploitation de la mine sans avoir obtenu de concession. (En ce sens de Nodon, *Poss.* II, n°s 470 et suivants.)

Dans un second système, on invoque le principe général de l'article 552 du Code civ. et l'on s'en fait une arme pour soutenir que le droit du propriétaire s'étendant à tout ce qui se trouve dans l'intérieur du sol sans restriction, il en est de même de la mine enfouie dans son héritage. La conséquence tirée par les promoteurs de ce système est, non pas que le propriétaire a le dlroit d'exercer l'action possessoire, mais bien qu'il peut réclameer une indemnité de ceux qui se livrent à une exploitation iirrégulière. Il nous semble pourtant que le bénéfice de la complainte se déduit tout naturellement de l'admission du princippe. (Voir Demolombe, *Distinctions des biens*, II, nᵒˢ 645 et 647..) Ce sont les variations de la jurisprudence sur ce point qui oont donné naissance aux deux systèmes que nous venons d'expooser.

La mine, une ffois concédée régulièrement, constitue une propriété immobiliière distincte de la propriété de la surface. (Loi du 21 avril 1:810, art. 10.) Elle pourra donc servir de base à une action ppossessoire ; mais comme elle ne saurait être possédée utilementt qu'en vertu d'un décret de concession, le juge du possessoire sera obligé, pour caractériser la possession indiquée, d'examiner l'acte de concession,

CHAPITRE V

DES TRIBUNAUX COMPÉTENTS, DE L'INSTRUCTION ET DES EF-FETS DES JUGEMENTS EN MATIÈRE POSSESSOIRE.

Nous connaissons la possession civile, les qualités dont elle doit être revêtue pour produire un effet utile, et les objets auxquels elle s'applique. Nous avons étudié les différentes actions qui la protègent, nous savons par qui et contre qui ces actions peuvent être intentées ; il ne nous reste plus, pour achever notre tâche, qu'à faire connaître le juge compétent, l'instruction et les effets du jugement en matière possessoire.

SECTION I

DES TRIBUNAUX COMPÉTENTS.

A Rome, dans le litige possessoire et à l'époque classique, le préteur, en vertu de son *imperium*, rendait un interdit, soit *retinendæ*, soit *recuperandæ possessionis*; et si les parties ne se conformaient pas à l'interdit, il leur donnait un juge ou des récupérateurs chargés de prononcer la sentence suivant la formule délivrée. Plus tard, sous l'empire de la procédure extraordinaire, l'interdit a disparu pour être remplacé par l'action. Il n'y avait là rien d'analogue à nos justices de paix, ni à notre procédure actuelle en matière possessoire.

Au moyen âge, sous l'influence du droit canonique, nous avons vu que de nouveaux principes se firent jour ; puis vinrent diverses ordonnances, et en dernier lieu la plus célèbre, celle de 1667 sur la procédure, qui réglementèrent la procédure à suivre en matière possessoire ; mais toujours sous l'empire de ces ordonnances, la possession et la propriété furent soumises aux mêmes juridictions. Cet état ne cessa d'exister qu'en 1790.

Pour la première fois enfin, la loi du 24 août 1790, en plaçant le jugement des actions possessoires dans les attributions des juges de paix qu'elle venait de créer, proclama la séparation définitive du possessoire et du petitoire, et éleva ce principe à la hauteur d'un principe d'ordre public.

L'article 10 du titre 3 de cette loi était ainsi conçu : « Il (le juge de paix) connaîtra de même sans appel jusqu'à concurrence de 50 livres, et à charge d'appel à quelque valeur que la demande puisse montrer :

« 1° Des actions pour dommages faits, soit par les hommes, soit par les animaux, aux champs, fruits et récoltes ;

« 2° Des déplacements de bornes, des usurpations de terre, arbres, fossés et autres clôtures, commises dans l'année ;

« 3° Des entreprises sur les cours d'eau servant à l'arrosement des prés commises pareillement dans l'année, et de toutes autres actions posessoires. »

Le loi du 24 août 1790 a été remplacée par celle du 25 mai 1838. Voici le texte de cette loi en ce qui concerne notre matière :

« Article 6. Les juges de paix connaissent en outre à charge d'appel :

« 1° Des entreprises commises dans l'année sur les cours d'eau servant à l'irrigation des propriétés et au mouvement des usines et moulins, sans préjudice des attributions de l'autorité administrative, dans les cas déterminés par les lois et règlements ; des dénonciations de nouvel œuvre, complaintes, actions en réintégrande et autres actions possessoires fondées sur des faits également commis dans l'année.

Cette fois, l'énumération est complète ; on pourrait même ac-

cuser le texte d'être un peu prolixe en ajoutant « *et autres actions possessoires* », probablement pour n'en oublier aucune ;
car les trois actions qu'il cite renferment bien tous les cas possibles en matière possessoire.

Quoi qu'il en soit, nous trouvons entre les deux textes que
nous venons de rapporter deux différences. La première est
relative au taux de la compétence. En effet, sous l'empire de la
loi de 1790, le juge de paix était compétent sans appel jusqu'à
concurrence de cinquante livres, et à charge d'appel à quelque
valeur que la demande fût fixée ; avec la loi de 1838 il n'est
jamais compétent qu'à charge d'appel. La réforme de la loi de
1838 sur ce point est fort judicieuse, car les contestations au
possessoire ont toujours une valeur indéterminée, les demandes
en dommages-intérêts ne sont que subsidiaires et l'objet principal de l'action est la maintenue ou la réintégration dans la
chose litigieuse. Avant la promulgation de la loi, on se demandait si, lorsque le demandeur concluait à 50 francs de dommages-intérêts, le juge devait bien statuer en dernier ressort.
La jurisprudence était indécise. Pendant longtemps la Cour de
cassation avait jugé que, pour décider la question du premier
ou du dernier ressort, il ne fallait prendre en considération que
la quotité de l'indemnité demandée ; mais, par un arrêt rendu
en sections réunies le 22 mai 1822, elle avait varié sur ce
point en décidant qu'il est de principe général que les actions
ayant pour objet une valeur indéterminée doivent être soumises
à deux degrés de juridiction, et que dans ce nombre l'action en
complainte était comprise.

La loi de 1838 a adopté cette doctrine et a enlevé à cet
égard toute incertitude.

La seconde différence, c'est que la loi du 25 mai ne fait pas
mention du déplacement de bornes, des usurpations de terre,
arbres et fossés, faits spécialement visés par sa devancière. Il
est facile d'expliquer son silence sur ce point en se reportant
à l'article 3, § 2, du code de procédure qui met la con-

naissance de ces faits dans les attributions du juge de paix.

Mais la loi de 1838 vise expressément les entreprises sur les cours d'eau commises dans l'année et en attribue la connaissance aux juges de paix, soit que ces cours d'eau servent à l'irrigation des propriétés, soit qu'ils servent au mouvement des usines ; tandis que le texte de 1790 ne parlait que des cours d'eau servant à l'irrigation des prés. C'est une extension considérable de la compétence de ces magistrats sur ce point.

Les actions possessoires doivent être portées devant les juges de paix, qui statuent à charge d'appel ; et la citation est donnée devant le juge de la situation de l'immeuble litigieux.

L'appel des sentences rendues est porté devant les tribunaux de première instance. (Loi du 27 ventôse an VIII art. 7.) Il peut être interjeté dans les délais fixés par la loi du 25 mai, article 13. Enfin les jugements rendus sur appel par les tribunaux de première instance peuvent être attaqués par voie de cassation, dans les cas prévus par la loi.

SECTION II

PROCÉDURE. — INSTRUCTION.

Lorsqu'un trouble est commis, la répression en est poursuivie par les actions possessoires dans les formes édictées pour les instances dont la connaissance est dévolue en premier ressort aux juges de paix.

Le complaignant peut valablement s'adresser à la personne à laquelle la voie de fait est imputable, sans avoir besoin de s'enquérir de la qualité ou des prétentions véritables de l'auteur du trouble sur la chose litigieuse. Il importe peu que ce dernier prétende n'avoir pas agi dans son intérêt personnel, mais seulement comme représentant et sur l'ordre d'un tiers, car le possesseur troublé est parfaitement fondé à appeler devant le juge celui qui est la cause directe de l'action. Néanmoins, le défendeur conserve le droit de se retourner contre celui pour le compte duquel il a agi, et de faire ordonner, soit qu'il sera garanti, soit qu'il sera mis hors de cause. Ce recours, pas plus que l'intervention volontaire d'un garant, ne modifie l'instance qui doit être jugée dans les conditions où elle est présentée par la demande primitive.

Les actions possessoires sont introduites par une citation. Mais, avant, la loi exige que le juge fasse comparaître sans frais les parties devant lui, au moyen d'un avertissement délivré par le greffier en son nom. Cette mesure que l'on nomme ordinairement *petite conciliation, ou comparution sur avertissement,* a pour objet de rapprocher les parties et de les amener, si faire se peut, à un arrangement par la médiation du juge de paix, qui conserve toujours le rôle utile de magistrat conciliateur. Sous l'empire de la loi du 25 mai, à laquelle nous devons cette procédure préliminaire, l'article 17 présentait cette tentative de conciliation, comme une faculté qu'il dépendait du juge de prescrire à titre de mesure réglementaire, s'il la croyait utile à la bonne administration de la justice. Son inobservation n'avait aucune influence sur la demande et entraînait seulement contre l'huissier une peine disciplinaire.

Une loi nouvelle, celle de 1855, a modifié l'art. 17 précité en prescrivant impérativement la tentative de conciliation ; de même que sous la loi de 1838, il y a exception pour les causes qui requièrent célérité ou dans lesquelles le défendeur est domicilié hors du canton ou des cantons de la même ville. En cas d'urgence, il faut se munir d'une autorisation du juge.

L'instance peut encore être introduite conformément à l'article 7 du Code de procédure, par la comparution volontaire des parties devant le juge, qui dresse procès-verbal de leurs réquisitions et procède à l'examen de l'affaire. Il est évident que cette comparution peut intervenir sur l'avertissement dont nous venons de parler.

Lorsque les parties se sont appelées par avertissement et que cet essai n'a pas abouti, le juge délivre le permis de citer. L'instance est alors engagée par une citation pour laquelle il faut observer les formalités prescrites par les articles 1, 4 et 5 du Code de procédure. Un seul point, nous dit M. Bourbeau, présente de l'importance : « c'est l'absence de toute sanction « pour le cas d'omission des énonciations exigées... Il convient « de distinguer entre les énonciations substantielles, à défaut « desquelles l'acte manquerait des éléments qui le constituent, « et celles dont l'omission n'enlève pas à l'acte le caractère d'une « mise en demeure de comparaître. Comment reconnaître « une citation à laquelle devaient s'attacher des effets légaux, « dans un exploit qui serait muet sur les noms du demandeur, « qui n'indiquerait pas le juge devant lequel la comparution « doit avoir lieu, qui ne serait pas signé de l'huissier ? Il y a « plutôt, dans ces hypothèses, à déclarer qu'il n'existe pas de « citation qu'à prononcer la nullité de l'acte informe auquel « on donnerait ce nom... La loi, en s'abstenant de prononcer « elle-même la nullité, a laissé à l'appréciation du juge de « paix le soin de reconnaître jusqu'à quel point la substance « de l'acte est altérée. Mais quelle que soit la forme de l'exploit, « le défendeur qui se présente devant le juge de paix est non « recevable à se prévaloir des vices qu'il renferme ; la cita- « tion ayant rempli son but principal, qui est la comparution « du défendeur, ne peut être considéré comme n'existant pas ; « et la loi n'ayant pas attaché à la violation des formalités la « peine de nullité, il n'y aurait aucun motif pour la prononcer.» (Bourbeau, *Justices de paix*, n°ˢ 449 et 450.)

La demande doit être formulée en termes nets et précis, car s'il n'y a plus dans notre procédure d'expressions sacrament- telles dont l'omission entraîne, comme en droit romain, la nullité de l'action, il n'en faut pas moins que la prétention soit clairement exposée. Il est du reste facile de comprendre que la citation au possessoire doit être conçue avec d'autant plus de soin et l'objet de la demande d'autant mieux indiqué que le débat est limité à une chose rigoureusement déterminée. Que demande le complaignant troublé dans sa possession annale ? C'est évidemment la constatation de son droit à une chose et sa maintenue en possession de cette chose ; dès lors il importe que l'objet litigieux soit spécifié dans la citation de telle sorte que le juge n'ait pas à s'y tromper et puisse prononcer en parfaite connaissance de cause.

La citation doit donc contenir le but de la demande, c'est-à-dire énoncer ce que veut obtenir le demandeur. En général elle énonce que celui qui agit réclame soit à être maintenu dans sa possession annale qu'il offre de prouver, soit à être réintégré dans la possession de la chose dont il a été violemment expulsé. On pourrait toutefois cumuler dans le même exploit la complainte et la réintégrande. Le juge, dans ce cas, devra statuer d'abord sur cette dernière action suivant les principes qui lui sont propres et sans se préoccuper du résultat que donnerait plus tard la complainte. S'il ne croit pas pouvoir accorder la réintégrande, il prononcera sur la complainte. Un arrêt de cassation du 18 novembre 1873 a même décidé qu'une action introduite d'abord sous forme de complainte peut valablement être convertie en réintégrande au cours de l'instance sans que l'on puisse prétendre que la demande originaire a été remplacée par une demande toute différente dans sa cause et dans son objet.

Au jour indiqué dans la citation, les parties se présentent devant le juge (art. 9 C. de pr.). Dans toutes ces instances la comparution en personne est la règle, et, devant les tribunaux d'exception, il n'existe pas, comme devant les tribunaux civils, de mandataires forcés. Cependant il n'est pas défendu aux parties de se faire représenter, sauf le droit pour le juge de paix d'ordonner leur comparution personnelle, s'il la croit nécessaire à la bonne instruction de la cause. Le mandataire est obligé de justifier d'un pouvoir régulier ; si la partie est assistée de son conseil, le pouvoir résulte suffisamment de sa présence, et le juge se borne à consigner ce fait dans le jugement ; mais, en cas d'absence de la partie, la procuration doit être écrite et spéciale. Cette procuration peut être sous signatures privées, mais elle devra être enregistrée, non pas que cette formalité soit nécessaire pour la validité de l'acte, car son absence exposerait seulement le juge et le greffier à une amende déterminée par la loi du 22 frimaire an VIII.

Le juge qui rend la décision doit être sans nul doute celui qui a assisté aux débats de l'affaire ; si cependant, au cours de l'instance, le magistrat qui en avait été primitivement saisi venait à être remplacé pour un motif quelconque, il serait indispensable de reprendre devant ce nouveau magistrat les conclusions déjà formulées devant son prédécesseur.

Nous venons d'exposer en quelques mots la procédure, d'ailleurs fort simple, usitée en matière possessoire devant les justices de paix ; il nous faut maintenant parler d'un principe mi-partie nouveau, mi-partie ancien, principe tout spécial à notre sujet et dont l'importance ne saurait être contestée dans ses conséquences et ses applications. Nous voulons parler de la séparation du possessoire et du pétitoire.

Prohibition de cumuler le possessoire et le pétitoire. — La prohibition du cumul est un principe fondamental qui nous semble découler de la nature même de l'action possessoire. Cette action en effet, dont l'utilité principale est de faire constater juridiquement la possession, d'établir au profit de la partie qui triomphe une présomption de propriété, présomption qui la décharge du fardeau de la preuve dans l'instance pétitoire qui pourrait s'engager, a, par suite, une grande influence sur la solution de la question de propriété. Pour que cette influence s'exerce, il est donc nécessaire que le jugement du possessoire précède la décision à rendre au pétitoire. C'est là le fondement de la prohibition du cumul des deux instances.

La règle qui le prohibe était inconnue à la législation ro-

maine, bien que les interdits relatifs à la possession fussent
considérés en principe comme des préliminaires à l'action en
revendication. Le droit canonique n'interdisait pas au juge de
statuer à la fois sur le possessoire et le pétitoire.

Pour la première fois, la prohibition de cumuler les deux
instances fut érigée en principe dans l'ordonnance de 1446,
article 72 ; elle fut de nouveau formulée et d'une façon plus
explicite dans l'ordonnance de 1535 ; enfin cette règle était
expressément reproduite dans la célèbre ordonnance de 1667,
dont l'article 5, titre XVIII, était ainsi conçu : « Les demandes
« en complainte ou en réintégrande ne pourront être jointes au
« pétitoire, ni le pétitoire poursuivi, que la demande en com-
« plainte ou en réintégrande n'ait été terminée et la condam-
« nation parfournie et exécutée. Défendons d'obtenir lettres
« pour cumuler le pétitoire avec le possessoire. » Les articles
26 et 27 du Code de procédure sont la reproduction presque
textuelle des termes de l'ordonnance.

Sous l'empire de ces monuments législatifs, le même juge
était apte à prononcer sur les deux sortes d'actions. La loi
du 16 août 1790 attribua spécialement au juge de paix la connaissance des actions possessoires ; son économie a été maintenue sous ce rapport par le Code de procédure et la loi du
25 mai 1838. « Le possessoire et le pétitoire ne seront jamais
cumulés. » Cet article et les suivants sont le siège de la matière.

De l'examen de ces textes, il résulte que le cumul doit être
envisagé sous deux aspects. Sous le premier, cette règle a pour
objet d'établir, dans l'intérêt des parties, la préséance du possessoire sur le pétitoire. Sous le second, elle se rattache à la
compétence du juge, auquel il est défendu, sous peine d'excé-
der ses pouvoirs, de trancher les questions de propriété qui
sembleraient se lier à la question du possessoire. La loi a voulu
par cette sage prohibition marquer la limite qui sépare deux
Juridictions distinctes.

Les auteurs examinent généralement la théorie du cumul aux deux points de vue dont nous venons de parler ; ils l'appliquent et aux parties et aux juges ; cette méthode nous semble fort rationnelle, et nous ferons comme eux, en commençant par l'étude du principe appliqué aux parties.

Cumul par le demandeur. — « Le demandeur au pétitoire ne sera plus recevable à agir au possessoire. » Ainsi s'exprime l'article 26 du Code de procédure. Cette disposition a besoin d'être interprétée.

Une première règle s'en dégage : c'est que l'article 26 ne concerne que le demandeur. Il en résulte que le défendeur au pétitoire jouit du droit d'agir au possessoire par l'action en complainte ou en réintégrande : ce qui lui procurera la jouissance de la chose litigieuse jusqu'à la solution de la question de propriété. Cette conséquence est d'ailleurs conforme au texte et à l'esprit de la loi : au texte, l'article ne parlant que du demandeur ; à l'esprit, car l'option pour la voie pétitoire fait supposer que le demandeur est dans l'impossibilité de contredire la possession de son adversaire. Il est donc naturel et logique d'autoriser le défendeur à faire consacrer sa possession ou à faire réprimer les troubles commis à son égard par le demandeur pendant l'instance sur le fond.

Il peut aussi arriver que le défendeur soit privé de la détention de l'objet litigieux, l'action en réintégrande la lui rendra. S'il en était autrement, un spoliateur, aussitôt après s'être emparé de la chose, se hâterait de former une demande pétitoire et conserverait pendant la durée de l'instance les avantages matériels de sa possession violente. Non seulement le défendeur au pétitoire peut agir au possessoire, quand le trouble s'est produit pendant l'instance sur le fond, mais la jurisprudence va plus loin et lui accorde la liberté d'agir pour des troubles antérieurs à la demande au pétitoire formée contre lui. (Cass. 16 décembre 1874.)

Une seconde conséquence découle de notre article : elle

consiste en ce que le moyen qu'il proclame constitue non pas seulement une exception d'incompétence, mais une *fin de non-recevoir absolue* contre l'action possessoire introduite par le demandeur au pétitoire. Le défendeur a par suite le droit, contrairement à la disposition de l'article 14 de la loi du 21 mai 1838, d'interjeter appel de la sentence qui a repoussé la fin de non-recevoir, sans attendre le jugement définitif.

Le principe édicté par l'article 26 est fondé, avons-nous dit, sur ce que le demandeur, en intentant l'action pétitoire, est présumé avoir renoncé à exercer l'action possessoire : « *electá uná viá non datur recursus ad alteram* » ; mais cette renonciation n'implique pas, à notre avis, une reconnaissance formelle de la possession du défendeur, qui devra toujours fournir la preuve de cette possession, dans le cas où il viendrait à intenter l'action possessoire.

Il en résulte que l'assignation au pétitoire n'autoriserait pas le juge de paix à conclure sans autre preuve à la consécration de la possession en faveur du défendeur.

Faut-il voir dans une simple demande en conciliation, préliminaire de l'action en revendication, un obstacle à la recevabilité de l'action possessoire ? Nous ne le croyons pas. La citation en conciliation ne renferme aucune reconnaissance de la possession d'autrui ; car elle n'engage pas le procès et dès lors n'attribue à la partie citée ni la position de défendeur, ni les avantages qui en dérivent. Mais la renonciation de la part du demandeur à se pourvoir au possessoire résulterait du seul fait de l'assignation ou ajournement. Cette règle est absolue et ne souffre pas d'exception ; par cela seul, en effet, que le demandeur a manifesté son intention de procéder directement au pétitoire, il n'est plus recevable à reprendre ensuite l'action possessoire fondée sur les mêmes faits, et il ne lui est pas davantage permis de revenir sur sa première détermination en apportant à sa demande primitive des modifications dont le but serait de la restreindre à la possession annale,

Lorsque, redoutant la charge de la preuve de la propriété qui lui incombe, le demandeur au pétitoire s'est désisté de l'action et en a introduit une nouvelle devant le juge du possessoire ; le défendeur est-il fondé à invoquer la non-recevabilité ? S'il y a eu refus d'accepter le désistement, il ne semble guère douteux que l'action possessoire soit devenue impossible à exercer, mais il est plus difficile de se prononcer dans le cas où le désistement a été accepté par le défendeur. Un grand nombre d'auteurs estiment que si le désistement n'entraîne pas la perte du droit et permet de le reproduire postérieurement, l'acceptation n'a pas empêché la manifestation par le demandeur du choix qu'il a entendu faire de la voie pétitoire, choix qui implique, selon eux, la renonciation à la voie possessoire. (En ce sens de Wodon, *Poss.* III, n° 660.) D'autres au contraire pensent que le désistement accepté remet la chose dans son état primitif, et s'appuient sur le texte de l'article 403 du Code de procédure, pour soutenir que le demandeur recouvre sa liberté d'action et la faculté de reporter sa demande devant le juge du possessoire. La jurisprudence paraît consacrer cette dernière opinion, notamment dans deux arrêts, l'un du 7 mars 1866, l'autre du 24 mai 1868. Cass.

Terminons nos observations sur le cumul prohibé par l'article 26 en remarquant que la fin de non-recevoir contenue dans ce texte est subordonnée à la condition que l'action possessoire formée après une demande pétitoire ait pour objet les mêmes faits. On ne peut évidemment renoncer qu'à un droit déjà existant au moment de la renonciation, et des faits nouveaux ne sauraient être compris dans une renonciation précédant leur perpétration. De là il suit que l'action possessoire est parfaitement recevable de la part du possesseur et pendant l'instance pétitoire, si elle est motivée sur des troubles apportés à la jouissance *pendente lite* et indépendants des premiers faits. Est-il besoin de dire que la nouvelle action devra être nécessairement portée devant le juge de paix exclusive-

ment compétent, et ne pouvant l'être même sans forme incidente devant les juges saisi de l'action pétitoire ? C'est l'application pure et simple du principe de la séparation du possessoire et du pétitoire.

Cumul par le défendeur. — Les règles relatives à la prohibition du cumul par le défendeur sont déposées dans l'article
27 du Code de procédure, ainsi conçu : « Le défendeur au
possessoire ne pourra se pourvoir au pétitoire qu'après que l'ius-
« tance sur le possessoire aura été terminée, et il ne pourra, s'il
« a succombé, se pourvoir qu'après qu'il aura pleinement sa-
« tisfait aux condamnations prononcées contre lui. »

Il n'est pas douteux que l'article 27 que nous venons de
transcrire, ne trouve d'application qu'autant que la demande
au pétitoire a pour objet la chose même sur laquelle le litige
est pendant au possessoire. Cette première condition pour qu'il
y ait cumul résulte des termes mêmes de notre article, qui,
en consacrant sous ce rapport la préséance du possessoire sur le
pétitoire et en défendant la confusion des deux actions, a eu
incontestablement en vue une demande tendant à la propriété
de la chose dont la possession est contestée. Interprétée autrement, la disposition que nous étudions n'aurait aucun sens.
De même la défense édictée par l'article 27 ne se rapporte qu'à
une véritable action pétitoire, c'est-à-dire à une action dont
le but est de faire constater la propriété de l'objet dont les
parties se disputent la possession devant le juge de paix, et dès
lors toute autre action serait recevable de la part du défendeur pendant l'instance possessoire. Il est bon aussi de
faire remarquer que la disposition légale qui nous occupe n'a
trait en aucune façon aux demandes pétitoires dont la connaissance est, d'après la loi, dévolue aux juges de paix, lorsque ces
demandes sont présentées dans la forme reconventionnelle.

L'analyse de notre article nous amène à reconnaître qu'il
contient une double règle. 1° Pour pouvoir agir au pétitoire,
le défendeur au possessoire est tenu d'attendre que l'instance

sur la possession soit terminée. Nous avons vu, à l'occasion de l'article 26 du Code de procédure, que la fin de non-recevoir qu'il édicte contre le demandeur agissant au pétitoire, constituait un obstacle absolu à l'exercice de l'action possessoire, à laquelle il est censé avoir renoncé. Mais cette conséquence concerne le demandeur seul ; le défendeur au pétitoire est parfaitement recevable à se pourvoir au possessoire.

Le défendeur au possessoire, au contraire, ne perd nullement, en agissant au pétitoire, le droit de se défendre au possessoire, et le juge ne saurait voir dans cette instance, introduite avant la solution de l'action possessoire, la reconnaissance de la possession du demandeur. Tout ce qui résulte de l'article 27, c'est que le tribunal saisi au pétitoire doit attendre que la possession ait été tranchée pour statuer sur la propriété. Quant au juge de paix, il devra rendre sa décision sans se préoccuper de l'instance sur le fond et sans pouvoir non plus surseoir jusqu'au jugement de cette dernière. De ces principes nous tirons ces deux conséquences : 1° c'est que, en introduisant une action pétitoire au cours d'une instance possessoire, le défendeur ne saurait arrêter la solution possessoire de l'action qui est absolument indépendante.

2° Que l'existence de cette action ne prive pas davantage le défendeur du droit d'interjeter appel du jugement qui a statué au possessoire, la demande pétitoire ne pouvant exercer aucune influence sur le procès possessoire qui doit se continuer et être mis à fin d'après les errements judiciaires qui lui sont propres, et comme si aucune demande pétitoire n'avait été formée.

La seconde règle est déposée dans la dernière phrase du 1er alinéa de l'article 27 ; nous y voyons que le défendeur qui a succombé ne peut se pourvoir au pétitoire qu'après avoir exécuté les condamnations prononcées contre lui. Ce texte a soulevé quelques controverses, et l'on a contesté notamment que cette règle ait son fondement dans le principe général du non-cumul du possessoire et du pétitoire. (Voyez M. Leligois, *Péti-toire*, n° 10).

Certains auteurs soutiennent en outre que la même fin de non-recevoir est opposables au demandeur qui, ayant suc-combé au possessoire, voudrait agir au pétitoire. Il y a, disent ces auteurs, même raison de décider ; du reste, le législateur moderne n'a point entendu innover, et l'ancien droit avait édicté la fin de non-recevoir dans des termes généraux et sans aucune distinction. (Voy de Wodon, *Poss.* III, n°s 665 et sui-vants.) Dans l'opinion contraire, qui nous semble préférable, on s'en tient purement et simplement au texte de l'article 27. En effet, dirons-nous, en thèse générale, la partie perdante peut, avant d'avoir exécuté les condamnations prononcées contre elle, intenter contre la partie gagnante une nouvelle action, pourvu qu'entre la première et la deuxième instance il n'y ait pas identité de cause et d'objet. L'article 27 n'est donc qu'une exception à la règle générale qui ne doit pas être éten-due au delà du cas spécialement prévu.

Dans cette dernière opinion quelques auteurs parmi les-quels nous trouvons MM. Bourbeau et Dalloz pensent que la disposition de l'article 27 doit s'appliquer à toute partie dès l'instant qu'elle devient défenderesse à un titre quelconque. C'est ainsi que le défendeur originaire qui se porterait recon-ventionnellement demandeur et obtiendrait une sentence de maintenue en possession, aurait le droit de se prévaloir de l'art. 27 contre son adversaire qui voudrait agir au pétitoire.

De même, dit M. Bourbeau, l'article 27 devrait recevoir son application dans le cas où la partie demanderesse au pétitoire, poursuivie en complainte devant le juge de paix pour avoir changé l'état des lieux pendant le cours de l'instance pétitoire par elle introduite, aurait été condamnée par le juge à remettre les lieux dans leur état primitif. Elle devrait exécuter le juge-ment possessoire avant d'être admise à poursuivre l'instance pétitoire. On objecterait vainement que la loi a seulement interdit au défendeur condamné de se pourvoir avant l'exécution de la sentence possessoire ; la loi a prévu l'hypothèse la plus fréquente, celle de l'instance possessoire précédant l'instance pétitoire ; mais si cette dernière avait précédé l'autre, le motif qui interdit de se pourvoir interdirait également de reprendre ou de poursuivre l'instance pétitoire, tant qu'il n'aurait pas été satisfait aux condamnations prononcées par le juge de paix. (Bourbeau, n° 413.)

Quelle sera la sanction de la prohibition formulée par la seconde partie du premier alinéa de notre article 27 ? On s'accorde généralement à reconnaître qu'il ne s'agit pas là d'une fin de non-recevoir absolue de nature à entraîner la nullité de l'assignation. L'article 27 n'édicte qu'une exception purement dilatoire qu'il dépend du demandeur de faire cesser en exécutant le jugement qui l'a condamné au possessoire. Tirons de là cette conséquence que cette exception doit être proposée *in limine litis* et avant toute défense au fond. D'ailleurs, le second alinéa de l'article 27 confirme cette solution, puisqu'il autorise, en cas de retard dans la liquidation, le juge du pétitoire à fixer un délai après lequel l'action pétitoire sera reçue. — « *Il est défendu au juge de cumuler le possessoire et le pétitoire.* » — Appliqué à la compétence et à l'étendue des pouvoirs du juge, le principe déposé dans l'article 25 du Code de procédure présente des difficultés sinon insurmontables, du moins fort délicates dans leur appréciation. La concision de notre article est en effet désolante, et le magistrat saisi d'une demande possessoire dans laquelle il ne lui sera que rarement permis, comme nous allons le voir, de se tirer d'affaire en prenant un jugement d'incompétence, n'évitera qu'avec peine l'écueil, on pourrait dire le piège tendu sous ses pas par la rédaction insidieuse de ce texte.

D'une façon générale, on peut dire que l'application du principe du non-cumul se rencontre dans toutes les matières qui concernent la possession et que l'article 25 où il est formulé, domine les actions possessoires. Aussi, dans le cours de cette étude, avons-nous eu souvent l'occasion, en établissant les pouvoirs du juge saisi de l'action, de faire cette restriction : sauf la violation de l'article 25. Néanmoins, pour jeter un peu de lumière sur ce sujet assez obscur et dans le but de prouver combien il est facile au juge du possessoire de se laisser aller à une trop grande extension de ses pouvoirs, nous croyons utile de condenser dans une sorte de revue rapide les règles qui se dégagent de la prohibition édictée par le législateur.

En principe, le juge devant lequel une action possessoire est pendante, est tenu de mettre fin au débat porté devant lui. Par sa décision définitive, il doit forcément ou accueillir la demande ou la rejeter, suivant que la preuve de la possession a été fournie ou n'a pas été administrée par le demandeur. Il ne saurait donc, dans la plupart des cas, sans violer la règle de la séparation du possessoire et du pétitoire, se contenter de renvoyer les parties à se pourvoir au pétitoire, ou de surseoir, sous prétexte qu'il éprouve des difficultés plus ou moins grandes à trancher la question de possession ; car, s'il agissait ainsi, il subordonnerait la solution de la contestation à celle qui serait donnée plus tard sur le fond du droit, tandis que la loi exige que le possessoire soit vidé avant le pétitoire, d'après les éléments qui lui sont propres.

Ainsi, par exemple, il y aurait cumul dans un jugement qui, sans admettre ou rejeter l'action en complainte, se bornerait à renvoyer les parties à se pourvoir devant les juges du fond, en expliquant qu'il est impossible en l'état d'apprécier la possession sans résoudre la question de propriété.

De même il y aurait cumul si le juge ordonnait un sursis sur la demande en complainte jusqu'à ce que les parties aient fait régler leur droit de propriété.

Enfin le principe serait encore violé, si le juge, tout en reconnaissant l'existence de la possession, refusait de la consacrer par le motif qu'il serait amené à interpréter des titres, ce qui n'appartient qu'au juge du fond.

Dans ces différentes hypothèses, le vœu de la loi qui consacre la préséance du possessoire sur le pétitoire ne serait pas rempli par la déclaration d'incompétence d'une part, et de l'autre à quoi servirait un sursis, puisque le juge du possessoire ne retiendrait de sa juridiction que la vaine prérogative de prononcer une inutile sentence dictée par un autre tribunal ? Par où l'on voit que le renvoi au pétitoire pour incompétence ou le simple sursis seront rarement permis dans la pratique au juge saisi d'une action possessoire.

Cependant la Cour de cassation, par deux arrêts, l'un du 17 novembre 1847, l'autre du 11 février 1885, a décidé que le juge du possessoire s'était à bon droit déclaré incompétent pour statuer sur une action en complainte, lorsqu'il avait reconnu, après examen des titres produits, qu'il ne pouvait se prononcer sans consacrer préalablement l'existence du droit, le sens et la portée juridique des clauses des titres présentés relativement au fond même du litige soulevé par la complainte. Mais il ne faudrait pas donner à ces arrêts une trop grande importance au point de vue de la doctrine, et l'on pourrait les expliquer par les espèces dans lesquelles ils ont été rendus.

En second lieu et par exception, le juge de paix serait autorisé à prononcer un sursis jusqu'à la décision d'un autre tribunal, dans le cas où un acte produit au cours d'une instance possessoire exigerait une interprétation rentrant dans les attributions d'un autre tribunal ; car le juge du pétitoire lui-même serait en pareille occurrence obligé de surseoir et de renvoyer l'interprétation de l'acte à la juridiction compétente. C'est ce qui arriverait par exemple, s'il était produit à l'appui d'une action possessoire, un jugement ou un arrêt dont les dispositions présenteraient des difficultés d'interprétation, ou si le titre présenté était un acte administratif dont l'interprétation ne peut être donnée que par l'autorité administrative elle-même.

Que décider au point de vue des pouvoirs du juge, dans le cas ou le demandeur en maintenue possessoire d'une servitude discontinue présente, pour étayer sa possession un titre dont la signature est déniée ou méconnue par le défendeur ? Devra-t-il surseoir et renvoyer les parties devant le tribunal compétent pour procéder à la vérification des écritures, sans craindre de violer par cette décision le principe du non-cumul, ou devra-t-il déclarer purement et simplement l'action possessoire non recevable ? M. Duranton prétend : « que le titre n'étant point constant, et s'agissant d'une servitude non susceptible de s'acquérir par prescription, il y aurait lieu, comme s'il n'en était produit aucun, de déclarer l'action possessoire non recevable » (tome 5, nᵉ 639). Nous ne pouvons nous ranger à cette opinion. A notre avis, s'il est vrai que le juge ne peut prendre pour base de sa décision un acte dont l'existence même est contestée, il ne faut pas en tirer cette conséquence illogique, que dans tous les cas l'action possessoire devra être déclarée non recevable, quand bien même elle aurait besoin de s'appuyer sur un titre. Donc, si l'acte méconnu ou dont la signature est déniée est de nature à exercer une influence quelconque sur la question possessoire, le juge pourra surseoir et renvoyer les parties devant le tribunal civil pour y faire procéder à la vérification. En agissant ainsi, il ne subordonne pas, contrairement aux principes, la question de possession à la question de propriété, car ce n'est plus le fond même du droit qui fait l'objet de la question préjudicielle portée devant le juge du pétitoire. Nous ne voyons, dans la vérification opérée devant le tribunal civil, qu'une simple mesure d'instruction à laquelle il est défendu au juge de paix de procéder et qui laisse entière la question relative à l'influence du titre. (En ce sens voyez M. Bourbeau, *Justices de paix*, n° 419.)

Est-il utile de dire que dans sa sentence le juge du possessoire doit s'abstenir de prononcer sur la propriété ? Cette proposition n'a certes pas besoin d'être démontrée. Il est tout aussi évident qu'il n'a pas le droit de constater l'existence du droit de propriété pour en tirer comme conséquence le droit de possession. En un mot, il lui est positivement défendu de statuer sur la possession par des motifs tirés du fond du droit ou mieux du pétitoire, car il doit se souvenir qu'il est juge de la possession et que ses décisions doivent être principalement fondées sur des faits de jouissance ou de détention matérielle.

Nous avons vu que la possession réside dans un fait et qu'elle a besoin, pour recevoir une sanction, de reposer sur la volonté de posséder. Il s'ensuit qu'en général la preuve doit porter sur la *chose* même qui est l'objet de l'action ; qu'en d'autres termes le juge du possessoire ne devra pas se contenter de déduire la possession de la situation particulière du bien litigieux, si le complaignant n'a pas accompli sur ce bien des actes déterminés d'appropriation. Cet usage abusif d'une présomption même grave et concordante ne peut être permis au juge. En voulant justifier la possession du demandeur par la propriété présumée, il trancherait une question pétitoire et violerait formellement la prohibition de l'article 25.

Cependant ce principe, poussé à ses extrêmes limites, conduirait à un résultat aussi inique qu'inadmissible. On arriverait ainsi à refuser la possession d'une partie du bien dont la totalité serait reconnue être possédée par le complaignant. Il est clair, par exemple, que le possesseur d'une maison est nécessairement possesseur des murs qui la composent et en sont une partie intégrante et indispensable. Il n'aura donc, en cas de trouble causé à la jouissance d'un de ces murs, qu'à établir sa possession de la maison pour qu'on en induise la possession des murs qui la délimitent.

Il n'en serait pas de même d'un jardin enclos de murs ou d'un champ. La possession du jardin ou du champ ne serait pas suffisante pour faire présumer celle des murs ,et réciproquement ; car, si l'on ne peut comprendre une maison sans murs, on peut parfaitement concevoir un jardin ou un champ

19

sans clôtures d'aucune espèce. En résumé, la présomption à laquelle le juge du possessoire ne doit pas s'arrêter, est celle qui est admise par le législateur pour régler une situation douteuse en elle-même et susceptible d'interprétations diverses et parfaitement plausibles. C'est ainsi qu'il a été décidé qu'il y a cumul du possessoire et du pétitoire dans le jugement qui déclare la possession d'un mur de clôture par le seul motif que le terrain dont il forme la limite est possédé par le complaignant sans autre justification de la possession elle-même. (Cass. 15 février 1887.)

Jusqu'ici nous n'avons fait qu'entrevoir les difficultés que soulève l'interprétation du principe du non-cumul, en disant que le juge n'a qu'à constater des faits du possession et à se bien garder de résoudre la question de possessoire par la question de propriété. Mais nous savons que souvent il est obligé, dans des cas spéciaux, d'examiner le fond du droit et de consulter des titres pour *caractériser* la possession sur laquelle est appuyée l'instance possessoire, C'est là que sa tâche devient délicate et que le pouvoir attribué au juge de paix semble inconciliable avec la règle qui lui défend de cumuler le possessoire et le pétitoire.

En effet le rôle du juge appelé à prononcer sur la possession ne consiste pas uniquement à obtenir du demandeur la preuve de la détention matérielle de la chose et celle du fait qualifié de trouble. La possession doit réunir en outre les caractères exigés par l'article 2229 du Code civ. et l'art. 23 du Code de proc. civ. Il aura donc à examiner, pour déclarer l'action recevable, si la possession prétendue remplit ces conditions. Avant de recourir aux enquêtes, expertises ou autres mesures d'instruction propres à vérifier l'existence des faits allégués, il est de son devoir de rechercher la nature de la possession du demandeur pour voir si elle est conforme à la loi. Il trouvera sans doute souvent cette justification dans les vérifications auxquelles il procédera ; mais ces moyens d'instruction ne seront pas toujours concluants, et il aura besoin de consulter des actes et des documents.

Son droit d'investigation n'est pas limité. Il a la faculté de se servir de tous les éléments propres à déterminer sa conviction, sous la seule restriction de se renfermer rigoureusement dans la mission dont il est investi, et de ramener toutes ses recherches à la constatation de la seule possession.

C'est en ce sens qu'il est de jurisprudence constante et que tous les auteurs s'accordent pour reconnaître au juge de paix la faculté de consulter et apprécier tous documents et circonstances capables d'éclairer la possession et d'en fixer la nature et le caractère. Parmi ces documents les plus importants sont sans contredit les titres; mais qu'entend-on par titre ? Ceux-ci comprennent non-seulement les titres proprement dits, qui reatent les conventions des parties, mais encore les autres documents écrits, tels que le cadastre, les plans, les actes d'administration, les usages, les procès verbaux de plantation de bornes, etc..... En principe donc, le juge du possessoire est libre de s'aider, pour caractériser la possession invoquée des titres mis sous ses yeux par les parties ; mais remarquons bien qu'aucune loi ne l'oblige à recourir à ce moyen d'instruction, lorsqu'il est suffisamment éclairé par l'état présent des lieux et par les faits accomplis dans l'année de la possession.

Le droit pour le juge du possessoire de consulter les titres lui donne évidemment celui de les apprécier et de les discuter, pourvu que cette discussion soit restreinte à la seule possession. Il ne suffirait donc pas qu'il y ait cumul, que le juge ait parlé de ces titres dans sa sentence ; qu'il ait expliqué son interprétation, s'il ne l'avait fait qu'au point de vue possessoire. Aucun reproche ne pourrait être fondé sur ce que quelques-uns de ces motifs ont trait à la valeur des titres, lorsqu'en réalité ces moifs n'ont eu pour but que l'appréciation de la possession.

Mais là s'arrête le droit d'interprétation, et le juge ne pour-

rait sans violer le principe de l'article 25 tirer de son examen
la conséquence, que la possession est contraire aux titres produits. Il cumulerait encore le possessoire et le pétitoire, s'il se
fondait, pour repousser l'action, sur ce que les titres déclarant
la propriété du sol au profit du défendeur, les faits articulés
pour prouver la possession ne sauraient être admis à l'encontre
de ces titres.

Pour les mêmes raisons, l'existence d'une décision judiciaire
attribuant la propriété au défendeur, ne pourrait faire obstacle
à une action en complainte fondée sur des faits postérieurs à
cette décision. Dans ce cas encore, le juge violerait notre principe, s'il repoussait la demande, sans examiner les faits nouveaux, et pour ce seul motif que, la propriété ayant été consacrée, ces faits seraient sans valeur et sans utilité.

De ces explications, il résulte qu'en principe, le juge du
possessoire est libre d'examiner les titres produits et de les vérifier pour caractériser la possession; il jouit, en un mot, d'une
faculté. Arrivons aux cas où cette vérification devient une nécessité, et où son refus de la faire deviendrait un véritable déni
de justice. Le juge est obligé de consulter les titres, soit pour
reconnaître la précarité de la possession alléguée, soit pour
écarter une présomption de tolérance qui s'attache à la possession, à raison de la nature de la chose possédée, soit pour constater que la destination de la chose est incompatible avec une
possession privée, soit enfin pour décider des questions de jonction, de transmission ou d'interversion de possession.

Une observation générale peut s'appliquer à tous les cas où
le juge de paix se trouve dans l'obligation de consulter les
titres : c'est que ces titres servent de complément indispensable
à la possession alléguée, qui sans eux manquerait d'un élément
nécessaire à son acquisition. Le titre dans ces hypothèses diverses n'est donc point par lui-même considéré comme un
droit, mais comme apportant à l'appréciation de la possession
un élément qui la complète. Par suite le titre doit être examiné

par le juge au point de vue seulement de cette preuve complémentaire, et il serait incompétent pour en tirer d'autres conséquences que celles destinées à procurer à la possessiou un effet utile.

Pour bien mettre ce point en lumière, passons brièvement en revue les principales hypothèses où se présentera pour le juge du possessoire la nécessité de consulter les titres.

La nécessité de consulter les titres se rencontre par exemple lorsqu'il s'agit de droits communs entre les parties. Entre communistes, en effet, la possession, pour être exclusive, a besoin d'être manifestée par des actes emportant contradiction aux droits des autres. Dès lors pour apprécier la valeur de ces actes, le juge doit se reporter aux titres, mais en ayant soin de restreindre toujours cet examen à la qualification de la possession.

De même, lorsque la possession ne suffit pas pour l'admission de la complainte, parce que les actes par lesquels elle se manifeste s'expliquent plutôt par la tolérance et ne laissent aucune trace, elle a besoin d'être fortifiée par un élément complémentaire qui la caractérise, c'est-à-dire par des titres. Dans ce cas l'examen des titres s'impose. Cette règle s'applique principalement aux servitudes discontinues, apparentes ou non. Nous avons vu, en effet, que l'action possessoire n'était admise pour cette sorte de servitudes qu'autant que la possession s'appuyait sur un titre.

Le titre doit évidemment émaner du propriétaire de l'héritage asservi ou de son mandataire. Il peut être *constitutif* ou simplement *récognitif*, selon qu'il contient la concession même de la servitude ou qu'il ne fait que reconnaître une charge préexistante. Par suite, il est clair qu'une simple *énonciation* de l'existence de la servitude dans un acte étranger au défendeur n'est pas le titre qui pourrait appuyer la possession de cette servitude, et faire disparaître la présomption de tolérance attachée à une possession de cette nature.

Mais le juge doit s'abstenir d'entrer dans l'examen des critiques qui seraient soulevées sur la valeur même du titre. Ces questions, en effet, rentrent dans le domaine exclusif des juges du fond, devant lesquels les parties feront ultérieurement valoir leurs moyens respectifs. Au possessoire, le juge qui prend connaissance des titres produits, uniquement pour déterminer le caractère de la possession, ne doit les apprécier que provisoirement, et ne peut renvoyer, nous l'avons dit déjà, les parties à faire statuer préjudiciellement sur la validité ou la nullité du titre. Il suffira donc que les faits de possession soient appuyés par un titre apparent ou, comme on dit, coloré : « par « titre *coloré* nous entendons, dit Toullier (n° 634), un titre constitutif de la servitude, émané du possesseur *pro suo*, qui était réputé propriétaire, et non pas un titre énonciatif passé entre le propriétaire de l'héritage et les tiers. » Ces sortes de titres sont évidemment sans force contre le propriétaire de l'héritage prétendu servant.

En définitive nous dirons avec M. Demolombe (*Servitudes* II n° 946), qu'en principe l'action possessoire est recevable relativement à une servitude discontinue, lorsque la possession est fondée sur un titre émané du propriétaire du fonds servant ou de ses auteurs, sans qu'il appartienne au juge du possessoire de prononcer sur la question de savoir si ce titre est prescrit ou si le propriétaire qui l'a consenti était incapable, mineur ou interdit, ou si son consentement a été entaché d'erreur, de dol ou de violence, ou enfin s'il est nul pour vice de forme. Ce serait là, sans aucun doute, la violation la plus flagrante du principe de l'article 25. Rappelons toutefois qu'il y aurait simplement lieu à un sursis si le titre était argué de faux, ou si la signature était déniée ou méconnue.

Nous savons que certains biens ne sont pas susceptibles de possession privée, comme étant hors du commerce, et que les actes de jouissance dont ils sont l'objet de la part des simples particuliers ne peuvent, quelle que soit leur durée, donner ouverture à l'action possessoire. N'oublions pas cependant que l'exception de domanialité ne peut être opposée que par le domaine public et qu'elle n'est pas recevable entre particuliers.

Le juge du possessoire a incontestablement qualité pour déterminer, au point de vue purement possessoire, la nature du terrain, objet de la contestation pourvu que, reconnaissant qu'il s'agit d'un terrain imprescriptible, comme faisant partie du domaine public, il n'oppose pas cette constatation comme fin de non-recevoir à l'action dont il est saisi, mais ne l'invoque que pour spécifier que les faits de possession allégués ne présentent pas les caractères requis pour l'exercice de l'action. Un arrêt de cassation du 18 décembre 1866 a décidé dans ce sens que : pour savoir si des eaux pluviales pouvaient avoir été l'objet d'une possession utile, le juge de paix devait rechercher quelle était la *nature* du terrain sur lequel elles avaient été déversées, et que s'il résultait de son examen, que ces eaux n'étaient pas susceptibles d'une jouissance efficace, le terrain en question étant une dépendance d'un chemin vicinal, le juge pouvait rejeter l'action sans violer l'article 25 du Code de procédure.

Dans le cas où l'exception de domanialité est opposée par le domaine public défendeur à l'action, l'appréciation par le juge est de toute nécessité. Il peut alors non-seulement consulter les titres, mais encore en ordonner une application, pourvu qu'il ne fasse ensuite état de ces titres ou du résultat de l'expertise que pour préciser les caractères de la possession et, bien entendu, sans statuer sur le pétitoire. Car s'il refusait de connaître de l'action sous prétexte qu'il serait incompétent et que l'expertise qu'il prescrirait le conduirait à s'expliquer sur la propriété, il cumulerait par cela même le possessoire et le pétitoire.

En résumé, le juge n'est dessaisi que lorsqu'il s'agit d'interpréter de véritables actes administratifs, et alors son incompétence tient plutôt au principe de la séparation des pouvoirs qu'à la défense formulée par notre article.

La jonction de possession, c'est-à-dire le droit pour l'une ou l'autre des parties de réunir à sa possession personnelle celle de son auteur doit aussi être étudiée suos le rapport des pouvoirs du juge du possessoire. Prenons par exemple l'hypothèse de deux acquéreurs réclamant chacun leur maintien en possession et produisant respectivement un titre émané du même vendeur.

Il n'y a pas de difficultés, bien entendu, lorsque l'un des acquéreurs peut se prévaloir d'une possession personnelle suffisante ; mais s'ils sont obligés d'étayer leur demande sur le titre d'acquisition, que doit faire le juge en présence de deux documents utiles également, du moins en apparence ? Cette question, dit M. de Wodon, est vivement controversée. Les uns soutiennent que le juge du possessoire a le droit d'apprécier les titres (en ce sens Dalloz, n° 773 et suivants). M. Bélime, (*Poss.*, n° 455) prétend que si la contestation est sérieuse, le juge est incompétent, et que si la question ne présente aucun doute, il peut seulement apprécier les titres. M. Curasson émet l'avis que le juge est tout à fait incompétent. (Comp. II page 146.)

Suivant M. Bourbeau, la demande serait déclarée non justifiée puisque, dit cet auteur, le demandeur n'invoque pas une possession personnelle, et que le titre en vertu duquel il veut s'approprier la possession d'autrui est neutralisé par un autre titre, de sorte qu'entre les deux adversaires c'est en réalité une question de propriété qui forme le fond du débat. (Bourbeau, n° 422.)

Nous n'hésitons pas à nous ranger à cette dernière opinion, car permettre au juge, dans cette hypothèse, d'apprécier la question de validité des titres et les difficultés relatives à la transcription, ce qui d'ailleurs nous semble impossible sous le rapport possessoire, serait lui permettre sans aucun doute le cumul du possessoire et du pétitoire. Sur ce point la Cour de cassation a rendu un arrêt duquel il résulte que le juge doit se borner à examiner quel peut être, d'après les titres produits, le droit le plus apparent des parties, et quel est celui des deux acquéreurs qui lui paraît être en droit de réunir la possession du vendeur à la sienne. (Cass. 17 janvier 1821.)

Enfin, au point de vue du cumul, les questions qui se rattachent à l'interversion de possession ne laissent pas que de présenter de grandes difficultés. On sait que l'interversion se produit lorsque celui qui détient l'immeuble litigieux à titre précaire vient à donner à sa possession une cause nouvelle qui en efface le vice, ou lorsqu'il est investi par un tiers d'un titre nouveau lui permettant pour l'avenir d'exercer la possession à titre utile.

Une cause nouvelle est donnée à sa possession par le détenteur précaire, lorsqu'il oppose une contradiction formelle au droit du propriétaire ou possesseur pour le compte duquel il détient la chose. Cette contradiction doit être manifestée par des actes non équivoques et positifs, indiquant, de la part du détenteur précaire, l'intention de posséder pour soi, et opposant un obstacle à l'exercice des droits du propriétaire : comme si par exemple l'héritier présomptif d'un absent se mettait en possession des biens de ce dernier et les possédait *animo domini* pendant le temps voulu et avec les conditions exigées par l'art. 2229 du Code civ. Dans ce cas d'interversion, quelle est l'étendue des pouvoirs du juge du possessoire ? Sans aucun doute, il a droit de constater les caractères de la contradiction et des actes qui l'établissent, car c'est la possession elle-même dont il examine la valeur en constatant la nature de la cause en vertu de laquelle elle s'exerce. On ne peut voir dans cette appréciation la violation de l'article 25 : l'interversion en effet, quand elle est le fait du détenteur précaire lui-même, n'a pas pour fondement un titre de propriété, mais un changement du caractère de la possession par des actes ou des faits extérieurs.

Doit-on donner la même solution dans le second cas d'intersion ? A première vue on hésite à répondre par l'affirmative, car, dans cette hypothèse, on peut objecter que la possession précaire à l'origine ne pouvant être utile pour l'action possessoire que lorsque le détenteur oppose un titre de propriété qui change le caractère de sa jouissance antérieure ; le juge pour constater le fait de l'interversion est obligé de reconnaître en premier lieu le droit de propriété nouvellement acquis, et confondre dans sa sentence la constatation de ce droit avec l'examen des faits de possession. Cependant nous n'hésitons pas encore à accorder le même droit que dans le cas de contradiction de la part du détenteur, en faisant observer que le titre translatif sert uniquement à colorer la possession, et que le juge du possessoire, pour résoudre la question qui se rattache aux caractères des faits par lesquels elle s'est exercée, n'a besoin que d'un titre apparent. Cet examen, à notre avis, ne constitue pas plus le cumul du possessoire et du pétitoire, que l'examen du titre complétant la possession d'une servitude discontinue ne viole l'article 25.

Il ne nous reste plus qu'à rappeler en quelques mots une règle dont le caractère juridique n'est pas le même que celui de la prohibition du cumul du possessoire et du pétitoire, mais qui se rapproche en quelque sorte par sa nature de ce dernier principe. Nous voulons parler de la règle qui défend au juge de réunir dans une seule instance la réintégrande et la complainte, c'est-à-dire l'examen de la possession annale opposée en guise d'exception à la demande en réintégration formée par le détenteur, violemment expulsé. Le juge de paix doit donc refuser d'accueillir l'offre faite par le défendeur à une action en réintégrande, de justifier d'une possession annale qui lui permettrait de se soustraire à l'obligation de réparer sa voie de fait. *Spoliatus ante omnia restituendus.* S'il en était autrement, le but de l'action en réintégrande, sorte de mesure protectrice de la tranquillité publique, action en quelque sorte d'un caractère pénal et réparateur, serait manqué. Dans cet

ordre d'idées, la réintégrande est à la complainte ce que la
complainte est à l'action en revendication, une action pour
ainsi dire préjudicielle. Bien entendu, l'auteur de la spoliation
dont la possession serait annale conservera le droit de reconquérir par une action distincte en complainte la possession dé-
laissée à titre de réparation.

Cependant la séparation dans la même instance des deux
actions possessoires n'a pas, comme nous l'avons dit, la même
portée juridique que le principe du non-cumul. En effet, la
prohibition du cumul marque la ligne de démarcation qui sépare deux juridictions différentes, et nous croyons inutile de
démontrer que le consentement des parties ne pourrait relever
le juge de paix de son impuissance complète à prononcer sur
la propriété. La réintégrande et la complainte, au contraire,
sont l'une et l'autre de la compétence du juge de paix, et, si
ce magistrat ne peut les réunir cumulativement dans la même
instance, c'est parce que la défense tirée de la possession annale est sans force effective contre le demandeur expulsé par
violence. Mais, supposez pour un instant que le demandeur en
réintégrande accepte la lutte sur le terrain purement possessoire : personne alors ne doutera que le juge de paix ne puisse
et ne doive même vérifier l'existence de la possession annale,
par conséquent réunir les deux instances.

Dans cette hypothèse, le demandeur renonce à se prévaloir
des conséquences rigoureuses de la spoliation qu'il a subie,
pour faire dépendre de la preuve d'une possession annale,
les réparations qui lui sont dues. S'il triomphe, le défendeur
devenu demandeur en complainte n'ayant pu prouver la possession prétendue, la sentence rendue à son profit produira
les effets qui dérivent de la réintégrande; s'il succombe, c'est-
à-dire si la possession annale est justifiée contre lui, il ne
pourra par le fait de son acceptation revenir à la réintégrande,
et le défendeur sera maintenu en possession.

SECTION III.

§ I. — *Des effets du jugement possessoire.*

Le jugement possessoire peut produire plusieurs effets. Les uns résultent des dispositions mêmes du jugement ; les autres sont des conséquences purement légales.

Le principal effet du jugement possessoire est la maintenue ou la réintégration dans l'objet ou le droit litigieux. Les effets secondaires consistent dans les réparations et condamnations diverses, telles que destruction des travaux, dommages-intérêts, etc..... qui peuvent l'accompagner. En effet, pour que la maintenue ou la réintégration soit réellement efficace, le juge a le droit et le devoir d'ordonner que les lieux soient remis dans l'état où ils étaient avant le trouble ou la spoliation ; et nous trouvons la confirmation de cette doctrine dans un arrêt de la Cour de cassation du 5 juillet 1826 : « Les jugements possessoires sont des jugements de pleine maintenue, définitifs sur le fait et le caractère de la possession ».

Le juge du possessoire est donc compétent pour ordonner la destruction des travaux qui constituaient un trouble à la possession, et cela alors même qu'il pourrait prévoir une sentence contraire sur le fond du droit. Il ne doit pas s'arrêter à cette considération, car ce serait encore cumuler le possessoire et le pétitoire.

Il semble, à première vue, que ce pouvoir de juge de paix soit peu conciliable avec la nature du droit conféré à la partie qu'il maintient dans une possession dont l'instance pétitoire peut détruire les effets. Cette faculté paraît surtout exorbitante en présence des termes de l'article 27 du Code de procédure, qui, nous le savons, interdit au défendeur condamné de se pourvoir au pétitoire avant d'avoir pleinement satisfait aux condamnations prononcées contre lui. Supposons par exemple que ce défendeur ait fait des constructions sur son propre terrain dont, par sa négligence ou son incurie, il a laissé acquérir la possession par son adversaire ; supposons en outre qu'il soit porteur d'un titre indiscutable, un acte de vente entre autres, dont la production le fera triompher au pétitoire. Il faudra donc, en vertu du principe admis, qu'il détruise ses travaux pour les refaire après son succès définitif. Un peu de réflexion fera justice de cette objection spécieuse qui, si elle était prise au sérieux, aurait pour conséquence de dénaturer complètement le caractère et la portée de l'action possessoire. L'action possessoire est engendrée d'un droit, le droit de possession, dont les effets, il est vrai, seront détruits par la preuve d'un droit supérieur de propriété ; mais ces effets ne doivent pas être tenus en suspens par une éventualité qui peut-être ne se produira jamais, la preuve de la propriété. Et, si l'on refuse au juge du possessoire le droit d'ordonner la destruction des travaux, qu'arrivera-t-il dans le cas où le défendeur condamné s'en tiendrait au possessoire ? Le demandeur maintenu sera donc obligé de prendre l'initiative et d'attaquer au pétitoire : ce serait évidemment réduire à néant l'utilité incontestable de l'action possessoire, et la maintenue serait loin d'être pleine et entière comme le décide la jurisprudence. Ajoutons que nous nous sommes placés dans une hypothèse toute spéciale qui se produira rarement dans la pratique. D'ailleurs, si le défendeur savait, en faisant les travaux sur son fonds, que la possession en était à un autre, il est en faute de n'avoir pas défendu son droit ; s'il ignorait que la possession fût à autrui, il a été négligent et doit en subir les conséquences.

Le juge de paix sera-t-il compétent pour ordonner la destruction des travaux et le rétablissement des lieux dans leur ancien état, quand par exemple ces travaux ont été faits par le propriétaire d'une usine pour une prise d'eau destinée à la faire mouvoir ? Sur ce point, la jurisprudence admet une distinction : si les travaux en question ont été faits par suite d'une autorisation administrative, le juge du possessoire a le droit d'accorder des dommages intérêts au possesseur maintenu pour le trouble causé à sa jouissance (car l'administration donne ses autorisations *sous réserve* des intérêts des particuliers) ; mais il serait incompétent pour ordonner la destruction des ouvrages, parce qu'il est de principe que les tribunaux de l'ordre civil ne doivent point empiéter sur les prérogatives de l'autorité administrative. Et nous trouvons du reste une application particulière de ce principe dans l'article 6 de la loi du 25 mai 1838, qui, en énumérant les matières dont le juge de paix peut connaître au possessoire et entre autres les entreprises commises contre le mouvement des usines, ajoute : sans préjudice des attributions de l'autorité administrative, dans les cas déterminés par les lois et les règlements.

Mais si au contraire le propriétaire du moulin ou de l'usine a exécuté les ouvrages sans aucune autorisation, le juge du possessoire, comme aussi le juge du pétitoire, peut en ordonner la destruction, sauf la restriction de l'article 555 du Code civil, dont nous allons dire quelques mots. A ce propos, une observation doit être faite tout d'abord. Nous savons que l'action possessoire étant basée sur le possession pure et simple de l'objet litigieux, la question de juste titre ou de bonne foi n'est point engagée. Il en résulte que celui qui aura triomphé au possessoire pourra se voir néanmoins condamné à restituer les fruits dans l'instance sur le fond, car le possesseur ne gagne les fruits que s'il est de bonne foi (art. 549 du Code civil), et cette question est restée étrangère au débat possessoire. — Quelques doutes cependant ont été élevés au sujet des fruits perçus depuis l'instance ; mais il est admis en principe que les jugements possessoires ne sont que déclaratifs et ne forment ni titre ni chose jugée au pétitoire; d'ailleurs nous le répétons ;

le juge de paix n'a pas à se préoccuper de la question de bonne foi qui par suite est restée entière.

Aux termes de l'article 555 du Code civil, le possesseur annal d'un fonds sur lequel des plantations, constructions ou autres travaux ont été faits par un tiers de mauvaise foi avec ses matériaux, a la faculté de les retenir moyennant une indemnité égale à la valeur des matériaux et au prix de la main d'œuvre, ou d'obliger ce tiers à les enlever. Dans le cas où le constructeur argumenterait de sa bonne foi, le même article donne au possesseur la faculté de rembourser ou la valeur des matériaux et le prix de la main d'œuvre, ou une somme égale à la plus-value des fonds. Dans ces deux hypothèses le juge du possesseur serait-il compétent pour ordonner la destruction des travaux ou fixer l'indemnité? Non; tout le monde est d'accord pour reconnaître que le juge doit se borner à constater la possession annale du sol et des matériaux, et à ordonner leur délaissement. La question de bonne ou de mauvaise foi et le règlement des impenses ou de la plus-value du fonds se lient en effet intimement à la question de propriété dont le juge du pétitoire peut seul être saisi.

Venons aux conséquences légales du jugement possessoire, à la présomption de propriété.

Celui qui triomphe en réintégrande est présumé possesseur tant que son adversaire n'a pas fourni la preuve du contraire au moyen de la complainte ou de l'action pétitoire.

Celui qui a été maintenu dans sa possession annale est présumé propriétaire, et il en a tous les avantages tant que son adversaire n'a pas prouvé le contraire au pétitoire.

Les avantages attachés à la possession annale, dit M. Bourbeau, se résument dans cette proposition « qu'elle constitue pour le possesseur une présomption de propriété ».

Cette formule que nous rencontrons souvent dans les arrêts a besoin d'être bien comprise. Il est évident d'abord que la présomption dont il s'agit ne peut être qu'une présomption simple, susceptible de tomber par la preuve contraire ; elle ne constituerait pas à elle seule la preuve de la propriété. C'est en ce sens que l'on reconnaît que la chose jugée au possessoire ne forme ni titre ni chose jugée au pétitoire. Les juges du pétitoire ne sont nullement liés par les faits déclarés constants au possessoire ; ils peuvent les rejeter ou les apprécier autrement sans encourir aucun reproche.

Mais la possession annale procure des avantages analogues à ceux que donne la propriété. Ces avantages ne peuvent être utiles que si celui qui a fait consacrer sa possession est présumé le véritable propriétaire, ou tout au moins en présente actuellement l'apparence. Ils consistent, indépendamment de la jouissance assurée jusqu'au pétitoire, à permettre au possesseur d'attendre la revendication, pour n'avoir aucune preuve à faire dans ce nouveau débat. C'est pourquoi Pothier qualifiait la possession consacrée de « propriété provisoire ». (Poss. n° 83).

Notre présomption n'est donc qu'une présomption simple, qui au pétitoire doit tomber devant une présomption légale de propriété.

Ainsi, d'après les articles 653, 654 et suivants du Code civil, la présomption de mitoyenneté l'emportera au pétitoire sur la présomption attachée à la possession annale. Cela est tout simple, puisque les présomptions de mitoyenneté ont été admises pour suppléer au titre de propriété. La loi suppose que les haies, fossés, murs, etc., qui séparent deux héritages ont été établis à frais communs, et cette présomption ne tombe que devant des titres contraires ou des indices matériels de non-mitoyenneté fixés limitativement par la loi même.

De même la possession annale exclusive de l'un des époux après la dissolution de la communauté tomberait au pétitoire devant la présomption de propriété que l'article 1402 du Code civil établit au profit de la communauté.

Enfin la présomption de propriété du possesseur annal d'une servitude tomberait au pétitoire devant la présomption con

traire que tout immeuble est libre de toute charge qui ne lui
a pas été imposée ou par la convention des parties ou par la
loi (art. 1er de la loi du 28 septembre 1791). Par suite, ce sera
au possesseur annal d'une servitude à établir au pétitoire
la légitimité de la servitude qu'il possède, et son adversaire
n'aura qu'une chose à prouver : c'est qu'il est propriétaire
du fonds prétendu asservi, la présomption de liberté des héritages le protégeant et le dispensant de toute autre justification.
Nous avons d'ailleurs discuté cette question en parlant de l'action possessoire appliquée aux droits réels.

§ II. — *Voies de recours.*

Les jugements rendus au possessoire peuvent être attaqués
par l'opposition en cas de défaut, par la tierce opposition, par
l'appel, la prise à partie et enfin la cassation.

Nous ne mentionnons par la requête civile parce que tout le
monde n'admet pas que les jugements des juges de paix soient
attaquables par ce moyen. Nous ne nous arrêterons pas non
plus à exposer chacun de ces divers modes, et nous dirons seulement quelques mots de l'appel.

Les actions possessoires sont toujours susceptibles d'appel,
car la loi de 1838, article 7, n'en attribue la connaissance au
juge de paix qu'à charge d'appel. Quant aux règles à suivre,
ce sont les règles ordinaires combinées avec celles qui gouvernent plus spécialement les matières dévolues par la loi à ce
magistrat.

L'article 16 du Code de procédure civile fixait les délais de
l'appel à trois mois à compter de la signification du jugement.
La loi du 25 mai 1838, dans son article 13, a modifié cette disposition. Aux termes de cet article, l'appel des jugements du
juge de paix ne sera recevable ni avant les trois jours qui suivront celui de la prononciation, à moins qu'il n'y ait lieu à
exécution provisoire, ni après les trente jours qui suivront la

signification à l'égard des personnes domiciliées dans le canton. Les personnes domicilées hors du canton auront, pour interjeter appel, outre le délai de trente jours, le délai réglé par les articles 73 et 1033 du Code de procédure.

Si le juge de paix ordonne une mesure d'instruction préjugeant le fond, c'est-à-dire s'il prend un jugement interlocutoire; ce dernier sera susceptible d'appel avant le jugement définitif. On sait qu'il en est autrement si le jugement n'est que préparatoire.

L'appel des jugements possessoires doit être porté devant le tribunal de première instance, où il est jugé suivant la procédure usitée en matière sommaire.

Comme juge d'appel, le tribunal civil n'a pas une compétence plus étendue que celle du juge de paix. Ainsi, il ne pourrait statuer au pétitoire, à moins que les parties renonçant aux deux degrés de juridiction, ne lui en aient donné expressément le pouvoir. Enfin, pas plus que le juge du premier degré, le juge d'appel ne saurait baser sa décision sur des motifs uniquement tirés du fond du droit. C'est pourquoi il doit exiger la preuve de la possession annale, et s'il trouve que cette preuve n'a pas été suffisamment administrée devant le premier juge, il a toujours le droit de la compléter en ordonnant de nouvelles mesures d'instruction.

Nous terminerons en faisant remarquer qu'on ne peut former en appel aucune demande nouvelle (article 464 Code de procédure), tandis qu'au contraire on peut invoquer des moyens nouveaux à l'appui de sa prétention. En effet, la demande nouvelle introduit dans l'instance des chefs de réclamations qui n'avaient point été soumis au premier juge et qui dès lors sont de nature à modifier l'objet même de la demande ; tandis que les moyens nouveaux, n'apportant aucun changement à la demande originaire, constituent seulement des arguments plus ou moins puissants invoqués par la partie qui juge à propos de les présenter.

POSITIONS

—

DROIT ROMAIN.

I. — Si le créancier gagiste a le droit d'invoquer l'interdit soit pour faire respecter, soit pour recouvrer la *res pignerata*, c'est plutôt à titre de possesseur véritable *pro suo*, que comme exerçant par délégation la possession du débiteur.

II. — L'interdit *uti possidetis* avait pour but et pour résultat de fixer le rôle de défendeur dans une instance projetée en revendication, et aussi de procurer au demandeur la réparation des troubles antérieurs à l'émission de l'interdit ; mais non de garantir ce dernier contre des troubles éventuels ou des menaces de trouble n'ayant reçu aucun commencement d'exécution de la part de leur auteur.

III. — Pour permettre au demandeur d'invoquer l'interdit *uti possidetis*, il faut qu'il y ait *controversia de possessione*.

IV. — Dans le cas où la possession d'un immeuble est entachée de violence, clandestinité ou précarité à l'égard de l'adversaire, ce dernier pourrait intenter l'interdit *uti possidetis*, qui dans la circonstance jouera le rôle d'un interdit *recuperandæ possessionis*.

V. — L'interdit *utrubi* servait pour les meubles d'interdit *recuperandæ*, et c'est pourquoi il n'avait pas été créé d'interdit spécial destiné à recouvrer la possession des meubles.

VI. — La voie de l'interdit *utrubi* était ouverte à un donateur pour ressaisir entre les mains d'un donataire des meubles livrés à ce dernier, quand depuis la tradition il s'était écoulé moins de six mois.

VII. — L'interdit *unde vi* ne peut être exercé que par celui qui avait la possession ; la simple détention ne suffit pas même dans le cas d'une *vis armata*.

VIII. — Le possesseur qui sous l'empire de menaces a consenti à faire tradition de son immeuble, n'est pas fondé à intenter l'interdit *unde vi*.

IX. — L'action *quod metus causa* n'était pas accordée à celui qui avant d'être expulsé de son fonds avait résisté énergiquement aux agresseurs et n'avait cédé qu'à une force supérieure à la sienne.

X. — Il existe trois différences importantes entre le *precarium* et le commodat.

XI. — Dans le dernier état du droit, le concédant dans le *precarium* peut user de l'action *præscriptis verbis* pour la restitution de l'objet concédé (résultat dû aux Proculéiens).

DROIT FRANÇAIS.

I. — Pour que le trouble de fait puisse donner ouverture à la complainte, il faut qu'à l'acte matériel se joigne, chez l'auteur du trouble, l'intention d'exercer sur l'immeuble litigieux un droit rival de celui du possesseur actuel. Dans le cas contraire, il n'y a qu'une action personnelle tombant sous le coup de l'article 1382 du Code civil, combiné avec le § 1 de l'article 5 de la loi du 25 mai 1838.

II. — La dénonciation de nouvel œuvre ne peut être intentée que si le nouvel œuvre est inachevé, et seulement pour un préjudice éventuel.

III. — L'action en réintégrande est une action possessoire d'une nature spéciale, distincte de la complainte et affranchie en grande partie, pour son exercice, des conditions exigées pour l'exercice des autres actions possessoires.

IV. — L'interruption naturelle de la possession est absolue, l'interruption civile n'est que relative.

V. — La précarité appliquée à la possession est tantôt un vice absolu, tantôt un vice relatif.

VI. — La possession est dite continue, quand les actes qui la constituent ont été exercés par le possesseur suivant la nature de l'objet auquel elle s'applique.

VII. — Le vendeur d'un bien immobilier qui, après avoir reçu le paiement du prix, ne livre pas l'objet et le détient, pourrait après une année intenter contre son acheteur qui le trouble l'action possessoire, si le contrat ne lui avait pas accordé de terme pour la livraison. Dans le cas contraire, il devrait être considéré comme détenteur précaire et par suite non recevable à intenter l'action.

VIII. — Aujourd'hui, l'action possessoire ne serait plus recevable pour une universalité de meubles.

IX. — Le lit et le courant des rivières non navigables ni flottables est la propriété des riverains, et par suite la complainte peut être intentée à leur occasion.

X. — Le fermier, quoique détenteur précaire, peut exercer la réintégrande.

XI. — L'exception de domanialité ne peut être soulevée que par le domaine.

XII. — L'action possessoire est recevable, quand bien même elle aurait pour but de se faire maintenir en possession d'un bien déclaré imprescriptible par la loi, eu égard à la personne du propriétaire (femme dotale, mineurs, interdits).

XIII. — Le propriétaire inférieur qui a terminé depuis plus d'un an et sur son fonds, des travaux apparents destinés à faciliter la chute et le cours d'une source découlant du fonds supérieur, peut intenter la complainte contre le propriétaire de ce fonds qui le trouble dans sa jouissance.

XIV. — En matière de servitudes, le propriétaire qui intente l'action pétitoire négatoire n'a pas à prouver que son héritage est franc de la servitude prétendue ; c'est au contraire au défendeur maintenu au possessoire à prouver que la servitude existe à son profit.

XV. — La contradiction formelle opposée au propriétaire du fonds prétendu servant par le propriétaire du fonds dominant, qui accomplit les actes constitutifs d'une servitude discontinue, ne purge pas le vice de *tolérance* qui empêche la possession de s'appliquer à cette sorte de servitudes, et n'autorise pas l'usage de la complainte.

PROCÉDURE CIVILE.

XVI. — Le juge pourrait encore à notre époque accorder la récréance.

XVII. — La preuve de la possession annale est indispensable, soit que le demandeur plaide contre l'ancien possesseur annal, soit qu'il plaide contre un tiers, auteur du trouble, n'ayant aucun droit sur la chose et ne pouvant se prévaloir de l'annalité.

XVIII. — Le défendeur à l'action en réintégrande peut opposer à son adversaire, dans la même instance, une demande reconventionnelle en complainte, si toutefois l'adversaire accepte le débat sur le terrain de la possession annale.

XIX. — Une instance est formée au pétitoire : si le demandenr se désiste et que le désistement soit accepté par le défendeur, le demandeur pourra intenter une action possessoire fondée sur les mêmes faits.

XX. — Le juge du possessoire n'a le droit et quelquefois le devoir de consulter les titres que pour caractériser la *possession*.

DROIT CIVIL.

XXI. — Les créanciers peuvent faire résoudre la renonciation *même* faite sans fraude par leur débiteur à *une* prescription acquise.

XXII. — Le fondement juridique de la règle : « *en fait de meubles, la possession vaut titres* » est une prescription.

XXIII. — L'antinomie existant entre les articles 692 et 694 n'est qu'apparente.

XXIV. — L'acquéreur de la mitoyenneté d'un mur peut faire supprimer les jours de souffrance que le voisin aurait ouverts dans le mur, aux termes des articles 676 et 677.

XXV. — Pourrait-on constituer, à titre de servitude en faveur d'un fonds, le droit de chasse ou de pêche dans le bois ou dans les eaux d'un fonds voisin ?

DROIT PÉNAL.

XXVI. — Un procès-verbal dressé au nom d'une commune par un garde champêtre contre le possesseur d'un chemin prétendu rural et non reconnu, peut être considéré par ce possesseur comme un trouble de droit et servir de base à une action en complainte contre la commune.

XXVII. — Le désistement de la partie plaignante, au cas où la plainte est la condition de la poursuite, n'arrête pas l'action du ministère public.

XXVIII. — En matière de délit rural, l'action civile se prescrit comme l'action publique par le délai d'un mois, à partir de la constatation du délit.

www.ingramcontent.com/pod-product-compliance
Lightning Source LLC
Chambersburg PA
CBHW060405200326
41518CB00009B/1256